We'Moon 2026

Gaia Ritmos para las Mujeres

Realm *(Reino) © Amy L. Alley 2009*

Círculo Completo

45ª Edition
publicado por
Mother Tongue Ink

WE'MOON 2026: GAIA RITMOS PARA LAS MUJERES
EDICIÓN EN ESPAÑOL, PASTA DURA, PASTA BLANDA Y CON ESPIRAL

Mother Tongue Ink
Estacada, OR 97023
Dirección Postal:
P.O. Box 187, Wolf Creek, OR 97497
www.wemoon.ws

Fundadora de We'Moon: Musawa. *Editora especial:* Bethroot Gwynn *Gerentes:* Sue Burns, Barb Dickinson. *Diseño gráfico:* Sequoia Watterson *We'Moon Creatrix/Equipo editorial:* Bethroot Gwynn, Sequoia Watterson, Sue Burns, Ashley Marshall, Barb Dickinson. *Coordinadora de producción:* Barb Dickinson. *Asistente de producción, publicidad y venta minorista:* Ashley Marshall. *Correctoras*: EagleHawk, Sandra Pastorius, Kathryn Henderson. *Gerente de cuentas:* Sue Burns. *Gestión de pedidos:* Susie Schmidt. *Asistente de envíos:* Lindsay Brennan.
Traductoras al español: Alina, Maya, Migdalia, Natalia, Rosa, Verónica

Esta eco-auditoría se aplica a todos los productos:

Hansol Paper Environmental Benefits Statement:

We'Moon 2025 está impreso en papel Hansol con un 60% de contenido reciclado: 50% de residuos preconsumo, 50% de residuos postconsumo, con tintas a base de soya sin disolventes y vegetales con niveles de COV inferiores al 1%.
Usando fibras recicladas en lugar de fibras vírgenes, ahorramos:
114 arboles
45,792 galones de agua
32 milliones de BTU de energía
2,700 kgs de residuos sólidos
8,079 kgs. de gases de efecto invernadero

Como un calendario lunar, este libro es reutilizable: cada 19 años la luna completa un ciclo metónico, volviendo a la misma fase, signo y grado del zodíaco.

We'Moon ha sido impreso en Corea del Sur por SungIn Printing America en papel reciclado utilizando tintas basadas en soya COV.

Green America APPROVED FOR PEOPLE AND PLANET

Pídela directamente desde Mother Tongue Ink

Para pedir, ver página 233
877-693-6666 o 541-956-6052

We'Moon Tarot! • $45
ISBN:**978-1-942775-37-9**
We'Moon 2026 agendas: • $24.95
Espiral ISBN: 978-1-942775-56-0
Libro de bosillo ISBN: 978-1-942775-57-7
Sin encuadernar ISBN: 978-1-942775-58-4
Español ISBN: 978-1-942775-59-1
We'Moon on the Wall • $19.95
ISBN: 978-1-942775-60-7

Tarjetas de felicitación (6-paquete) • $15.95 ISBN: 978-1-942775-61-4
Bolsas de mano • $13.95 & $15.95
In the Spirit of We'Moon • $26.95
ISBN: 978-1-890931-75-9
Preacher Woman for the Goddess • $1
ISBN: 978-1-942775-12-6
The Last Wild Witch • $9.95
ISBN: 978-1-890931-94-0

2026

ENERO

D	L	M	M	J	V	S
				1	2	3
4	5	6	7	8	9	10
11	12	13	14	15	16	17
18	19	20	21	22	23	24
25	26	27	28	29	30	31

FEBRERO

D	L	M	M	J	V	S
1	2	3	4	5	6	7
8	9	10	11	12	13	14
15	16	17	18	19	20	21
22	23	24	25	26	27	28

MARZO

D	L	M	M	J	V	S
1	2	3	4	5	6	7
8	9	10	11	12	13	14
15	16	17	18	19	20	21
22	23	24	25	26	27	28
29	30	31				

ABRIL

D	L	M	M	J	V	S
			1	2	3	4
5	6	7	8	9	10	11
12	13	14	15	16	17	18
19	20	21	22	23	24	25
26	27	28	29	30		

MAYO

D	L	M	M	J	V	S
					1	2
3	4	5	6	7	8	9
10	11	12	13	14	15	16
17	18	19	20	21	22	23
24	25	26	27	28	29	30
31						

JUNIO

D	L	M	M	J	V	S
	1	2	3	4	5	6
7	8	9	10	11	12	13
14	15	16	17	18	19	20
21	22	23	24	25	26	27
28	29	30				

JULIO

D	L	M	M	J	V	S
			1	2	3	4
5	6	7	8	9	10	11
12	13	14	15	16	17	18
19	20	21	22	23	24	25
26	27	28	29	30	31	

AGOSTO

D	L	M	M	J	V	S
						1
2	3	4	5	6	7	8
9	10	11	12	13	14	15
16	17	18	19	20	21	22
23	24	25	26	27	28	29
30	31					

SEPTIEMBRE

D	L	M	M	J	V	S
		1	2	3	4	5
6	7	8	9	10	11	12
13	14	15	16	17	18	19
20	21	22	23	24	25	26
27	28	29	30			

OCTUBRE

D	L	M	M	J	V	S
				1	2	3
4	5	6	7	8	9	10
11	12	13	14	15	16	17
18	19	20	21	22	23	24
25	26	27	28	29	30	31

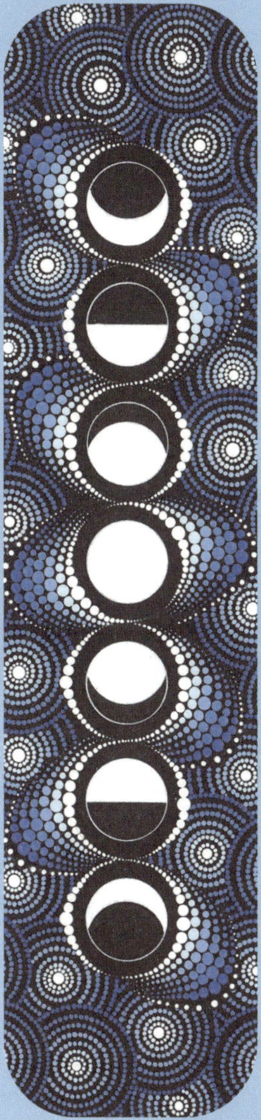

Moongazing
(contemplar la luna)
© Amy Allen—
Mandalamy Arts
2023

NOVIEMBRE

D	L	M	M	J	V	S
1	2	3	4	5	6	7
8	9	10	11	12	13	14
15	16	17	18	19	20	21
22	23	24	25	26	27	28
29	30					

DICIEMBRE

D	L	M	M	J	V	S
		1	2	3	4	5
6	7	8	9	10	11	12
13	14	15	16	17	18	19
20	21	22	23	24	25	26
27	28	29	30	31		

● = LUNA NUEVA, PST/PDT

○ = LUNA LLENA, PST/PDT

Notas de Portada

Grandmother Water *(Abuela Agua) © Leah Marie Dorion 2011*

Esta pintura es una representación del rol de las abuelas ancianas que protegen y cuidan las aguas sagradas en el círculo de la vida. La abuela partera ofrece una canasta de corteza de abedul con agua bendita para orar por el continuo nacimiento y renacimiento de la familia del mundo. Ella expresa gratitud por las aguas que dan vida. Muchas formas de vida dependen del agua y cada ser humano comienza su jornada de vida sagrada en el agua. ¡Que el agua siempre sea honrada por su magnificencia!

Indigo Full Moon *(Luna llena índigo) © Shelley Irish 2011*

Ella es la base de la intuición y la gravedad interna que nos atrae al hogar de hacia nuestro centro. En la suave luz de la luna índigo, entramos eternas.

Ella es nuestro suave lugar de descanso, acunado por el ritmo de su aliento. Ella nos espera, lista para sostener nuestras creaciones en santidad y tejer nuestro amor a la vida.

Dedicación

Todos los años, le dedicamos a We'moon a una organización dedicada a forjar un futuro más brillante para las mujeres y la tierra. Este año, honramos al movimiento Sunrise, una fuerza impulsada por jóvenes y liderada por mujeres en pro de la acción climática y la justicia ambiental. Con una energía incansable, el movimiento Sunrise lucha por un futuro habitable, trabajando para detener el cambio climático y en el proceso, crear millones de empleos bien-remunerados. Además, creen en empoderar a las comunidades más afectadas debido a la crisis climática, por medio de combinar la urgencia científica con la pasión de las bases.

El movimiento Sunrise se encuentra en la intersección de la acción climática y la justicia social, organizando para desmantelar las desigualdades sistémicas y construir un mundo donde todas las personas puedan prosperar. Su misión es audaz: transformar el panorama político y provocar un cambio cultural que le dé prioridad a nuestro planeta y nuestra humanidad compartida. El movimiento Sunrise encarna el espíritu creativo y transformador que es esencial para la sanación de la tierra y su gente.

Aprenda más, únase a su trabajo o haga una donación en: sunrisemovement.org. Y sígalos en las redes sociales.

Barbara Dickinson © Mother Tongue Ink 2025

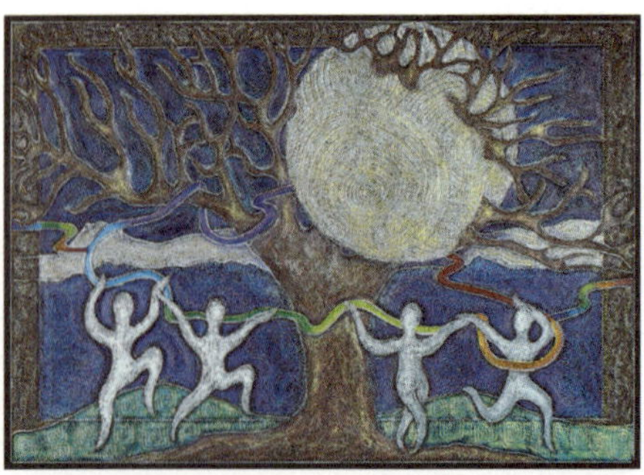

A Ribbon Dance *(Un baile de cintas)*
© Wendy Page 1998

Tabla de Contenido

Introducción

Calendario Lunar: Círculo Completo

Apendice

Escritoras especiales de We'Moon 2026:

We'Moon fundadora: Musawa; **Astrólogas**: Monisha Holmes, Melissa Kae Mason "MoonCat!" PAGEmason, Heather Roan Robbins, Sandra Pastorius, Susan Levitt, Beate Metz; **Introducción al tema y a los dias sagrados**: Bethroot Gwynn; **Tarjeta de las fases lunares**: Susan Baylies; **Hierbas**: Karen L. Culpepper; **Tarot:** Joanne M. Clarkson, Musawa.

¿Qué es We'Moon? Un manual de ciclos naturales

We'Moon: ritmos de Gaia para mujeres es más que una agenda, es una forma de vida. We'Moon es un calendario lunar, un manual sobre los ciclos naturales y una colaboración internacional entre culturas femeninas. Las imágenes y la escritura proceden de mujeres de muchos lugares y nos permiten visualizar la gran diversidad y autenticidad del mundo que creamos con nuestras propias imágenes. We'Moon trata sobre la espiritualidad de las mujeres (realidad espiritual). Compartimos la manera en que vivimos nuestra verdad, lo que nos inspira y nuestra conexión con la Tierra en su conjunto y todas nuestras relaciones.

Wemoon significa "nosotras las de la luna". La Luna, cuyos ciclos corren por nuestras venas, es el calendario femenino original. Utilizamos la palabra "wemoon" para definirnos por nuestra relación primaria con los ciclos cósmicos en vez de hacerlo en relación a los hombres (como sucede con woman o female, que son derivaciones de man y male, dos formas de denominar a los hombres). We'Moon es un espacio sagrado para explorar y celebrar la diversidad de la feminidad en la Tierra. We'Moon es creada por y para mujeres y trata sobre ellas, está hecha a nuestra imagen.

Tenemos formas de vida muy diversas. Como mujeres wemoon compartimos una misma raíz. We'Moon celebra la práctica de honrar a la Tierra, la Luna y el Sol como nuestro círculo interno de parentesco en el universo. Las fases lunares reflejan su danza con el Sol y la Tierra, sus parientes más cercanos en el cielo. Unidos, estos tres cuerpos celestes tejen la red de luz y oscuridad que baña nuestras vidas. La astrología mide los ciclos en relación con el Sol, la Luna y el resto de planetas de nuestro universo con los signos de las constelaciones (el zodíaco) como trasfondo, ayudándonos a situarnos en los más amplios ciclos del universo. Los días festivos nos introducen en el ciclo solar, más largo, mientras que las fases lunares impregnan nuestra vida día a día.

We'Moon se dedica a amplificar las imágenes y las voces de mujeres procedentes de muchas perspectivas y culturas. Invitamos a todas las mujeres a compartir su trabajo con respeto tanto por la integridad cultural como por la inspiración creativa. Somos plenamente conscientes de que vivimos en una sociedad racista y patriarcal. Su influencia ha permeado todos los aspectos de la sociedad incluyendo a los propios movimientos de liberación cuyo objetivo es acabar con la opresión. El feminismo no es una excepción; históricamente como en el presente ha estado dominado por las prioridades y las experiencias de mujeres blancas. No publicamos conscientemente contenido opresivo de ninguna clase. La mayoría de nuestro equipo son lesbianas o queer (vivimos fuera de la norma). Al mismo tiempo la mayoría somos mujeres que se benefician del privilegio de ser blancas. Tratamos de hacer de We'Moon un lugar seguro y acogedor para todas las mujeres, especialmente para las mujeres de color y otras marginadas por la cultura predominante. Deseamos publicar más escritos e imágenes que muestren a gente de color creadas por mujeres de color. Animamos a TODAS la mujeres a que envíen a We'Moon sus creaciones para alcanzar una mayor inclusión y visibilidad (ver página 236).

Musawa © Mother Tongue Ink 2019

¿Cómo utilizar este libro?

Información útil sobre We'Moon

Consulte la **tabla de contenido** para encontrar recursos más detallados, que incluyen: zonas horarias mundiales, efemérides planetarias y de asteroides, signos y símbolos, resumen del año y calendarios del mes.

Zonas horarias: las zonas horarias estándar del pacífico con el ajuste para GMT y EDT en la parte inferior de cada página.

Una mirada a los signos y símbolos es una guía fácilmente accesible que da definiciones breves de símbolos astrológicos usados comúnmente (pag. 203).

Los nombres y el día de la semana y los meses están en inglés con cuatro traducciones de idiomas adicionales: bengalí, inglés, gaélico irlandés y croata.

Páginas temáticas del calendario lunar marcan el principio de cada ciclo lunar con un despliegue de dos páginas cerca de la luna nueva. Cada página contiene las fechas de la luna nueva y llena así como el ingreso solar.

La carta de fases lunares de Susan Baylies presenta las fases lunares para todo el año en las páginas 228–229.

Días sagrados: hay un despliegue de dos páginas de los días sagrados para todos los equinoccios, solsticios y otras celebraciones. Estos incluyen escritos enviados por una escritora nueva cada año.

Descripción astrológica ofrece una sinopsis de los acontecimientos astrales a lo largo del año por una de nuestras destacadas astrólogas, Heather Roan Robins, en las páginas 8–10.

Lee la **predicción astrológica** para tu signo solar en particular a principios de año. Están destinados a brindarle información para todo el año. Encuentre el suyo en las páginas del calendario en o cerca de su cumpleaños.

Descripción astrológica: 2026

Completa el ciclo y reinvierte en tus huertas, círculos, grupos de afinidad, colectivos mientras exploras tu propia y única llama. No creas que tenemos que escoger entre individualidad y conexión, entre nuestra singularidad y colaboración esencial, o entre activismo y seguridad. Los astros nos llaman a desarrollar ambos en este contradictorio y desenfrenado año.

Saturno, Neptuno, Urano, y Júpiter, todos cambian de signos internos yin de agua y tierra a signos yang de fuego y aire orientados a la acción, creando una redirección real en el escenario mundial. Este tiempo lleno de ambos, gran potencial y posibles enfrentamientos, se intensifica mientras esos planetas hacen aspectos mutuamente y se contactan con Plutón, el cual ya está en los primeros grados de Acuario. Este año trae conflictos de poder y abundancia, innovación creativa, y redirección, con tantos aspectos importantes que no podemos diseccionar pero que tenemos que verlos como los seguros de una cerradura abriendo un portal, listos para ser usados para dirigir el flujo.

Nuestros círculos pueden ser nuestra salvación, un hogar para el alma, un hogar para el activismo, pero también necesitamos un espacio para definir nuestro propio paradigma. Vamos a necesitar un momento a solas con nuestra musa, pero aislamiento o reclusión no van a funcionar.

Desglosemos los componentes de este desenfrenado año. Plutón en Acuario hasta el 2043, puede cambiar el centro del poder mundial, descentralizarlo, hacia los países pequeños, grupos, no los especialistas, para bien o para mal; puede traer la ley de la calle, comités centrales confabulados, o el verdadero poder de la gente. Pon atención y prepárate para dejarte llevar por los cambios inteligentemente; actúa, no reacciones.

Neptuno comienza el 2026 de nuevo en Piscis, pero el 26 de enero entra en el temerario, ardiente, individualista Aries hasta el 2038. La última vez que Neptuno entró en Aries fue en 1861 mientras la Guerra Civil Americana comenzaba y justo antes de la mayor explosión volcánica en la historia de África. Neptuno en Aries llama a la filosofía individual, Plutón llama a la transformación a través de lo colectivo; balanceando estos dos es la clave para estos próximos años.

El 3 de febrero, Urano—retrógrado con el cambio de año—se pone directo, y el cambio comienza a manifestarse. Lo que ha permanecido estable puede tambalearse, las cosas tambaleantes empiezan a estabilizarse.

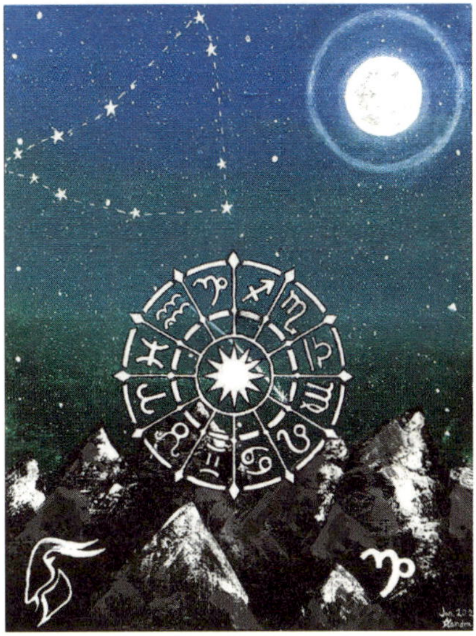

***Capricorn Moon** (Luna capricornio)* © *AlyXandra Deptula 2021*

Saturno se une a Neptuno en Aries el 13 de febrero y hace conjunción con Neptuno el 20 de febrero, empezando un ciclo nuevo, potencialmente idealizando una filosofía de acción, independencia, activismo, militarismo y rebelión. Puede también indicarnos que nos debilitamos al sentirnos sensibles y compasivos. Puede disolver límites o hacernos defenderlos ferozmente o inspirarnos a ser valientes salvadores de los realmente vulnerables. Puede traer una crisis de fé, pero en el fondo también nos fija a nuestra base filosófica que resiste el paso del tiempo. Puede también enfatizar los intensos y descontrolados patrones del clima y los incendios del cambio climático lo que podría motivar finalmente una transformación real de cómo manejar nuestro medio ambiente.

El innovador Urano entra en Géminis el 25 de abril y puede revolucionar la forma cómo nos movilizamos y comunicamos—a través de la tecnología o encontrando maneras subversivas para hacer correr la voz. Podemos ayudar a crear nuevas maneras de escuchar lo que está pasando realmente, no filtrado por los medios convencionales, pero tendremos que estar atentes a teorías descabelladas no confirmadas formándose a través de canales alternativos. Verifica todos los hechos. Júpiter entra en Leo el 29 de junio y amplifica nuestro escenario, trayendo estilo y activismo al mundo artístico e incentivando un teatro callejero interesante.

Todos estos planetas se resonarán mutuamente durante el desenfrenado verano, con Plutón en el 4° de Acuario, Neptuno en el 4° de Aries, Urano en el 4° de Géminis, y Júpiter en el 4° de Leo, instigando un poderoso, pero potencialmente caótico ciclo de evolución. Estos planetas forman sextiles y trígonos dinámicos y energizantes entre ellos, todos excepto Júpiter que se opone a Plutón. Mientras los componentes de este patrón fluctúan gracias a ciclos retrógrados estos permanecen activados por el resto del año.

Los aspectos positivos como los trígonos y sextiles abren puertas y crean posibilidades, pero debemos actuar para activarlos. Mientras que esa compleja oposición de Júpiter y Plutón puede patearnos por la puerta hacia las calles. Júpiter ingresa en Leo el 29 de junio y se opone a Plutón en el 20 de julio, pero sentiremos las reverberaciones de este tránsito durante todo el verano; aquí puede intensificar nuestras ambiciones o liberarnos de la falta de poder. Observa cómo el poder, en todas sus formas- energética, interpersonal, política—puede llegar a ser abusado o usado dinámicamente. Fomenta el poder interno y sé cautelose del sobre poder.

Júpiter hace un sextil con Urano el 2 de Julio—y puede inspirar innovación, avances tecnológicos, y en general un tiempo liberador en las ferias de música. Espera ver inventos culturales. Urano forma trígono con Plutón el 17 de julio y las influencias de este trígono colorearán nuestro mundo hasta mayo de 2028. La última vez que estos dos bailaron en trígono, fue al principio de la era del jazz en 1920 y 21; trajo un auge económico y el surgimiento de la mujer en América, como resultado de años de protestas, epidemias, y activismo político. Este trígono nos trae la oportunidad de recobrar la vida después de graves dificultades.

Urano hace un sextil con Neptuno el 15 de agosto durante el verano del 2027, la última vez fue a mediados de 1960 cuando motivó cambios políticos, sociológicos, y culturales. Saturno hace un sextil con Plutón como lo hizo del 2010 al 2012, y fortalece a la base de poder, pero también puede fomentar una estabilidad educativa.

Neptuno hace un sextil con Plutón el 24 de julio hasta el 2028, como lo hizo a mediados de los 50s, de 1976 al 79, y de 1980 a 1986. Este es un lento y cauteloso tránsito de fondo que nos da una visión de optimismo potencial para un pensamiento mágico, inspirando nuestra búsqueda espiritual, pero también una posible lucha de poder en torno a la religión.

El 2026 nos trae el cierre de un ciclo, de vuelta a un maravilloso reparto de aspectos alteradores de cultura, potencialmente emocionantes, motivadores, inspiradores, pero también potencialmente peligrosos. Estos nos pondrán a prueba y nos pedirán redefinir al poder, para operar desde la compasión y una verdadera conexión, para salir de los privilegios y trabajar hacia la libertad para todes. Estos aspectos reposicionan a los artistas como rebeldes revolucionarios. Nos insisten que nos alejemos de la militancia, aunque los demás cabalguen hacia la batalla, y encontrar una manera creativa para salvar a nuestro mundo.

Vistazo astrológico del año——Introducción

¿Cómo podrían ser la vida y la espiritualidad si nos suscribiéramos a la aceptación en lugar de agobiar a los demás con *tiranías de lo que debería ser*? En el libro de la profesora bell hooks *Teaching Community: A Pedagogy of Hope*, ella comparte un secreto tabú pero demasiado común: "Construir la comunidad requiere una conciencia vigilante del trabajo que debemos hacer continuamente para socavar toda la socialización que nos lleva a comportarnos de formas que perpetúan la dominación". Independientemente del estatus político, la etnia, la nacionalidad, la identidad de género u otras etiquetas que ilustren nuestra historia, debemos unirnos en una realidad compartida para alcanzar el bienestar colectivo. Aunque cada uno tengamos visiones sobre lo que debería ocurrir, nuestro viaje humano nos llama a trabajar juntos en nuestra labor colectiva por el amor. hooks sabía bien que nos dividimos fácilmente cuando nos hacen creer que nuestras voces, perspectivas o identidades son indignas. Este miedo a la irrelevancia puede llevarnos a centrarnos en competir en lugar de recordar que nuestro verdadero poder reside en la colaboración.

Como resultado, podemos ser víctimas de lo que la psicoanalista Karen Horney acuñó en 1945: "La tiranía de lo que debería ser". Como si fuera psíquica, Horney reconoció la tendencia neurótica masculina a construir una versión idealizada de nosotres mismes, impulsada por la necesidad de validación externa. Horney identificó el patrón de culpar a los demás de nuestros defectos como la tiranía lo que debería ser, lo cual es un tema al que nos enfrentaremos a lo largo de 2026. A principios de año, Plutón—asociado con la muerte, la transformación y la metamorfosis social—iniciará su tránsito de 19 años por Acuario. Durante este tiempo, nos enfrentaremos a cuestiones relacionadas con eclipsar y ser eclipsados. Ya sea cuestionando la autoridad o desafiando a les amiges, experimentaremos inevitablemente transformaciones que remodelarán el mundo que conocemos.

Con los avances de la tecnología y la inteligencia artificial, estamos entrando en un mundo en el que coexisten los reinos digital y natural. Sólo podemos avanzar, así que debemos perseverar y encontrar formas de navegar alrededor, a través o junto a personas escépticas y cínicas. Acuario rige la tecnología, así que cuando Plutón transite por este signo, puedes esperar innovaciones significativas. En lugar de temer una distopía en la que los robots tomen el control, piensa en avances en sostenibilidad, asistencia sanitaria eficiente, más tiempo para ti misme, la familia y la aventura.

Sea cual sea el signo que ocupes, Plutón trae consigo una evolución que va más allá del paradigma actual. Por lo tanto, la ansiedad por un futuro imprevisible es una pérdida de energía. La filosofía china enseña el concepto de *wu wei*: permitir que la acción se produzca a través de la inacción. El futuro revelará dónde pertenecen nuestras mejores acciones.

Monisha Holmes © Mother Tongue Ink 2025

To learn more about astrological influences for your sign, find your Sun and Rising signs in the pages noted to the right.

Eclipses: 2026

Los eclipses solares y lunares ocurren cuando la Tierra, el Sol y la Luna se alinean en el eje nodal de la Luna. Esto sucede generalmente cuatro veces al año, durante las lunas nuevas y llenas, respectivamente. Los nodos sur (pasado) y norte (futuro) simbolizan nuestro camino evolutivo. Los eclipses catalizan el llamado de nuestros destinos. Utiliza los grados de un eclipse en tu carta natal para identificar posibles puntos de liberación.

17 de febrero: Eclipse solar anular a 28° Acuario. Con el flujo y reflujo de la luz, utiliza tus interacciones comunicativas internas de alta intensidad para aumentar tu vitalidad. Cuando la luz de la luna vuelva a brillar, escucha tu eco en voz alta. Recoge los significados.

3 de marzo: Eclipse lunar total a 12° Virgo. Deja que tu separación de la iluminación lunar refleje la luz interior para activar la sanación de vibraciones. Cuando regrese la luz lunar, actualízate con el bálsamo nutritivo del amor.

12 de agosto: Eclipse solar total a 20° Leo. Cuando reflejamos la oscuridad con nuestros organismos alineados, podemos descargar el cosmos juntes. Nuestra adaptativa conciencia meta cognitiva nos abre los ojos a perspectivas nuevas.

27 de agosto: Eclipse lunar parcial a 4° Piscis. Cuando la luz de la luna retroceda, cede a la musa oscura, y brindarle a tu ser interior atención activa. Con la renovación de la luz, acepta los dones de la auto-comprensión, y ve en plenitud.

Mercurio retrógrado: 2026

Mercurio, musa planetaria y mentora de nuestros aspectos mentales y comunicativos, aparece para revertir su curso tres o cuatro veces al año. Es posible que tengamos menos estrés durante estos períodos, tomándonos el tiempo para detenernos y volver hacia un territorio familiar y además darnos segundas oportunidades para reflexionar sobre proyectos descartados o aquello relacionado con algún malentendido en la comunicación. Las averías pueden ayudarnos a prestar atención a aspectos de seguridad mecánica y movilidad. Es hora de "recordar el ahora" relativo al pasado y lidiar con problemas subyacentes. Deja a un lado los compromisos futuros que se vean bloqueados hasta que Mercurio vuelva a avanzar.

Mercurio tiene cuatro periodos retrógrados este año:

25 de febrero–20 de marzo: Durante el retroceso de Mercurio en Piscis (8°–22°), deja que el dolor del invierno pasado libere las lágrimas de los recuerdos, de las transgresiones. Para recobrar tu ser interior, haz enmiendas. Piscis refleja el poder de un buen final.

29 de junio–23 de julio: Durante el verano, Cáncer entra en retrógrado (16°–26°) desacelerándonos; a lo largo del camino reúnete con personas emparentadas, todas tratando de recordar aquellas promesas por cumplir. Profundiza en los linajes dignos. Conéctate, sabiendo que eres más que tu historia.

24 de octubre–13 de noviembre: Durante el otoño, cuando Mercurio vuelva sobre sus pasos en Escorpio (5°–20°) imagina tu propio «camino de ladrillo amarillo» el cual te conduce a tu propio País de las Maravillas. Busca portales de asombro y luego confía en el viaje de vuelta a casa.

Año lunar del caballo de fuego: 2026

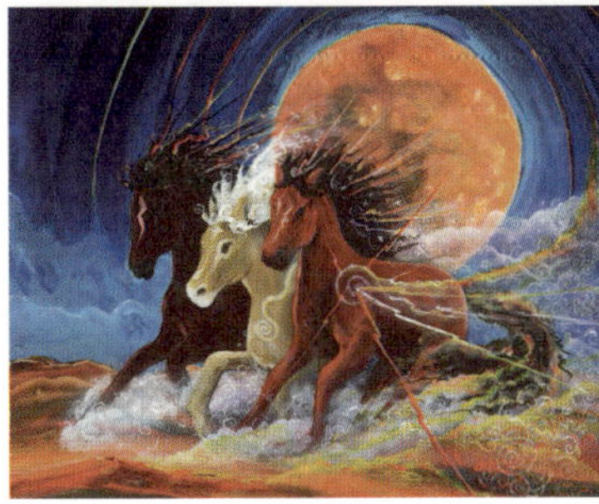

Full Moon Flight
(Vuelo en luna llena)
© Cathy McClelland 2004

El año del caballo comienza con la luna nueva del 17 de febrero. El año nuevo lunar chino comienza en la segunda Luna nueva después del solsticio de invierno. El año del caballo es una época de valentía, aventura y romance. La acción se ve recompensada, se pueden asumir riesgos y se puede cubrir mucho terreno. A escala global, se espera que algunos países se fortalezcan mientras otros experimentan el caos económico y el colapso. El caballo es un guerrero y, bajo su fuerte influencia, no cederá mucho.

Los wemoon nacidos en años caballo (2026, 2014, 2002, 1990, 1978, 1966, 1954, 1942, 1930, 1918, 1906) tienen un espíritu independiente. Son francas, no le gustan las agendas ocultas y te dirá lo que piensan. Cuando se ve constreñido por las normas, el orgulloso caballo se rebela y se niega a que lo acorralen o lo domestiquen. El caballo es un animal muy intuitivo, y un caballo wemoon tiende a seguir sus corazonadas. Su buen juicio y su intuición natural le ayudarán a tomar las decisiones correctas a lo largo de su vida. Por lo general, no necesita esforzarse para triunfar y conseguir las cosas buenas que le ofrece la vida.

El caballo carismático tiene una energía vivaz, le encantan las fiestas y encuentra emocionantes a las multitudes. El caballo luna es brillante, alegre y divertido. Su carácter alegre, su entusiasmo infantil y su encanto natural atraen a muches amiges. Como al caballo le encanta la manada, éste es un año para ser sociable.

El 2026 es el año del caballo de fuego, lo que supone una doble dosis de fuego. El elemento fuego trae amor y alegría, por lo que este es el año para descubrir y desarrollar lo que te trae alegría. El año del caballo de fuego es excelente para viajar y compartir tu luz con los demás. El fuego es un elemento yang regido por Marte, por lo que en un año de fuego puedes volverte más fuerte, más resistente y superar la enfermedad. Este año del caballo de fuego es ideal para desarrollar tu fuerza y recuperarte si tu salud es débil. Eso sí, no permitas que la doble energía de fuego se vuelva abrumadora, dando lugar a peleas o competiciones, especialmente en verano.

El poderoso caballo tiene cualidades mágicas, incluida la capacidad de volar. Así que este puede ser un año muy mágico y creativo. El año del caballo es muy afortunado para la Luna del caballo y para sus signos compatibles, el tigre, la oveja y el perro. Este año es especialmente poderoso para el caballo de fuego nacido en 1966. El caballo se correlaciona con el signo occidental Géminis.

Susan Levitt © Mother Tongue Ink 2025

Diálogos planetarios para el 2026: Susurradora de planetas

Todos somos estrellas en la constelación de la humanidad

Cada 36 años, los planetas Saturno y Neptuno entran en conjunción. Están llegando a un círculo completo, para su regreso nuevamente el 20 de febrero a 0° grados Aries. Aries es el signo que inicia el ciclo de vida, simbólico, representado a través de los doce signos del zodíaco y energiza la voluntad individual y la vitalidad para la vida. Aries representa el arte de nuevos comienzos.

Trae tu imaginación, mientras me apoyo intuitivamente en el espíritu de un *susurradora de planetas*, preguntando qué mensajes sobre esta conjunción podrían tener los planetas para nosotres. Explora tus respuestas intuitivas. Sigue escuchando . . .

Queridos planetas, ¿qué medicinas-regalos para navegar estos tiempos nos prescribirían?"

Saturno toma el centro del escenario:

Honorables humanos. Soy la voz del Universo físico material, sus estructuras y sistemas de apoyo, y los dominios de lo racional.

Mi conjunción con Neptuno en Aries refleja un momento crítico para generar una rendición de cuentas que pueda poner en funcionamiento una expresión espiritual superior. La integridad necesaria para recalibrar la brújula moral de la humanidad valdrá la pena. Todo lo que hagas o dejes de hacer se convierte en parte de tu estrategia evolutiva. Observa las propiedades emergentes del crecimiento colectivo durante épocas de agitación social y ambiental.

Mientras que el dolor colectivo se expresa a través de conductas que pueden ser tanto limitantes como liberadoras, cultiva habilidades de afrontamiento saludables. Encuentra y usa antídotos para el sufrimiento, dejando que un corazón alegre alivie los tiempos difíciles.

Luego, Neptuno lanza su hechizo:

Soy la voz del Universo no material y energético, para entrar en el misterio; reinos de lo invisible e imaginario.

Al unir mis energías con Saturno en Aries, lanzaré una red de inspiración y resiliencia para despertar la imaginación colectiva con un sentido de propósito. Aries invoca el sentido expandido del Ser, de ser plenamente un "Yo", yendo más allá de la ilusión de la separación.

Comprométete nuevamente a un sentido de pertenecer y reflexiona sobre lo que aportan. Explora cómo la fusión con otros, usando la compasión, puede alimentar la expresión auténtica del todo. Somos una constelación de potencialidades en constante cambio.

Los seres humanos somos una fuente de maravillas y una fuerza sagrada. Baila hacia los brazos del futuro, inspirados y sin miedo, con nuevos encantos para que se afiance una nueva historia.

Permite que tu arte interior florezca; tus ideales, sueños, poesía, música y oraciones. Recuerda que lo que han tomado en serio se convierte en tu verdadero testamento.

Júpiter en tránsito por Cáncer interviene:

Echemos un vistazo al panorama general y pongamos la totalidad a la vista.

La vida individual solo puede existir en relación con los demás. El eje Aries (yo) - Libra (nosotres) expresa este principio. La paradoja permite mantener dos puntos de vista opuestos al mismo tiempo. Sé flexible y utiliza ambos.

El desafío en Aries consiste de no asumir los restos kármicos del ciclo pasado, dejar que se conviertan en abono y permitir que el ciclo total se complete. Encuentra formas de devolver.

Sin el viejo equipaje, pueden surgir nuevos comienzos con la conciencia tranquila. Entonces puedes elegir si tus creencias espirituales se convierten en una cuña o, por el contrario, en un agente de unión para el bien común. Estás en un movimiento de recuperación colectiva: para salvar el alma del planeta Tierra y toda su descendencia.

Como estrellas en la constelación de la humanidad,
todes ustedes son agentes, de iluminación para el mundo.

Urano en tránsito en Tauro/Géminis ofrece:

"Déjenme contribuir con la flexibilidad para un "salto de estado". Humanos, tienen una dimensionalidad mental sofisticada que sigue creciendo a lo largo de sus vidas. Este complicado territorio interior es el laboratorio de la evolución. En la era de las tecnologías pensantes, usen su autenticidad y originalidad para contribuir al futuro. ¡Inciten el asombro!

Una pregunta para tener en cuenta: "Ahora que esto es así, ¿qué es posible?" ¡Deja que surjan las soluciones!

Sandra Pastorius © Mother Tongue Ink 2025

TAROT PARA EL 2026: EL AÑO DE LA RUEDA

En el ámbito del tarot, el año 2026 marca el punto medio de nuestro viaje místico. Sus dígitos suman el número 10, la rueda de la fortuna en los arcanos mayores. Implica no sólo nuestra compleja relación con el destino, sino también el significado de los ciclos, lo que la convierte en una de las cartas lunares más poderosas.

La rueda de nuestra vida no se detiene aquí, sino que hace una pausa. Hemos cerrado el círculo, podemos tomar un respiro y empezar de nuevo. Se nos pide que pensemos en cómo lo que sucede en el mundo que nos rodea nos impulsa a responder.

Como lectora de tarot, cuando encuentro la carta #10, siento emoción. Este no es el caótico derrumbe de la torre ni la transformación radical de la muerte. Ésta es la danza de la sombra y la luz, el cambio manifestado por el tiempo como debe ser, generando nuevas oportunidades y nuevas formas de ser y convertirse.

En la mitología griega, el camino de la vida estaba representado por tres brujas llamadas las parcas: Cloto que hila el hilo de la vida, Láquesis que lo mide y Átropos cuyas tijeras lo cortan al final. Mi parte favorita de esta leyenda es la rueda de Cloto, porque creo que cada une de nosotres tiene una, una herramienta de nuestro propio diseño.

Tengo una prima que cría ovejas y las esquila. Tiñe su lana, la carda y la hila. Luego teje y entrelaza los hermosos y diversos hilos que ha creado. ¡Ella también me enseñó que cualquier cosa se puede hilar! ¡Seda u ortigas, cola de caballo o plumas y toda clase de fibras! El año de la fortuna nos invita a meditar bajo la luz de la luna llena. Dentro de nuestros sueños, creamos la rueda que necesitamos. ¿La nuestra está hecha de cedro liso? ¿Pino rugoso? ¿Es oro, plata o está formada a partir de la energía de la luz pura y de arcoíris?

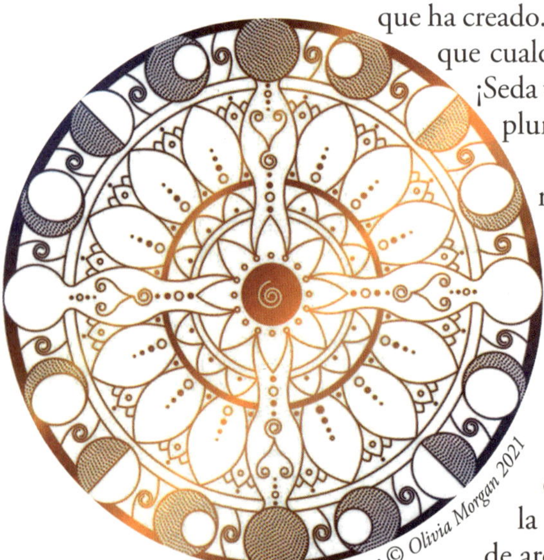

La Danza de la Luna © Olivia Morgan 2021

¿De qué manera la estamos reutilizando? ¿Para el sufrimiento de este mundo? ¿Desafíos en nuestra propia vida o en la vida de un ser querido? ¿Nuestro deseo de seguir nuestra verdadera vocación? ¿Qué materias primas elegiremos: notas musicales, palabras, pinturas, pasteles, comida sana, flores del jardín . . . ?

Las decenas de los arcanos menores ayudan a aclarar las poderosas posibilidades de la rueda de la fortuna:

Mi abuela psíquica, quien me enseñó a leer las cartas, llamaba al 10 de copas/corazones la carta de "gran amor y pasión", llena de romance, sexualidad y un sentimiento apasionado por la vida. Cuando esta carta aparece es una fortuna, el corazón se abre cada vez más. ¡La rueda va a 100 millas por hora!

El 10 de oros es una carta de abundancia. ¡A menudo se ilustra como amigos y familiares reunidos en una fiesta! O un cofre del tesoro abierto lleno de joyas y monedas de oro. Nuestras ganancias terrenales serán compartidas e invertidas en abundancia futura. Una oportunidad para el agradecimiento.

Espadas, el traje de la razón y la lógica, como un 10 nos recuerda acabar con los pensamientos negativos y las dudas. Representa la trascendencia. La mente ha puesto fin a sus demonios y se eleva por encima de las limitaciones, abriéndose al máximo y ofreciendo infinitas ideas positivas.

La intuición, la espiritualidad y la creatividad son el foco de los bastos. Este diez habla del 'flujo', nuestra capacidad de unirnos a las ruedas y ciclos del propio Universo. ¡Todos experimentamos esos momentos y el 2026 traerá muchos!

¡Estas reflexiones nos recuerdan que el tarot en sí es cíclico! ¡Diez se resuelve en uno y 1 mayor es el mago! Aquel que literalmente puede transformar una cosa en otra. Ella puede sanar. Ella puede revelar belleza. Resuelve problemas con elegancia. ¡Ella despierta asombro todos los días! Este poder no es un truco; es un don ganado y practicado.

En 2026, la Luna y la Tierra se enfrentan llenas e iguales. Utilizando la iluminación plateada de nuestra intuición más profunda, acumulamos miedo, tristeza y caos. A partir de estos recursos nos atrevemos a encender las ruedas de nuestro interior para hacer girar hilos de claridad, bondad e inclusión. ¡Convertimos el mundo ordinario en un mundo mágico!

Círculo completo de dias sagrados

Imbolc: Mientras la Tierra y el Sol bailan en las estaciones, un momento de medio-invierno llega por el norte. La Luz destella, la primavera revuelve, el calor promete despertar. Abrimos nuestros ojos.

Equinoccio de primavera: La Tierra hace su pose de equilibrio: la luz del día, la Oscuridad de la Noche son iguales. Las raicillas se mueven a través del suelo negro, protuberancias verdes se despliegan hoja tras hoja, el color salpica flores jóvenes sobre el paisaje. Sonreímos con el descubrimiento.

Beltane: La Tierra se vuelve fértil, el sol crece exuberante—su baile de mediados de primavera se expande hasta el nacimiento. El Amor balancea a su pareja, se estira para tocar y alcanzar el corazón. Nos bamboleamos en regocijo.

Solsticio de verano: Cuando la órbita de la Tierra inclina su polo norte hacia el sol, los largos días del norte giran brillantes. Las plantas se desbordan, las criaturas prosperan en el calor, el agua burbujea preciosa. Nos lamemos los labios.

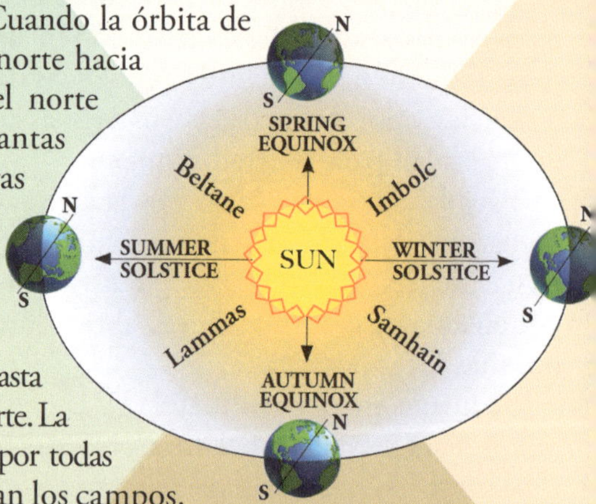

Lammas: Fructificación inclina su canasta llena a la mitad hacia el descarte. La cosecha deja caer sus joyas por todas partes. Bronce y ocre pintan los campos. Recojan, recojan es tiempo de satisfacción, almacenar hasta vaciar. Nos frotamos las barrigas llenas.

Equinoccio de otoño: Ambos, esto y aquello, luz y oscuridad: la Danza alcanza su balance de nuevo. Abierto y cerrado. El vasto cielo respira ampliamente, la sombra se extiende a lo lejos. La Tierra gira constantemente. Nos balanceamos al filo de un angosto y certero borde.

Hallowmas: Los ciclos de la Tierra y del Sol nunca terminan, pero los finales florecen en el mortal merodeo de Hallowmas. La muerte mantiene un tiempo perfecto: Culminación. La llamada a escena. Quietud. Extrañamos y honramos al profundo descanso.

Winter Solstice: Norte Frío. Somero Sol. Largas y extensas cortinas oscuras, fuegos estelares brillan en lo Vasto. Llamas que nos suavizan, abrigan nuestra certeza: ¡La Luminosidad está naciendo de nuevo! Anhelamos, confiamos, nos maravillamos. Sí, decimos: ¡Así será!

Bethroot Gwynn © Mother Tongue Ink 2025

La rueda del año: días festivos

El ciclo de las estaciones del año tiene su origen en la órbita anual de la Tierra alrededor del Sol. Los solsticios son los extremos que alcanza la Tierra mientras su eje se inclina hacia el Sol o se aleja del mismo (cuando los días y las noches son más largos o más cortos). En los equinoccios el día y la noche son iguales en todos los lugares del mundo. Cuatro días marcan los puntos intermedios entre los solsticios y los equinoccios. Conmemoramos estos puntos de inflexión naturales en el ciclo de la Tierra. Las celebraciones relacionadas con las estaciones de la mayoría de culturas orbitan alrededor de estos puntos de inflexión:

2 de febrero, imbolc/mitad del invierno: celebración, profecía, purificación, iniciación: fiesta de la candelaria (cristiana), año nuevo (tibetano, chino, iroqués), tu bi-shevat (judío). Festivales de las diosas: Brighid (celta), Yemanjá (brasileña).

20 de marzo, equinoccio/primavera: renacimiento, fertilidad, huevos: pascua judía, semana santa (cristiana) norooz/ año nuevo (persa). Festivales de la diosa: Ostara (alemán), Astarte (semita), Perséfone (griego), Flora (romano) .

1 de mayo, beltane/mitad de la primavera: plantación, fertilidad, sexualidad: festividad de primavera del primero de mayo (euroamericana), walpurgisnacht/ valborg (alemana y escandinava), festival root (yakama), ching ming (china), whitsuntide (holandesa). Festivales de la diosa: Afrodita (griego), Venus (romano), Lada (eslavo).

20 de junio, solsticio/verano: festivales del sol y del fuego: niman kachina (hopi), tirgan (persa). Fetivales de la diosa: Isis (egipcio), Litha (norteafricano), Madre del maíz amarillo (taino), Ishtar (babilonio), Hestia (griego), Sunna (noruego).

2 de agosto, lammas/mitad del verano: primera cosecha, reparto del pan, abundancia: ceremonia del maíz verde (creek), sundance (lakota). Festivales de la diosa: Madre del maíz (hopi), Amaterasu (japonés), Hatshepsut (egipcio), Ziva (ucraniano), Habondia (celta).

22 de septiembre, equinoccio/otoño: cosecha y almacenamiento, madurez: mabon (euroamericano), mehregan (persa), sukkoth (judía). Festivales de la diosa: Tari Pennu (bengalí), La vieja mujer que nunca muere (mandan), Chicomecoatl (azteca), Madre del ejote negro (taino), Epona (romano), Demeter (griego).

31 de octubre, samhain/mitad del otoño: viaje al inframundo, espíritus ancestrales: hallowmas/halloween (euroamericano), día de todos los santos (cristiano). Día de muertos (México). Festivales de la diosa: Baba Yaga (ruso), Inanna (sumerio), Hecate (griego).

21 de diciembre, solsticio/invierno: regreso de la luz: kwanzaa (afroamericano), soyal (hopi), jul (escandinavo), cassave/sueño (taino), chanukah (judío), navidad (crisitiano), festival de los colibríes (quechua) shabeh yalda/noche de nacimiento (persa), koliada (enslava). Festivales de la diosa: Freya (noruego), Lucia (italiano, sueco), Sarasvati (indio).

* Nota: los días festivos tradicionales celtas y norte europeos empiezan antes que los nativos norteamericanos. Suelen empezar en la fase oscura embrionaria: p. ej. durante la puesta de sol de la noche antes del día señalado. Las estaciones empiezan cuatro días antes de los solsticios y de los equinoccios. En América del norte estos puntos cardinales de la rueda del año son los que marcan el inicio de cada estación.

 Fuentes: The Grandmother of Time de Z. Budapest, 1989; Celestially Auspicious Occasions de Donna Henes, 1996 y Songs of Bleeding de Spider, 1992

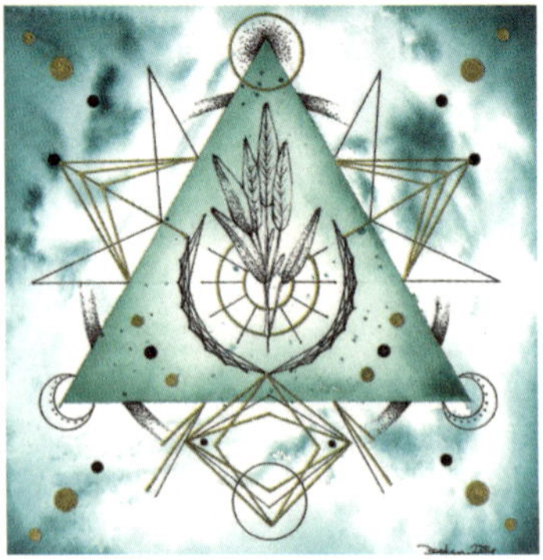

Sage *© Dana Lynn 2016*

Hierbas para el círculo completo

Una profunda reverencia de gratitud por este día de celebración y abundancia, voluptuosa luna llena. Tu radiante brillo revela la plenitud de nuestras manifestaciones. Tu presencia trae a nuestra conciencia tanto las partes placenteras como las incómodas. Has iluminado el camino a seguir, así como los guiones ocultos y los secretos sagrados. La totalidad de la recompensa es inmensa y nuestras emociones son elevadas. Nos regocijamos en este día al elevar nuestros corazones, bendiciones y favores.

Nos regocijamos al entrar en el círculo preparado de romero, la hierba del recuerdo, que será el recipiente del ritual, el movimiento y las emociones ensanchadas. Hemos llegado a este punto juntes, con nuestros cuerpos espiritual, emocional y colectivo intactos. Comencemos por hacer libaciones por les antepasades, conocides y desconocides, les nombrades y a quienes cuyos nombres no conocemos (o aún no han sido revelados). Nuestres justes ancestres abrieron el camino y esta noche celebramos nuestro círculo colectivo completo.

Nos reunimos alrededor del contenedor y comenzamos a cargar las aguas con nuestras palabras medicina, nuestra medicina en la danza, nuestra medicina de lágrimas y nuestra medicina de plantas. Nos regocijamos cuando nuestro caldero se desborda de aromáticos mientras la fragancia del hibisco, la canela, el jengibre, el clavo, la pimienta de jamaica y las hojas de laurel bailan hasta hervir. Juntos sumamos a nuestra acedera la dulzura de nuestro propio movimiento, recompensa a nuestra implacabilidad, rebeldía y constancia.

Dejemos que el ritmo de los tambores y el coro de celebración nos guíen hacia nuestra alegría, excelencia e intensidad. Dejen que el movimiento de sus cuerpos abra el espacio de su corazón y permitan que la restauración les inunde y llegue a sus células, chacras y espacios intermedios. Sé testigo de la gratitud en la comunidad que te rodea. Gracias por encontrar tu valentía y por correr lo más rápido que pudiste hacia tus sueños. Nuestros sueños. Gracias por ser y llegar a ser. Continuaremos viéndonos unes a otres hasta llegar a nuestro yo más elevado a medida que continuamos cumpliendo nuestras asignaciones en este ámbito. El camino a seguir es con amor, seguridad y cooperación. Continúa confiando en el misterio de estos tiempos porque en lo profundo de mi ser creo que *el camino conoce el camino.**

Karen L. Culpepper © Mother Tongue Ink 2025

**de la canción "The Way Knows the Way" de Lyndsey Scott.*

Introducción al tema We'Moon 2026: círulo completo

El enfoque temático de We'Moon para el 2026 es el punto culminante de las ocho fases lunares que guían nuestros temas durante los años 2022–2030. La Luna llena es la culminación—ella está redonda hinchada de luz, antes de que su círculo brillante comience a achicarse de nuevo hacia la oscuridad. ¡Qué lección nos enseña! El Cambio es su sermón.

Celebramos esta robusta y finalmente llena órbita de luz y poder lunar, sabiendo que el éxtasis es temporal—y por consiguiente qué tan valiosa es nuestra adoración, qué tan sagradas son sus bendiciones mutables. *We'Moon 2026* es una cosecha de amor a la Luna, nuestra pluriforme compañera celestial.

Mientras las páginas cambian y las estaciones mutan de una a otra, la apreciación por el círculo completo forma nuevas habilidades artísticas de la palabra e imagen. "Ella es viento acariciando tu piel. Un encantamiento susurrado. Un toque de salvia y secretos. Te apresuras a tu puerta— ahí, sus faldas rotan debajo de su frac. Ella te ofrece un giro, una reverencia, una invitación." (Amy Wray Irish, p. 81).

Ella es venerada como la perdurable madre de los misterios, y la anciana guardiana de la sabiduría de la noche. El mundo indómito de las plantas y los animales está a su cargo, y ella es la tierra natal de mujeres poderosas. Ella es la sabia de la marea Diosa de todas las aguas, internas y externas. "Cada mañana, el Amor se despierta y pone a hervir la tetera de nuevo… Las aguas vivas se mezclan con hierbas fragantes y especias, sus diferentes sabores…ofrecidas en la taza que ella nos prepara cada día… ¿Cómo te sirvo? Ella pregunta con cada gota de sí misma que vierte. (Renée Hummel, p. 70)

Cada año mientras trabajamos con la ola de arte y escritos entregados que nos llegan de todo el mundo, y luego cuando alegremente presento las muestras de nuestras elecciones en esta breve reseña, yo mantengo unas antenas extras abiertas para esas ofrendas que resuenan con las pasiones sociales basadas en la tierra que llaman nuestra atención sagrada. Estamos muy agradecidas de ser la sede para muchas mujeres reverentes que crean palabras e imágenes nacidas del trabajo del alma en su evolución personal. ¡Alabada sea la Diosa!

Esta agenda del círculo completo satisface todos mis gustos. La cantidad de ofrendas que deliberadamente invitan mi conciencia "política" es pequeña, pero cuando el prisma artístico se abre de par en par al mundo, me roba el aliento. Las oraciones en reverencia a la Luna acogen realidades internas y cósmicas, y algunas veces es el trabajo de las que leen el imaginar un rango reducido que habla ampliamente de verdad, y confiar que el aliento del círculo completo de la palabra llegue y de la imagen brille. Escucha especialmente a la multiplicidad del lenguaje del amor que circula plenamente en la celebración de la Luna:

"ella silenciosamente camina a través / del cielo nocturno/ y ahí nosotras también / recorriendo sus ciclos a lo largo de nuestras vidas / la ascensión y reclamación mensual/... la madre del espíritu completo tornándose en bruja /... guiando a la humanidad en nuestros ritos de sangre / mientras la luna nos enseña con la luz" (Stephanie A. Sellers, p. 127)

"Hay mucho por proteger aquí /lo salvaje femenino, la fertilidad creativa/ y estos ritos de luna llena/ grandes fuerzas magnéticas de cambio" (Meegan Simpson-Cooke, p. 93).

"Bajo la luz blanca / que rompe el cielo, / Pongo flores a los pies de mujeres/ Quienes perdidas en la oscuridad/ lo llamaron suelo/ Y sembraron semillas." (Taylor Wilson, p.104).

Bendita sea.

Hay otro círculo más en nuestro proceso de We'Moon que ha llegado a una nueva curva. Usualmente, invitamos a una mujer para que sea la escritora para cada uno de los 8 días santos (equinoccios, solsticios, y los días intermedios). Este año, traemos estos aquelarres a una culminación presentando escritos sagrados y ritos de los ciclos de la Tierra, cuidadosamente recogidos de las entregas que se han acumulado en nuestros archivos a través de los años. Entonces, ocho escritoras diferentes aparecen en nuestras páginas de días sagrados y ayudan a definir ese tiempo especial del año, dentro del temática del círculo completo. La introducción de una página a los díass sagrados (p. 18) incluye algo de ciencia artística estacional y fraseo poético. Esperamos que disfruten la variedad de voces que marcan los puntos culminantes de la gran rueda.

¡El círculo está completo!

Bethroot Gwynn © Mother Tongue Ink 2025

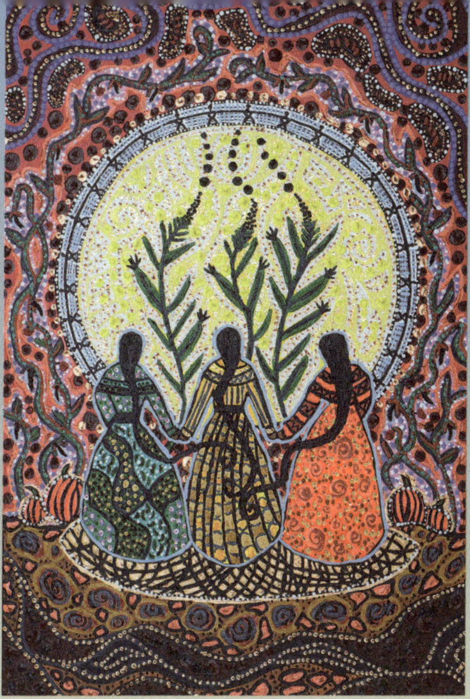

Three Life Sustainers *(Tres sustentadores de vida)*
© Leah Marie Dorion 2012

Oh Luna círculo de plata
Llena con luz suave, luz reflejada.
Inquietante luz, luz llena de musa, luz de espíritu
Somos lunáticas contigo—Canta Suspira Imagina Volando

Ixchel, Mani, Afrodita: todas selenafílicas
Oh Hanwe, espejo radiante del sol
Coyolxauhqui de las campanas de oro
Yemayá, hinchada con las mareas
¡Tú eres la luna más preñada!
Corre tu cortina de secretos: ¡Ilumina!
Tú nos das la pizarra de la Noche para dibujar en sus misterios.

La tierra se hace a un lado
Le concede al Sol y la Luna el escenario para este baile de luces.
Pronto, la oscuridad se curva en el momento justo, para
nuevamente hacer brillar la sombra.
Ah, sí, la oscuridad. Confiada, lista para su turno
Mientras nos maravillamos ante la brillante pausa,
cosecha las lecciones luminosas de la revelación refrescada
Cubriéndonos de Luna llena toda la noche.

© Bethroot Gwynn 2024

llenado-de-luna

la luna llena calibra
un giro en el cuerpo
hacia la verdad

ella nos llama a capturar
preparar el lavado
guardar la semilla
enjuagar la proyección
        de lo que fue
        y nunca podrá ser

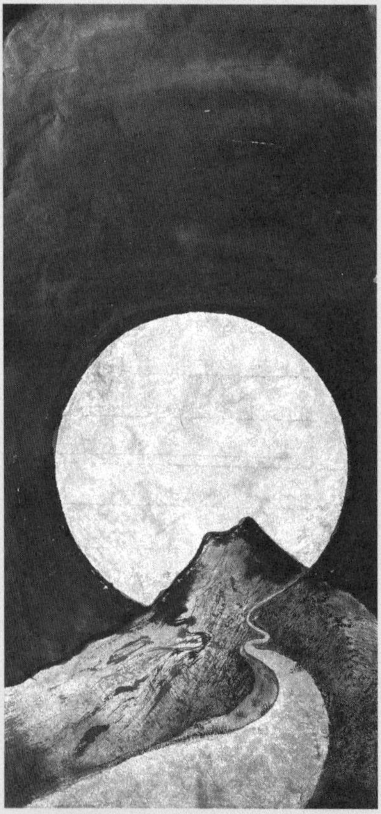

***Sleepwalk** (Sonámbula)*
© Alexis Finemyn 2015

su membrana se evapora
hacia noches futuras
eliminando por lo menos una capa
de su estadío
deseando el escalón
de su brillo
la canción
de su cosecha

como un bebé en el vientre
su primera contracción, temblor
migrando a su peso justo

cada luna llena calibra
un giro en su cuerpo
        a la verdad

llamando, aprovecha
antes de que ella se hunda en el horizonte
cobijada para dormir
en el largo, largo tiempo
hasta la próxima abundante faz
de su rima lunar

I. CONOCIMIENTO LUNAR

Luna I: diciembre 19–enero 18

Luna nueva en ♐ Sagitario dic. 19; Sol en ♑ Capricornio dic. 21; Luna llena en ♋ Cáncer enero 3

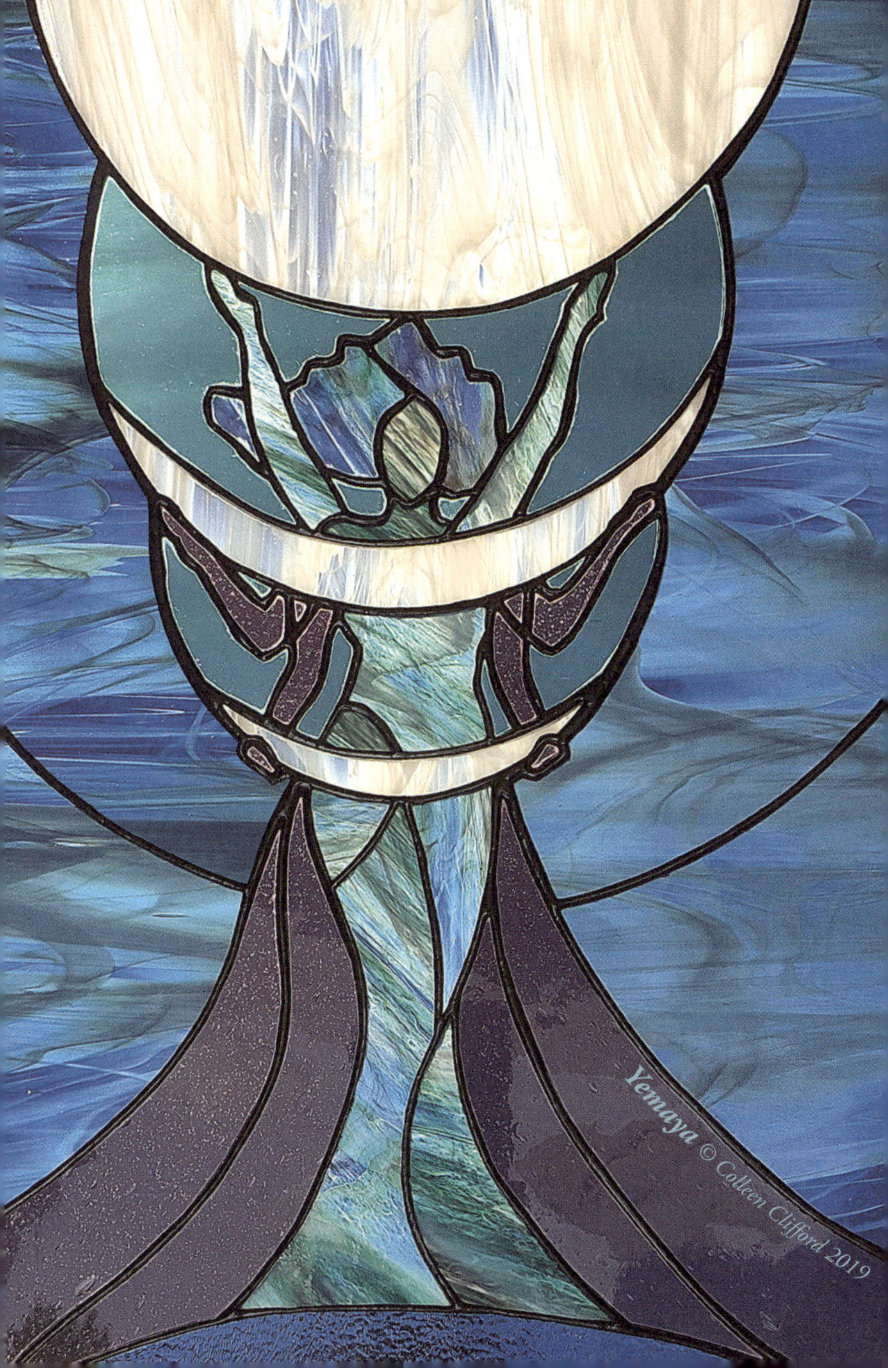

Yemaya © Colleen Clifford 2019

Diciembre 2025
prošinac

☽☽☽ ponedjeljak

♏

Lunes
15

☽□♇ 12:24 am

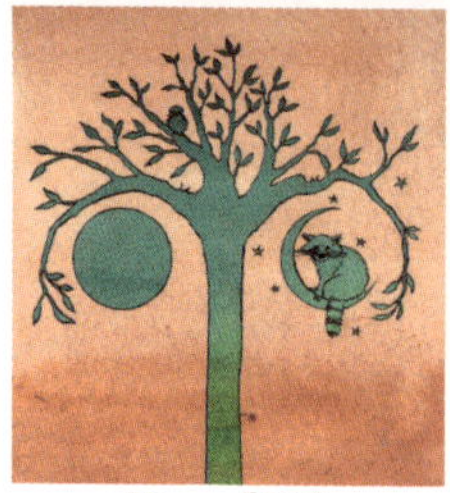

Tree of Life
(Árbol de la vida)

♂♂♂ utorak

♏

Martes
16

☽△♃ 6:46 pm
☉□♄ 8:33 pm
☽ApG 10:09 pm
☽△♄ 11:30 pm

☿☿☿ srijeda

♏
♐

Miércoles
17

☽☍♅ 5:25 am
☽△♆ 7:24 am v/c
☽→♐ 8:38 am
☽⚹♇ 1:19 pm

♃♃♃ četvrtak

♐

Jueves
18

☽☌☿ 2:01 am
♀△⚷ 1:17 pm
♀⚻♃ 5:45 pm

♀♀♀ petak

♐
♑

Viernes
19

☽☌♀ 8:19 am
☽□♄ 12:04 pm
☉⚻♅ 3:34 pm
☉☌☽ 5:43 pm
☽□♆ 7:41 pm v/c
☽→♑ 8:52 pm

Luna nueva en ♐ Sagitario 5:43 pm PST

Luna helada, Luna del castor

da gracias:
lo silvestre está seguro
en sus hogares
a pesar del profundo frío
de invierno

la vasta luz
hace platear el hielo
en los estanques

donde fuertes troncos
han rodado

no hay que temer a las trampas
o los cuchillos, ni las pistolas
ni a la dolorosa espera del hambre
buena comida
ha sido almacenada debajo
en las hojas de dorado oscuro

© Katharyn Howd Machan 2024

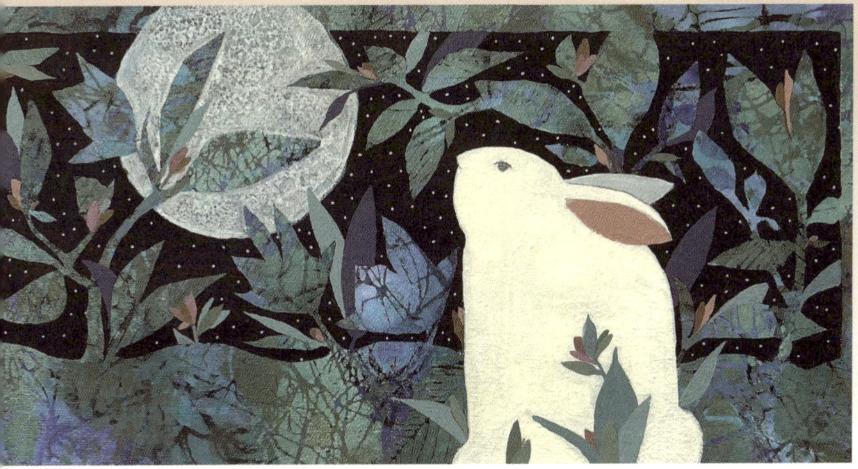

The Dreaming Moon *(La luna de ensueño) © Sue Davis 2023*

♄♄♄ subota

♑

Sábado
20

☽☌♂ 4:42 am
☉□♆ 5:02 pm
♀□♄ 9:09 pm

☉☉☉ nedjelja

♑

Domingo
21

Solsicio de invierno

☉→♑

♃□⚷ 2:09 am
☉→♑ 7:03 am
☽☍♃ 5:26 pm
☽⚹♄ 11:27 pm

Sol en ♑ Capricornio 7:03 am PST

Diciembre 2025
Poush

☽☽☽ sombar

♑
♒

Lunes
22

☽△♅ 4:26 am
☽✶♆ 6:44 am v/c
☽→♒ 7:52 am
☽☌♇ 12:37 pm
♀⚻♅ 10:22 pm

♂♂♂ mongolbar

♒

Martes
23

☽✶☿ 3:54 pm
♀□♆ 9:31 pm

☿☿☿ budhbar

♒
♓

Miércoles
24

♀→♑ 8:26 am
☽□♅ 1:42 pm v/c
☽→♓ 5:09 pm
☽✶♀ 6:06 pm

♃♃♃ brihospotibar

♓

Jueves
25

☉✶☽ 12:13 am
☽✶♂ 7:45 am

♀♀♀ sukrobar

♓

Viernes
26

☽□☿ 7:02 am
☽△♃ 9:43 am
☽☌♄ 4:41 pm
☽✶♅ 8:37 pm
☽☌♆ 11:03 pm v/c

luna salvaje

ella se levanta, de sus hombros
caen las nubes como un kimono de
seda. las deja caer. ¡oh esas curvas doradas!
su cuerpo tan anciano como el universo
atrapa el sol, sus cicatrices talismanes orgul-
losos de su edad. regresa a mirarme, su mirada
redondeada atrapa como anzuelo mi corazón.
jalando todo lo que es agua en mí hacia ella.
me siento en mis patas traseras y aullo.

¤ *Nina George 2019*

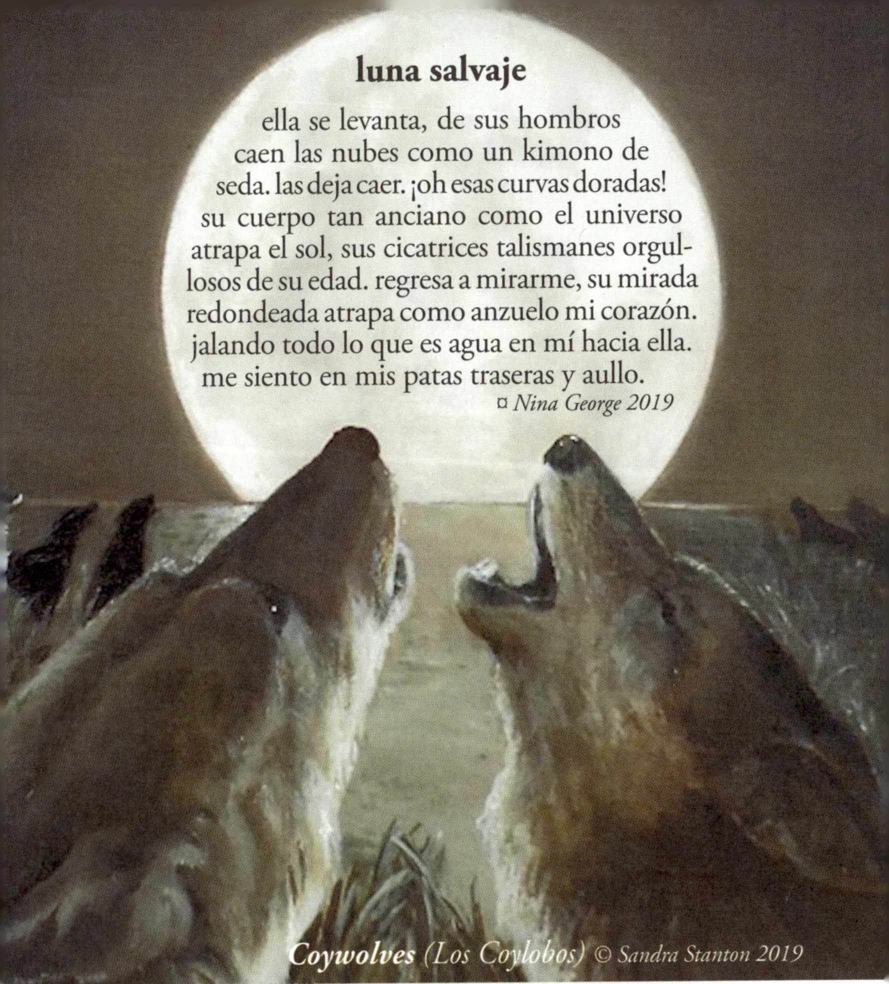

***Coywolves** (Los Coylobos) © Sandra Stanton 2019*

♄♄♄ sonibar

♓ ♈

Sábado
27

☽→♈ 12:02 am
☽⚹♇ 4:37 am
☿⚻♃ 5:16 am
☽□♀ 6:33 am

☉□☽ 11:10 am
☿△⚷ 4:15 pm
☽□♂ 5:05 pm

Luna cuarto creciente en ♈ Aries 11:10 am PST

☉☉☉ robibar

♈

Domingo
28

☽□♃ 1:59 pm
☽△☿ 6:13 pm v/c

Dic. 2025 / Enero 2026

Mina Nollag / Mí Eanair

☽☽☽ Dé Luain

♈
♉

Lunes
29

☽→♉ 3:57 am
☽□♇ 8:24 am
☽△♀ 3:03 pm
☉△☽ 6:21 pm
☽△♂ 10:54 pm
☿□♄ 11:15 pm

♂♂♂ Dé Máirt

♉

Martes
30

☽✶♃ 3:27 pm
☽✶♄ 10:58 pm

☿☿☿ Dé Céadaoin

♉
♊

Miércoles
31

☽☌♅ 1:56 am
☽✶♆ 4:25 am v/
☿⚻♅ 5:08 am
☽→♊ 5:13 am
☽△♇ 9:34 am

♃♃♃ Déardaoin

♊

Jueves
1

Enero

☿□♆ 5:33 am
☿→♑ 1:11 pm
☽PrG 1:55 pm
☽□♄ 11:09 pm

♀♀♀ Dé hAoine

♊
♋

Viernes
2

☽□♆ 4:23 am v/c
☽→♋ 5:09 am
⚷D 5:41 am
☽☍☿ 6:58 am

Luminaria

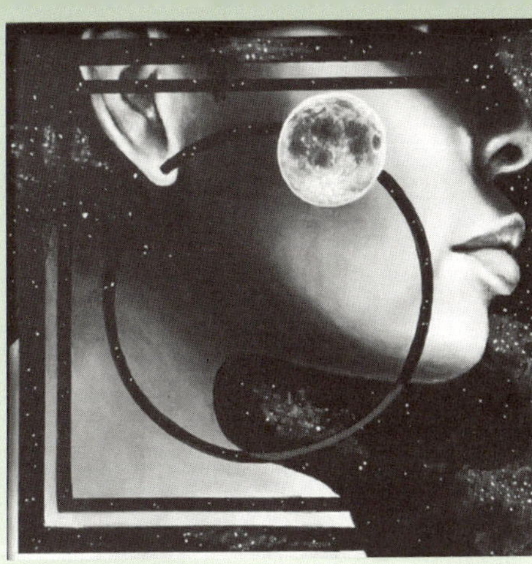

© Corinne "Bee Bop" Trujillo 2023

Tú sabes, te vi
allá una vez más
la otra noche,
casualmente sólo
pasando el rato
en medio de la nada,
Una sonrisa angelical
en forma de halo,
Como si no te importara
el universo, o quizá
estabas imitando a
a una Mona Lisa celestial.
Rodeada de tenues
parpadeantes velas estelares,
Mientras tu suave aura
hacía que la gente viera cosas
bajo una nueva extraña luz,

Y tu magnetismo silencioso
hacía que todes se movieran
a tu ritmo lánguido,
Y tus curvas de cuerpo relleno
hacía a toda la gente aullar
cautivos de pasión.
Hasta ahora sueño con
algún día llegar a verte,
pero como siempre te mantienes distante
de los meros mortales adorándote
desde las sombras.
Entonces mejor te miro mover
entrando y saliendo del foco de atención
de tu celebridad,
Simplemente agradecida cada vez
que el mundo te puede ver
radiantemente siendo
completamente tú misma.

© Les James 2024

♄♄♄ Dé Sathairn

♋ Sábado 3

☽☍♀ 12:40 am
☉☍☽ 2:03 am
☽☍♂ 4:37 am
☽☌♃ 2:54 pm
☽△♄ 11:44 pm

Luna llena en ♋ Cáncer 2:03 am PST

☉☉☉ Dé Domhnaigh

♋ ♌ Domingo 4

☽⚹♅ 2:11 am
☽△♆ 4:59 am v/c
☽→♌ 5:43 am
☽☍♇ 10:25 am

Enero

enero

☽☽☽ Monday

♌

Lunes

5

Sin aspectos exactos

♂♂♂ Tuesday

♌
♍

Martes

6

☽□♅ 5:05 am v/c
☉☌♀ 8:36 am
☽→♍ 8:57 am

☿☿☿ Wednesday

♍

Miércoles

7

☽△☿ 12:02 am
☉△☽ 5:04 pm
☽△♀ 5:44 pm
☽△♂ 5:46 pm
♀☌♂ 6:43 pm
♀ApH 9:50 pm
☽⚹♃ 9:59 pm

♃♃♃ Thursday

♍
♎

Jueves

8

☽☍♄ 9:46 am
☽△♅ 11:50 am
☽☍♆ 3:23 pm v/c
☽→♎ 4:06 pm
☽△♇ 9:47 pm

♀♀♀ Friday

♎

Viernes

9

♃PrG 12:11 am
☉☌♂ 3:41 am
♀☍♃ 9:35 am
☽□☿ 4:33 pm

Mujer de luna llena

Nacida bajo la Luna llena, sus brazos circundan la vida toda. Ella alimenta a sus bebés y a cambio, sus bebés extienden una mano a les niñes asustades por la guerra a través del globo.

Los insectos se sienten seguros en su presencia. Las semillas brotan por ella en el rico suelo orgánico. Gatos salvajes encuentran comida en su puerta. Ella aprende, enseña, guía, sana, mezcla una salsa creativa en su cocina. Su arte—cada comida, palabra, toque, puntada—llena del amor de un corazón abierto. Y cuando sus brazos que todo lo abrazan se cansan y la Luna está llena de nuevo, ella es atraída a la luz como la sed al agua, como un infante hambriento a su madre. Ella se baña en las corrientes resplandecientes de la luna, absorbe confort, fortaleza, valentía y esperanza para mantenerse durante los días menguantes por venir hasta que la luz del Sol se derrame para hacerla renacer, y se torne luna creciente.

© Patricia Anne Soper 2024

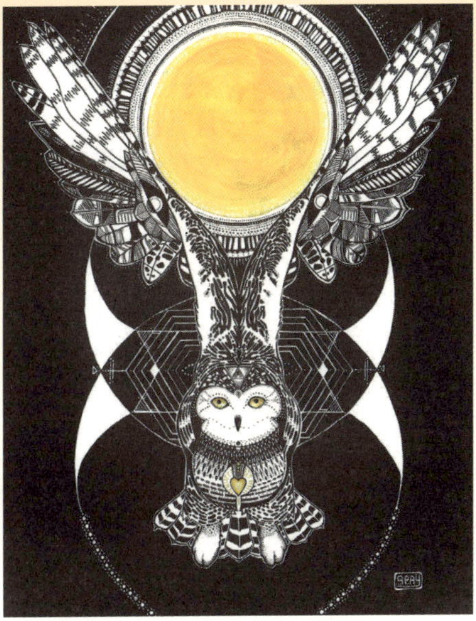

***Solstice** (sosticio)* *© Helen Seay Art 2016*

♄♄♄ Saturday

♎ Sábado 10

☉☍♃	12:42 am	☽□♂	7:12 am
♂☍♃	6:25 am	☉□☽	7:48 am
☽□♃	7:08 am	☽□♀	9:54 am v/c

Luna cuarto menguante en ♎ Libra 7:48 am PST

☉☉☉ Sunday

♎ ♏ Domingo 11

☽→♏	2:55 am
♀□⚷	8:13 am
☽□♇	9:02 am

Enero
sijećanj

☽☽☽ ponedjeljak

♏

Lunes
12

☉□⚷ 12:32 pm
☽✶☿ 1:44 pm
☽△♃ 6:46 pm
☽✶♂ 11:43 pm

Fervor de luna llena, una marea muy brillan
Revela las emociones en la suave luz de lun
Pero las sombras aún persisten
En el rostro redondo de la luna,
Recordatorio de la transitoria
Gracia de las emociones.
fragmento © Tiffany Giasson 2022

♂♂♂ utorak

♏
♐

Martes
13

☉✶☽ 1:48 am
☽✶♀ 5:27 am
☽△♄ 9:33 am
☽☍♅ 10:49 am
☽ApG 12:53 pm
♂□⚷ 2:33 pm
☽△♆ 2:59 pm v/c
☽→♐ 3:34 pm
☽✶♇ 9:54 pm

☿☿☿ srijeda

♐

Miércoles
14

☿☍♃ 12:17 am
☿ApH 2:57 pm
♀✶♄ 10:18 pm

♃♃♃ četvrtak

♐

Jueves
15

♀△♅ 7:22 am
☽□♄ 10:17 pm
☿□⚷ 10:20 pm

♀♀♀ petak

♐
♑

Viernes
16

☽□♆ 3:19 am v/c
☽→♑ 3:47 am

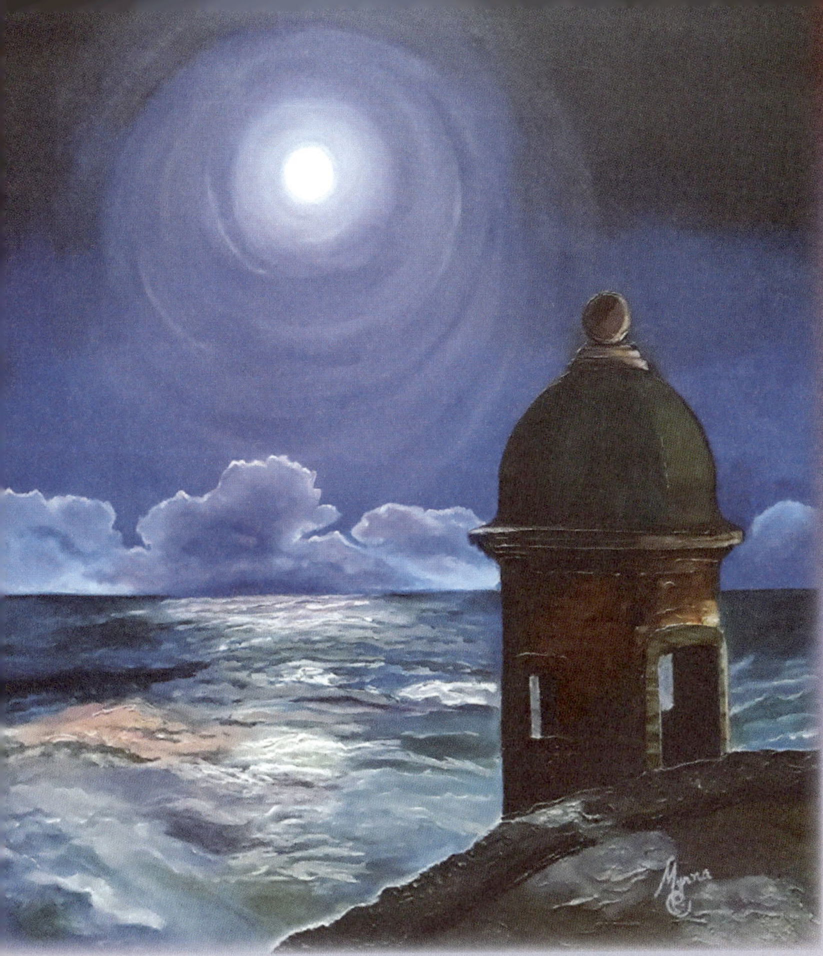

Chimera*(Quimera)* ¤ *Myrna Cleghorn 2018*

ħħħ subota

♑ ●

Sábado

17

♀⚹♆	12:33 am	☉△♅	8:59 am
☉⚹♄	2:41 am	☽☍♃	5:13 pm
♀→♒	4:43 am	☿☌♂	11:40 pm

☉☉☉ nedjelja

♑ ● ♒

Domingo

18

☽☌♂	7:11 am	☽→♒	2:18 pm
☽☌☿	7:48 am	☽☌♀	6:02 pm
☽⚹♄	9:22 am	☿⚹♄	8:09 pm
☽△♅	9:39 am	☽☌♇	8:35 pm
☉☌☽	11:52 am	☿△♅	9:38 pm
☽⚹♆	1:57 pm v/c		

Luna nueva en ♑ Capricornio 11:52 am PST

Círculo selvático

Quería ver cómo empezamos, y porqué.

Rastreé esas raíces sanguíneas siguiendo el hilo de ese bosque primitivo hacia el suelo, las raíces saliendo como aletas en el primer mar en la tierra. Vi a los árboles brotar de las faldas de las montañas como si fuera la primera vez, rodeados de enredaderas cual hilos de saliva colgando de los dientes de una bestia con la mandíbula abierta que bosteza su primera hambre al principio de todo.

¿Cómo pudimos salir de tal contención?

Y la nostalgia que siento—¿no es acaso algún tipo de sabiduría?

Dentro de una cascada, sentí cómo la roca era acariciada, constantemente, sin romperse, eterna, como un corazón siempre abierto, siempre roto. Yo pensé, si murieras en la selva, morirías por ahogamiento.

Al salir, me perdí por un momento y tuve miedo. Pensé que había evolucionado demasiado lejos. No podía entender que salió mal. Pero una lagartija me miró, y me detuvo en seco, y volví a mirar.

Cuando la gente habla de conciencia, ¿qué quieren decir?

¿Qué es esto? ¿Por qué estamos aquí? ¿Qué nos pasará? ¿Podemos realmente perder todo y simplemente todo desaparecerá?

Pero aquí: ¡el primer color, la primera canción! Miles de pájaros. Miles de papagayos chillando, la manera como se esparcen en el cielo al anochecer, y la pena. La inocencia que hace a los árboles gigantes, que hace a sus raíces flotar. Las ranas hechas de cristal. Y he ahí otra vez— otro invento del colibrí, parar el tiempo en el aire.

Encontré mi camino a casa ese día. La idea de que no podemos regresar, que no podemos volver al paraíso, a la plenitud—esa es la religión de alguien más, no la mía. El tiempo solía cambiar con las estaciones.

La vida solía ser un círculo, y volverá a serlo.

¤ *Mindi Meltz 2024*

II. REVOLUCIÓN SALVAJE

Luna II: enero 18–febrero 17

Luna nueva en ♑ Capricornio enero 18: Sol en ♒ Acuario enero 19: Luna llena en ♌ Leo feb. 1

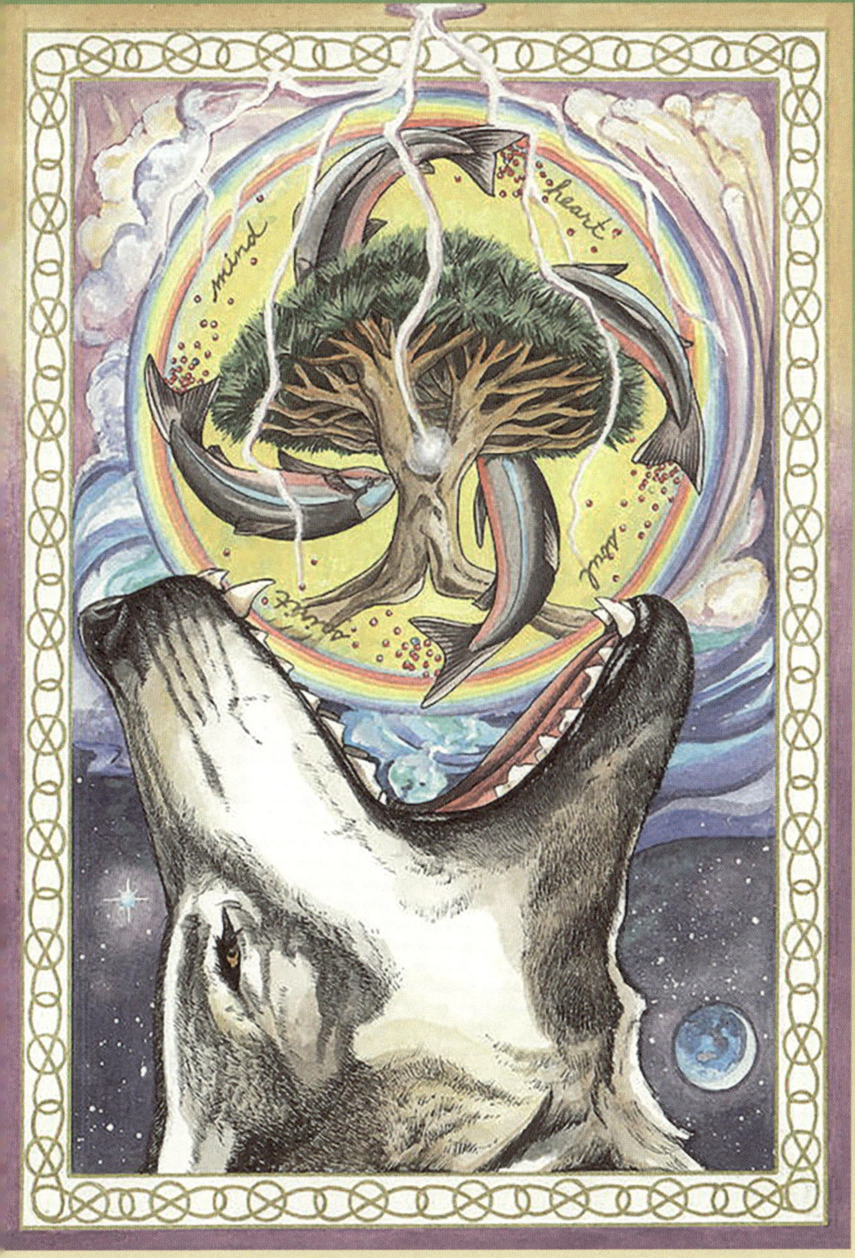

Being Held *(Estar sostenida)* © *Lindsay Carron & Cindy M. Starry 2019*

Enero

Poush

☽☽☽ sombar

♒

Lunes
19

☉✶♆ 1:55 pm
☉→♒ 5:45 pm
♀☌♇ 8:04 pm
♄✶♅ 9:19 pm
♂△♅ 9:56 pm
♂✶♄ 10:02 pm

☉→♒

Sol en ♒ Acuario 5:45 pm PST

♂♂♂ mongolbar

♒
♓

Martes
20

☿✶♆ 6:34 am
☿→♒ 8:41 am
☽□♅ 6:16 pm v/c
☽→♓ 10:49 pm

☿☿☿ budhbar

♓

Miércoles
21

☉☌☿ 7:49 am

♃♃♃ brihospotibar

♓

Jueves
22

☽△♃ 8:41 am
☿☌♇ 9:15 am
♂✶♆ 10:39 pm

♀♀♀ sukrobar

♓
♈

Viernes
23

☽✶♅ 12:59 am
♂→♒ 1:17 am
☽☌♄ 1:33 am
☉☌♇ 2:28 am
☽☌♆ 5:17 am v/c
☽→♈ 5:26 am

☽✶♂ 5:41 am
☽✶♇ 11:33 am
☉✶☽ 12:16 pm
☽✶☿ 3:16 pm
☽✶♀ 8:17 pm

Año 2026: Una mirada para ♒ Acuario (enero 19–feb. 18)

En el 2026, el tránsito de Plutón por tu signo traerá una poderosa oportunidad para la transformación personal. Has estado perfeccionándote durante años, y ahora Plutón te motivará a reflexionar sobre las lecciones que has aprendido desde tu niñez. Necesitarás enfrentar los comportamientos y creencias que has llevado contigo desde la infancia, y decidir cuáles aún te sirven y cuáles necesitan evolucionar.

El movimiento de Saturno y Neptuno por Aries te motivará a que hagas una conexión entre tus ideas visionarias y la realidad. Si bien eres una persona conocida por tu pensamiento innovador, en el 2026 te dedicarás a convertir esas ideas en resultados tangibles. Necesitarás establecer nuevos límites, tanto en tus relaciones, como en tus hábitos laborales, para así apoyar mejor tu crecimiento personal. Esto implicará darle más estructura a tu vida, permitiendo que tus sueños se manifiesten de manera sostenible.

En adición, tus prácticas espirituales—ya sean por medio de escribir en un diario, practicar la atención plena o hábitos relativos a la ecología—deberán convertirse en hábitos de rutina en vez de actividades ocasionales. Tu entorno ya sea físico, como social, desempeñará un papel importante en tu desarrollo personal. Al concentrarte en los aspectos prácticos de tu crecimiento y conectar acciones con valores, podrás descubrir un sentido más profundo de propósito e identidad. Este es un año de profunda evolución personal y al final de este, te sentirás más arraigade en quién eres realmente.

Monisha Holmes © Mother Tongue Ink 2025

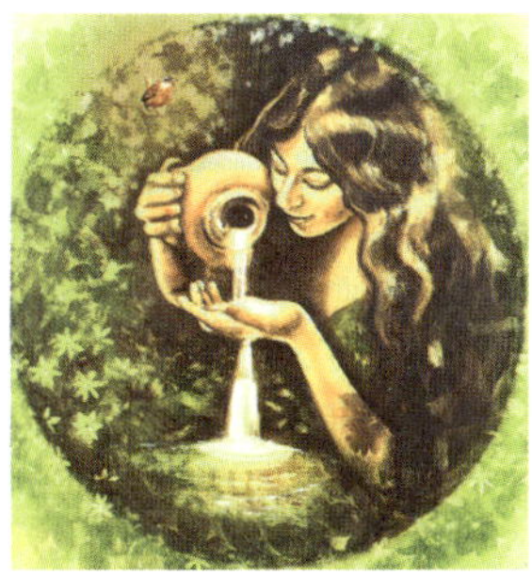

Song at the Well
(Canción en el pozo)
© Dorrie Joy 2020

♄♄♄ sonibar

♈ Sábado 24

☽□♃ 1:36 pm v/c

☉☉☉ robibar

♈ ♉ Domingo 25

☽→♉ 10:05 am
☽□♂ 1:27 pm
☽□♇ 4:07 pm
♇ApH 6:16 pm
☉□☽ 8:47 pm

Luna cuarto creciente en ♉ Tauro 8:47 pm PST

Enero
Mí Eánair

☽☽☽ Dé Luain

♉ Lunes 26

☽□☿ 2:50 am
☽□♀ 5:31 am
♆→♈ 9:37 am
☽⚹♃ 4:40 pm

♂♂♂ Dé Máirt

♉ ♊ Martes 27

☽☌♅ 8:43 am
☽⚹♄ 9:58 am v/c
☽→♊ 12:55 pm
☽⚹♆ 12:58 pm
♂☌♇ 3:01 pm
☽△♇ 6:52 pm
☽△♂ 7:05 pm

☿☿☿ Dé Céadaoin

♊ Miércoles 28

☉△☽ 3:06 am
☽△☿ 12:00 pm
☽△♀ 12:32 pm

♃♃♃ Déardaoin

♊ ♋ Jueves 29

☿☌♀ 2:17 am
☽□♄ 11:56 am v/c
☽PrG 1:53 pm
☽→♋ 2:31 pm
☽□♆ 2:40 pm

♀♀♀ Dé hAoine

♋ Viernes 30

☿⊼♃ 12:58 pm
☽☌♃ 7:18 pm

Llamado de amor

Regresa al llamado de lo salvaje—
Ha estado dando señales por mucho tiempo
Para despertar,
adentrarme en la profundidad misma de mi alma,
En armonía con el ritmo del tambor de la naturaleza.
No vivir encima del mundo,
Sino vivir en él, ser parte de él.

fragmento © Bee Love 2017

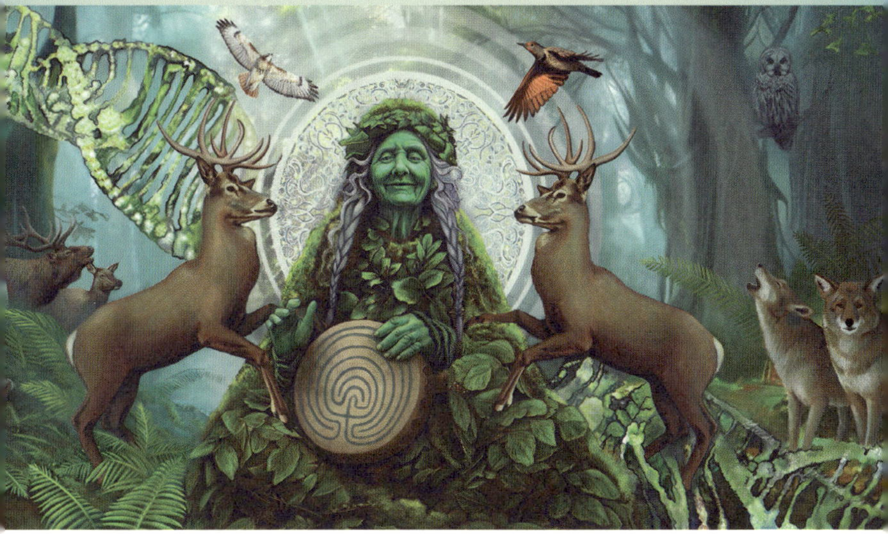

***Wild Grandmother** (Abuela salvaje)* © *Gabrielle Wildheart 2024*

♄♄♄ Dé Sathairn

♋ ♌ ○ Sábado 31

♀⚻♃ 1:39 am
☽⚹♅ 11:55 am
☽△♄ 1:52 pm v/c
☽→♌ 4:09 pm
☽△♆ 4:23 pm
☽☍♇ 10:21 pm

☉☉☉ Dé Domhnaigh

♌ ○ Domingo 1 Febrero

☽☍♂ 4:06 am
☉☍☽ 2:09 pm

Luna llena en ♌ Leo 2:09 pm PST

Febrero

febrero

☽☽☽ Monday

Lunes 2

Imbolc

♌ ♍

☽☍♀ 1:56 am
☽☍☿ 5:55 am
☽□♅ 2:55 pm v/c
☿⚹⚷ 4:33 pm
☽→♍ 7:21 pm

♂♂♂ Tuesday

Martes 3

♍

♅D 6:33 pm

☿☿☿ Wednesday

Miércoles 4

♍

☽⚹♃ 1:37 am
♀⚹⚷ 2:23 pm
☽△♅ 8:49 pm
☽☍♄ 11:49 pm v/c

♃♃♃ Thursday

Jueves 5

♍ ♎

☽→♎ 1:32 am
☽☍♆ 2:02 am
☿□♅ 4:13 am
☉⚻♃ 8:09 am
☽△♇ 8:45 am
☽△♂ 10:00 pm

♀♀♀ Friday

Viernes 6

♎

☽□♃ 9:21 am
☉△☽ 11:49 am
☿→♓ 2:48 pm

Imbolc
Canto a Brígida

¡Gloria a ti!
Radiante Hija del Fuego
¡Oh Brígida, bienvenida tú y tu caldera de transformación!
Aclamamos tu capacidad de atraer el desnudo potencial de la Fuente
El Fuego se encuentra con la Tierra, la idea se encuentra con el yunque
Las labores diarias son transformadas a trabajos místicos
Ya sea athame, lapicero, o espada, sartén, aguja o cuchilla
Cada herramienta es bendecida por el fuego de tu forja,
el calor de tu corazón.
Guiadas por tu visión, generamos seres, creamos arte desenfrenado:
Historias que sanan, canciones de revolución, sonetos de creación.
Bajo tu tutela aprendemos de hierbas, minerales, energía—
todas las medicinas.
Estamos sembradas con tu sabiduría sanadora,
El conocimiento en tus gentiles manos,
tus dones vivos en nuestras células.
Te llamamos ardientes de gratitud, Brígida, ¡te invocamos!
Ella que trae el alba, herrera y santa, vidente y escriba
médica, sanadora de fe, hechicera, divina madre
Te bendecimos como tú nos bendices en un círculo infinito
Susurrando un cariño tierno, declarando una inspiración ardiente.

fragmento ¤ justina petrichor 2020

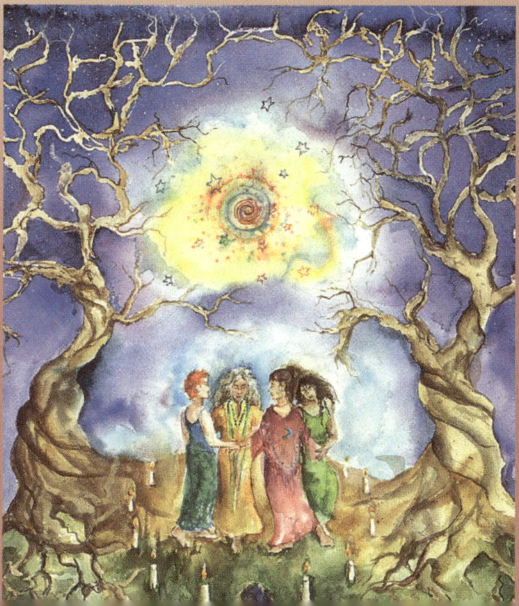

A Call to Gather *(Un llamado para reunirse)*
© Melissa Harris 2001

Respondiendo al llamado

Mi arte es como, a mi manera simple, me revelo ante el sistema que trata de mantenernos desconectadas de la verdad de lo que somos. Cada vez que una mujer descubre su belleza y sabiduría interna ella se acerca más a liberarse a sí misma, uniéndose al creciente grupo de mujeres alrededor del mundo levantándose en la lucha para liberarnos a todas.

En este momento de la historia, como nunca antes, estamos siendo llamadas a tomar una acción radical para detener la destrucción y restaurar el balance del ecosistema de la Tierra. Un llamado a salir del sistema que mide el éxito por el status, posesiones y el contenido de tu cuenta bancaria hacia una vida de simplicidad que valore la paz interior, las relaciones conscientes y una vida sustentable en armonía con el planeta.

Ojalá tengamos la valentía para tomar la posición de nuestra verdad, hombro a hombro en solidaridad para salvar a nuestra Madre Tierra, el único lugar al que realmente todes pertenecemos.

fragmento © Kamini Gupta 2018

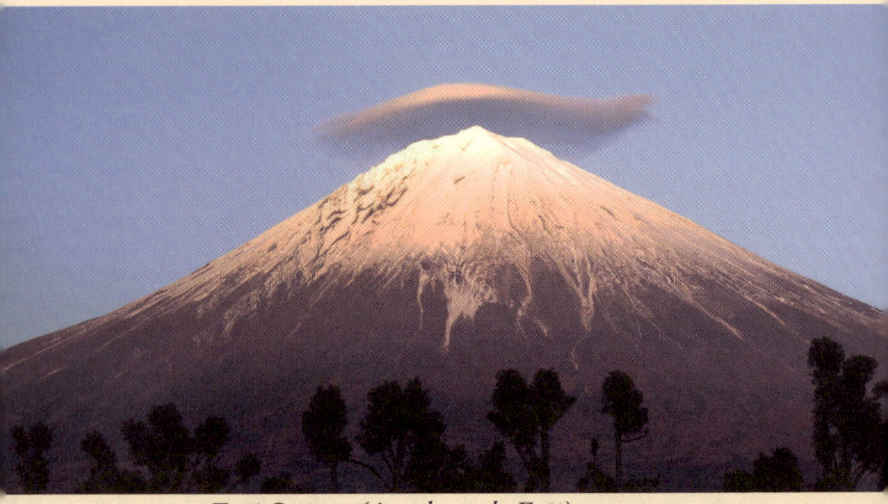

Fuji Sunset *(Atardecer de Fuji)* © *Barbara Landis 2019*

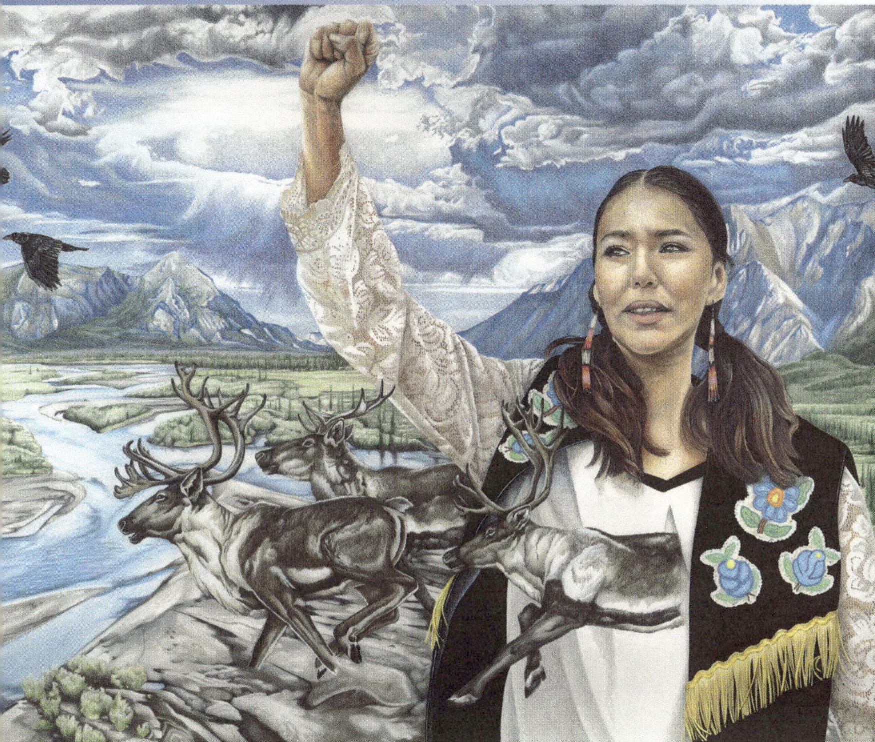

"Heart of Caribou" *(Corazón de caribú)*

Bernadette Demientieff Gwighyaa Gwich'in

♄♄♄ Saturday

♎ ♏ ◐

Sábado 7

☽△♀ 3:59 am v/c
☽→♏ 11:13 am
☽△☿ 2:39 pm
☽□♇ 6:59 pm

☉☉☉ Sunday

♏ ◐

Domingo 8

♀□♅ 1:49 am
☽□♂ 12:53 pm
☽△♃ 8:10 pm

Febrero
veljača

☽☽☽ ponedjeljak

♏
♐

Lunes
9

☉□☽ 4:43 am
☽☍♅ 6:15 pm
☽△♄ 10:32 pm
☽□♀ 11:01 pm v/c
☽→♐ 11:22 pm

Luna cuarto menguante en ♏ Escorpio 4:43 am PST

♂♂♂ utorak

♐

Martes
10

☽△♆ 12:12 am
♀→♓ 2:18 am
☽✶♇ 7:27 am
☽ApG 8:56 am
☽□☿ 1:02 pm

☿☿☿ srijeda

♐

Miércoles
11

☽✶♂ 5:43 am
☉✶⚷ 5:46 pm
☉✶☽ 10:52 pm

♃♃♃ četvrtak

♐
♑

Jueves
12

☽□♄ 11:29 am v/c
☽→♑ 11:44 am
☽□♆ 12:43 pm
♂⚻♃ 5:15 pm
☽✶♀ 6:23 pm

♀♀♀ petak

♑

Viernes
13

☽✶☿ 10:17 am
♄→♈ 4:11 pm
☽☍♃ 7:27 pm

Me siento en la nieve
entre las cicutas
en el profundo ocaso.
Silencio.
Minuto a minuto
la larga oscuridad
se dobla a mi alrededor
la Tierra invernal brilla
un azul suave
mientras troncos negros
se levantan de ella, firmes
mensajeros de verdad.
La tierra respira
en mi alma y corazón.
valora esta larga noche de paz,
dice ella.
Absorbe estas horas de quietud.
Alinéate conmigo, recuerda tu lugar, la manera antigua.
Entra al vientre de la oscuridad. Descansa aquí. Libera tus pensamientos.
Relaja tus manos ocupadas con ideas del futuro.
Esos susurros de energía que sientes en tus huesos—son mis instrucciones.
Escucha. Quédate conmigo.
Este es el comienzo.

© Monica Heartwood 2020

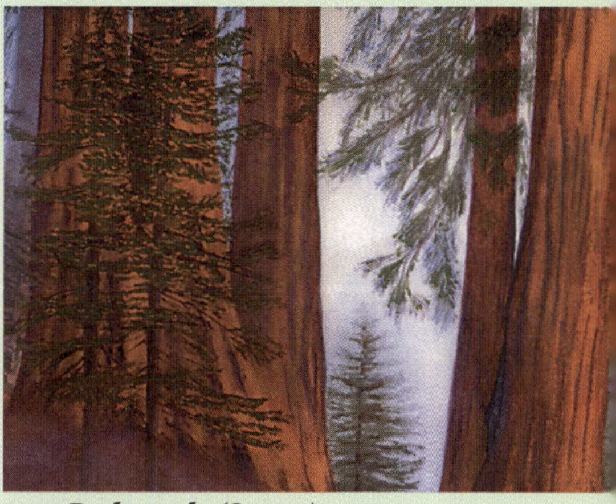

Redwoods *(Secoya)* ¤ *Betty Edwards 1995*

♄♄♄ subota

♑ ♒

Sábado
14

☽△♅ 5:31 pm v/c
☽→♒ 10:16 pm
☽✶♄ 10:32 pm
☽✶♆ 11:22 pm

☉☉☉ nedjelja

♒

Domingo
15

☽☌♇ 6:10 am
☉□♅ 9:02 pm

Una oración por nuestras aguas sagradas

Una oración por nuestras aguas sagradas interiores que bañan nuestros órganos, hidratan nuestras células, permiten que fluyan nuestra sangre y nuestras lágrimas. Una oración por nuestras aguas sagradas que son guardianes de registros, que guardan nuestros pensamientos, palabras, oraciones e intenciones, haciéndolos circular a través del ciclo sagrado de condensación, precipitación y evaporación.

Una oración por nuestras aguas sagradas que son nuestro primer hogar, nuestra primera medicina, nuestro primer elemento sagrado y el recurso dentro del vientre de nuestras madres que nos sostuvieron y protegieron durante 7, 8, 9 ciclos lunares. Una oración por nuestras aguas sagradas que son la naturaleza femenina, receptiva, fluida e intuitiva dentro de todos.

Y una oración por las aguas sagradas exteriores, por los arroyos y riachuelos que están siendo restaurados a ecosistemas prósperos para que regresen las plantas y animales nativos. Una plegaria por los ríos que fluyen desde cabeceras sagradas, tallando piedras ancestrales en sus caminos, proporcionando un espacio seguro para que el salmón regrese a sus lugares sagrados de desove.

Una plegaria por la corriente de los ríos que se une al océano, la gran convergencia donde el agua dulce se encuentra con el agua salada, Oshún y Yemayá. Una plegaria por los océanos, por unos ecosistemas acuáticos prósperos, limpios y vitales, y por las ballenas, los gentiles gigantes de los océanos, los guardianes de los registros de nuestro planeta que comparten las historias a través del canto sagrado.

Que honremos, protejamos, reverenciemos y celebremos las aguas sagradas dentro y fuera de nosotres.

III. JALÓN DE LUNA

Luna III: febrero 17–marzo 18

Luna nueva en ♒ Acuario feb. 17; Sol en ♓ Piscis feb. 18 ; Luna llena en ♍ Virgo marzo 3

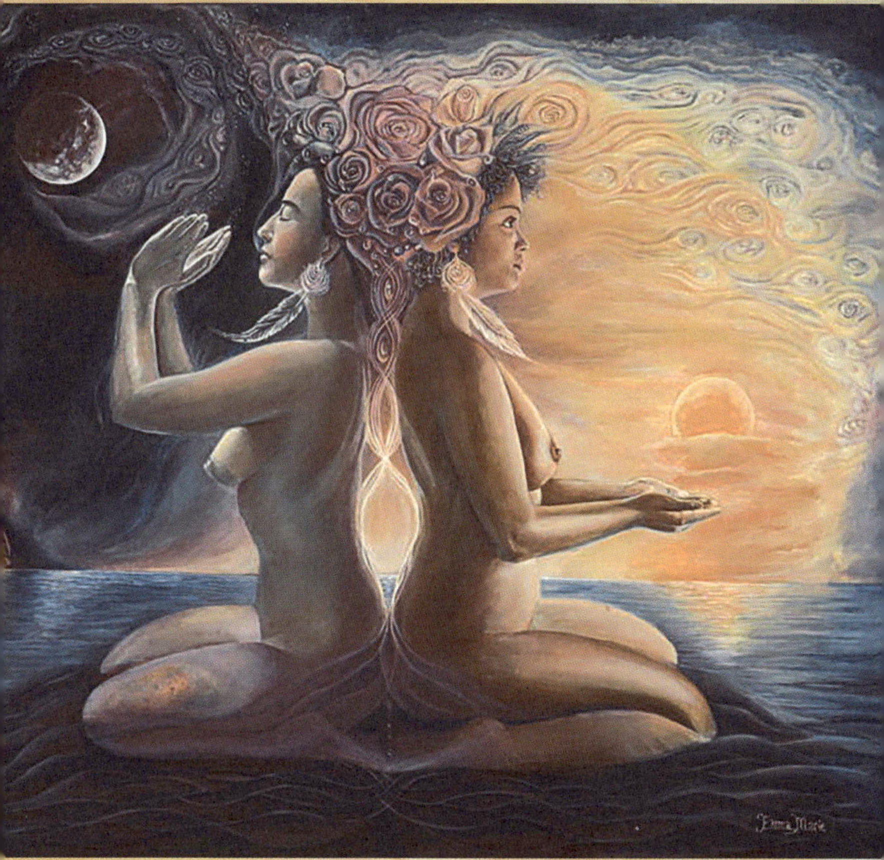

Balance *(Balance) © Emma Marie Whelan 2023*

Febrero
Magh

☽☽☽ sombar

♒

Lunes
16

☽☌♂ 10:09 am
☿△♃ 1:31 pm

♂♂♂ mongolbar

♒
♓

Martes
17

Imbolc Lunar

☽□♅ 1:40 am
☉☌☽ 4:01 am v/c
☽→♓ 6:09 am

Luna nueva en ♒ Acuario 4:01 am PST
Eclipse solar anular 4:11 am PST*

☿☿☿ budhbar

♓

Miércoles
18

☉→♓

☽☌♀ 12:01 am
☉→♓ 7:52 am
☽△♃ 10:31 am
☽☌☿ 3:08 pm

Sol en ♓ Piscis 7:52 am PST

♃♃♃ brihospotibar

♓
♈

Jueves
19

☽✶♅ 7:23 am v/c
☽→♈ 11:39 am
☽☌♄ 12:48 pm
☽☌♆ 12:55 pm
☽✶♇ 7:08 pm

♀♀♀ sukrobar

♈

Viernes
20

♄☌♆ 8:53 am
☽□♃ 2:49 pm

*Eclipse visible en el sur argentino, África del sur, Chile y la Antártida

Año 2026: Una mirada para ♓ Piscis (feb. 18–marzo 20)

En el 2026, Plutón en Acuario te empoderará con más confianza en tu lado espiritual e imaginativo. Siempre has sido una persona profundamente intuitiva, pero es posible que hayas ocultado este lado de ti por miedo a que te malinterpreten. Plutón te impulsará a aceptar tus cualidades mágicas y de ensueños, y usarlas para brindar sanación y conocimiento a las personas que te rodean. Este es el año para asumir tu papel como persona visionaria, y ayudar a los demás a ver lo que se esconde debajo de la superficie.

Comenzarás a darte cuenta de que tu espíritu juvenil e imaginativo es una de tus mayores fortalezas. Si prestas atención a tus sueños, tanto literales como simbólicos, descubrirás patrones en tu vida personal y comunitaria que pueden conducir al crecimiento. Ya sea a través de la expresión creativa, la espiritualidad o tus percepciones intuitivas, tendrás la oportunidad de guiar a los demás hacia la sanación y transformaciones que generen crecimiento.

A medida que Neptuno y Saturno pasan por Aries, también necesitarás reflexionar sobre tus valores, en particular en lo que respecta a responsabilidades emocionales y financieras. Es posible que descubras que has estado invirtiendo en personas o cosas que ya no están a fin con la persona en la que te estás convirtiendo. Este año se trata de buscar los orígenes de esos principios y decidir si todavía te sirven en tu camino. Al alinear tus valores con tu crecimiento espiritual, encontrarás una mayor satisfacción, y claridad en tus relaciones y decisiones financieras.

Monisha Holmes © Mother Tongue Ink 2025

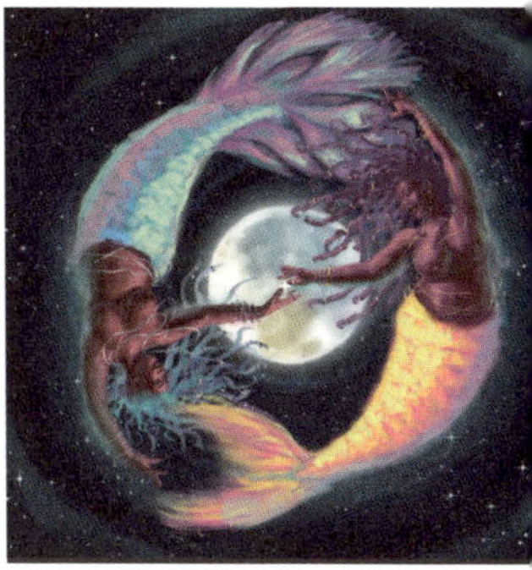

Pisces Moon Mermaids
(Piscis luna sirenas)
© KT InfiniteArt 2018

♄♄♄ sonibar

♈ ♉

Sábado 21

☽✶♂ 3:11 am v/c
☽→♉ 3:31 pm
☉✶☽ 9:40 pm
☽□♇ 10:56 pm

☉☉☉ robibar

♉

Domingo 22

♂✶⚷ 8:13 am
♀△♃ 12:02 pm
☽✶♃ 5:56 pm
☽✶♀ 6:31 pm

Febrero / Marzo

Mí Feabhra / Mí Márta

☽☽☽ Dé Luain

♉ ♊

Lunes 23

☽⚹☿ 4:51 am
☽□♂ 9:19 am
☽☌♅ 2:29 pm v/c
☽→♊ 6:29 pm
☽⚹♆ 7:57 pm
☽⚹♄ 8:26 pm

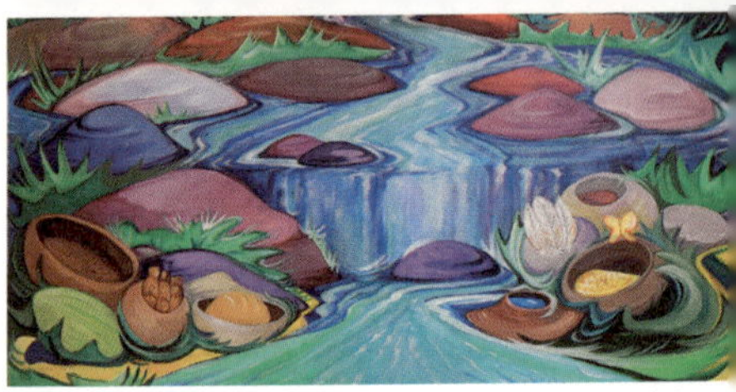

Offerings (Ofrendas) © Toni Truesdale, Truesdale Ar

♂♂♂ Dé Máirt

♊

Martes 24

☽△♇ 1:56 am
☉□☽ 4:27 am
☽PrG 3:04 pm

Luna cuarto creciente en ♊ Géminis 4:27 am

☿☿☿ Dé Céadaoin

♊ ♋

Miércoles 25

☽□♀ 2:10 am
☽□☿ 8:34 am
☽△♂ 3:00 pm v/c
☽→♋ 9:11 pm
☽□♆ 10:47 pm
☿R 10:48 pm
☽□♄ 11:34 pm

♃♃♃ Dé Ardaoin

♋

Jueves 26

☉△☽ 11:04 am
☽☌♃ 11:10 pm

♀♀♀ Dé Haoine

♋

Viernes 27

♂□♅ 8:21 am
☽△♀ 9:59 am
☽△☿ 11:13 am
☽⚹♅ 8:21 pm v/c
☿☌♀ 9:34 pm

Planear con anticipación

La luna dirige mi vida de forma logística, física, implacable y hermosa: a través de la marea. Los Nuučaanuł dicen: "La marea baja y la mesa está puesta". En mi pequeña barca, navegando entre visones y mergánsar en la marisma, percibo la rica selección que se sirve cada 12 horas y media. ¿Quién iba a decir que es la luna la que decide si los mapaches desentierran bocados entre las embarcaciones varadas o si se aparean a plena luz del día mientras ato las cuerdas y levanto el motor?

En luna nueva y luna llena, la marea puede bajar tanto que el muelle queda varado y yo no tengo donde aparcar. La marea también influye en las condiciones del viento y la fuerza de la corriente. La marea decide el miedo que pasaré al atravesar la ensenada y el puerto —calma, marejada u oleaje—o incluso si sentiré miedo.

Pero doy gracias. La marea baja permite a las golondrinas de mar acceder al barro y a la hierba marina para construir su nido. Puede significar echar un vistazo a los rituales de cortejo de los cangrejos de algas o a los hermosos colores profundos de los pepinos de mar. Deja al descubierto pozas de marea bordeadas de palmeras marinas, quitones inmóviles, lujosas cabelleras de sirena.

¿Y la marea alta? Si se inunda lo suficiente como para sumergir el arroyo, puedo remar hasta el bosque para contemplar flores silvestres. Todos los años empiezo a estudiar las tablas de mareas con antelación, a planificar, a marcar las mareas extremas, dirigidas—mejor dicho, coreografiadas—por la luna.

¤ *Christine Lowther 2024*

♄♄♄ Dé Sathairn

♋ ♌

Sábado
28

☽→♌ 12:17 am
☽△♆ 2:02 am
☽△♄ 3:08 am
☽☍♇ 8:04 am

☉☉☉ Dé Domhnaigh

♌

Domingo
1

Marzo

Sin aspectos exactos

Marzo
March

Más antigua que la leyenda
Podía hacer trucos con su piel de seda
más escurridiza que una foca,
más antigua que la leyenda,
fluida y libre, pertenecía al mar
fragmento © Jules Ostara 2021

☽☽☽ Monday

♌ ♍

Lunes 2

☽□♅ 12:36 am
☽☍♂ 4:27 am v/c
☽→♍ 4:34 am
♂→♓ 6:16 am

♂♂♂ Tuesday

♍

Martes 3

☉☍☽ 3:38 am
☽✶♃ 7:45 am
☽☍☿ 4:39 pm

Luna llena en ♍ Virgo 3:38 am PST
Eclipse lunar total 3:33 am PST*

☿☿☿ Wednesday

♍ ♎

Miércoles 4

☽☍♀ 6:42 am
☽△♅ 6:53 am v/c
♀✶♅ 8:41 am
☽→♎ 10:56 am
☽☍♆ 1:08 pm
☽☍♄ 3:01 pm
☽△♇ 7:35 pm

♃♃♃ Thursday

♎

Jueves 5

☉△♃ 9:14 am
☽□♃ 3:22 pm v/c

♀♀♀ Friday

♎ ♏

Viernes 6

♀→♈ 2:46 am
☽→♏ 8:01 pm

*Eclipse visible en Asia del este, Australia, el Pacífico y América

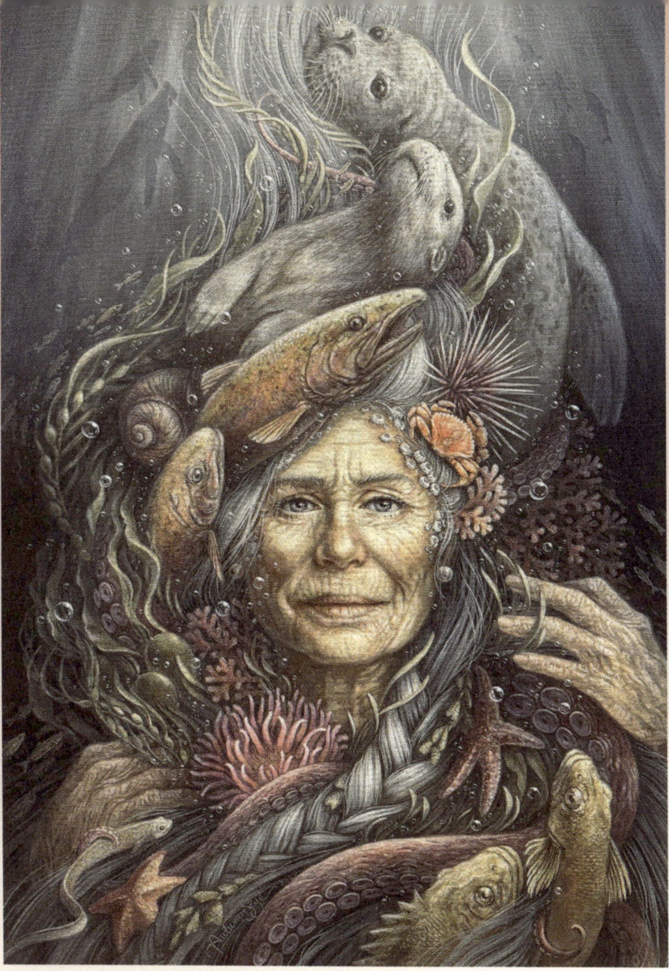

Mother of the Deep *(Madre de las profundidades)* © *Autumn Skye 2024*

♄♄♄ Saturday

♏

Sábado
7

☉☌☿ 3:02 am
♀☌♆ 3:27 am
☽△♂ 3:33 am
☽□♇ 5:14 am

☉☉☉ Sunday

♏

Domingo
8

☽△♃ 1:46 am
☽△☿ 4:16 am
♀☌♄ 6:39 am
☉△☽ 8:41 am
☿△♃ 10:23 pm

Comienza el horario de verano 2:00 am PST

Marzo
ožujak

☽☽☽ ponedjeljak

♏ ♐

Lunes
9

☽☍♅	4:28 am v/c	☽△♀	5:34 pm
☽→♐	8:36 am	☽✶♇	6:13 pm
☽△♆	11:21 am	☽□♂	8:37 pm
☽△♄	2:15 pm	♀✶♇	11:52 pm

♂♂♂ utorak

♐

Martes
10

☿PrG	3:56 am
☽ApG	6:44 am
☽□☿	11:59 am
♃D	8:30 pm

☿☿☿ srijeda

♐ ♑

Miércoles
11

☉□☽	2:38 am v/c
☽→♑	9:07 pm

Luna cuarto menguante en ♐ Sagitario 2:38 am PDT

♃♃♃ četvrtak

♑

Jueves
12

☽□♆	12:02 am
☽□♄	3:21 am
☽□♀	12:59 pm
☽✶♂	1:15 pm
☽✶☿	8:07 pm

♀♀♀ petak

♑

Viernes
13

☽☍♃	3:10 am
☉✶☽	7:41 pm

Aqui: para una madre en primavera

Cuando las estrellas se alinean
y reajustan el zodíaco,
cuando la semilla
empuje a través
de la tierra exuberante,
pronto llegarás.

Cuando las patadas del mediodía
se convierten en hipo por la noche,
cuando los rostros familiares
nos visiten en sueños,
cuando el cambio de mar
en el interior
convoca un oleaje,
puedo sentirte aquí.

Pronto nos embarcaremos
en un viaje sin tiempo,
sostenidos en el abrazo
de la aguda memoria del agua.
Me sumergiré profundamente
en la sagrada oscuridad
donde todo comienza
donde el amor no tiene fin,
donde el tiempo se teje
a través de mis venas a las tuyas
y te traeré aquí.

Cuando sea el momento,
tomaré tu pequeña mano
en la mía
y te mostraré el camino
del corazón al hogar.
Siente cómo el océano
que he creado te lleva
a brazos que esperan conocer,
sostener y guiar
la única luz
que eres tú,
y te elevaremos para que brilles—
Aquí.

fragmento © Adria Khemia Morningstar 2023

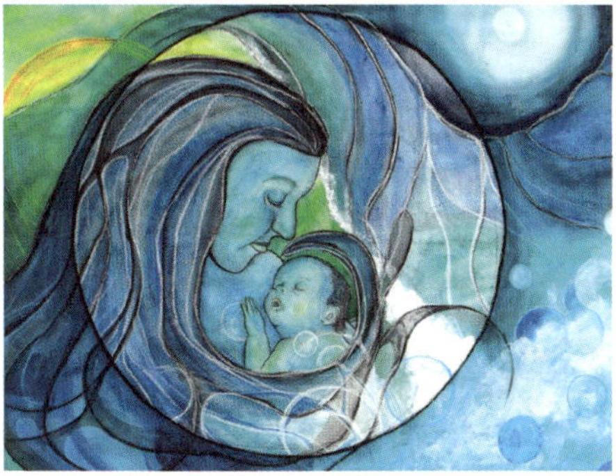

Makuahine—Mother *(Mamá)*
© Kimberly Kirk 2005

♄♄♄ subota

♑ ♒

Sábado
14

☽△♅ 4:33 am v/c
☽→♒ 8:13 am
☽⚹♆ 11:12 am
☽⚹♄ 2:47 pm
☽☌♇ 5:35 pm

☉☉☉ nedjelja

♒

Domingo
15

☿☌♂ 1:08 am
☽⚹♀ 5:42 am

Llamada a los círculos

Llamando, llamando, mujeres levantándose en círculos,
ofreciendo espejos y recordatorios—
Te veo, sé que tú también eres poderosa.

Ya no podemos permitirnos tener miedo,
escondernos, ser invisibles o callar
las consecuencias hace tiempo que expiraron
como ellos pensaron que nosotras también expiramos—

Hemos vuelto, surgiendo de la clandestinidad,
semillas potentes, plantadas una vez, se agitan de nuevo,
se abren, echan raíces más fuertes—
ese es el valor de la germinación.

Nos hemos vuelto más potentes
en nuestras oscuras camas de ensueño, donde
hemos estado leyendo a la luz de las estrellas
las señales, los tiempos, las aperturas,
enviándonos señales el uno al otro:

Estoy aquí abajo,
y sé que tú también;
¿no hicimos un pacto,
acordamos volver,
hacerlo de otra manera, sin miedo,
porque sabemos,
que nuestras almas, nuestros espíritus,
están eternamente vivos?

Así que levantémonos, ahora,
extendamos la mano,
toquemos las puntas de los dedos
hasta que nos tomemos de las manos—
Te sostengo,
    y a ti,
        y a ti,
hemos cerrado el círculo.

¤ *Janet Lucy 2024*

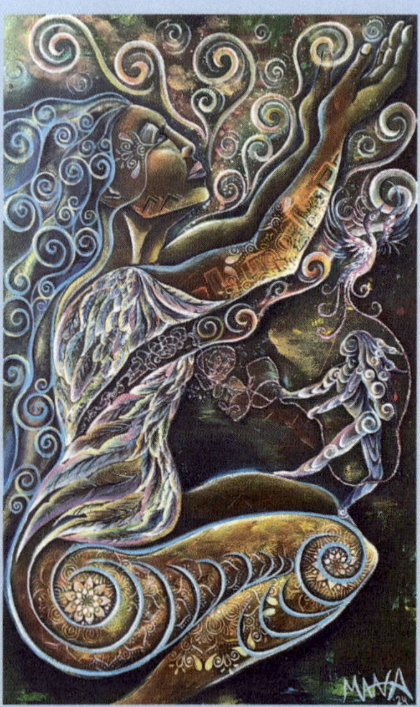

***Surrender** (Aceptar)* © *Maasa 2024*

IV. PODER RADIANTE

Luna IV: marzo 18–abril 17

Luna nueva en ♓ Piscis marzo 18; Sol en ♈ Aries marzo 20; Luna llena en ♎ Libra abril 1

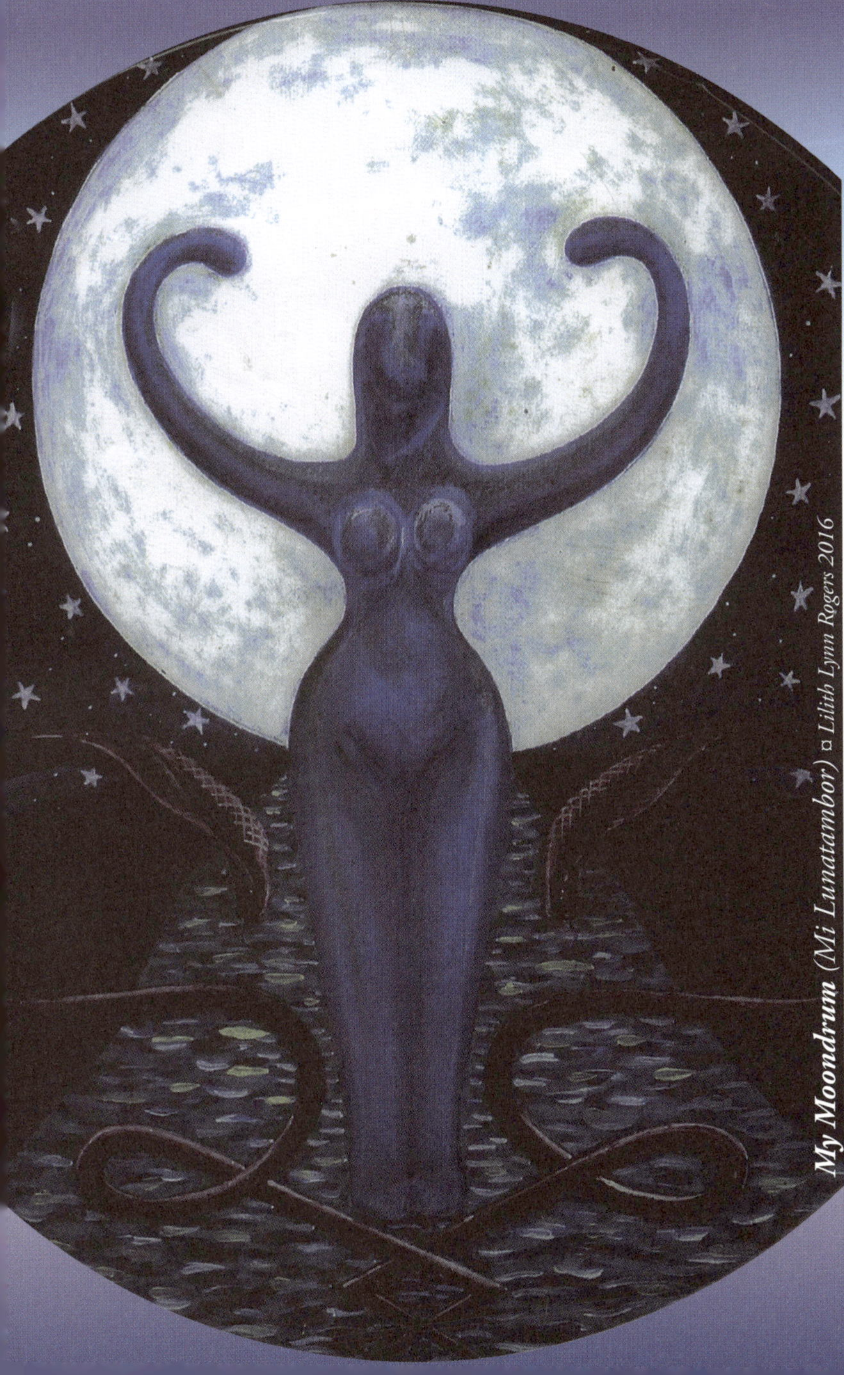

My Moondrum *(Mi Lunatambor)* ¤ *Lilith Lynn Rogers 2016*

marzo
Falgun

☽☽☽ sombar

♒
♓

Lunes
16

☽□♅ 12:57 pm v/c
☽→♓ 4:15 pm

♂♂♂ mongolbar

♓

Martes
17

☽☌☿ 8:25 am
☽☌♂ 1:46 pm
☽△♃ 7:18 pm

☿☿☿ budhbar

♓
♈

Miércoles
18

♀□♃ 9:09 am
☉⚹♅ 1:20 pm
☽⚹♅ 6:02 pm
☉☌☽ 6:23 pm v/c
☽→♈ 9:03 pm

Luna nueva en ♓ Piscis 6:23 pm PDT

♃♃♃ brihospotibar

♈

Jueves
19

☽☌♆ 12:00 am
☽☌♄ 3:51 am
☽⚹♇ 5:34 am
☽□♃ 10:53 pm

♀♀♀ sukrobar

♈
♉

Viernes
20

☽☌♀ 2:23 am v/c
☉→♈ 7:46 am
☿D 12:33 pm
☽→♉ 11:35 pm

Equinoccio de primavera

☉→♈

Sol en ♈ Aries 7:46 am PDT

Año 2026: Una mirada para ♈ Aries (marzo 20–abril 19)

En 2026, Plutón en Acuario te desafiará a replantearte cómo te relacionas con tu comunidad y sus objetivos. Aries suele ser conocido por su audacia y liderazgo. Esta nueva transición de Plutón puede hacer que te encuentres en situaciones en las que sientas que no puedes expresar plenamente tus ideas únicas y poco convencionales. Éste puede ser un momento frustrante para ti porque estás acostumbrado a avanzar sin inhibiciones. Sin embargo, la energía de Plutón te empujará a madurar y a refinar tus habilidades de liderazgo, recordándote que debes equilibrar tus impulsos con una estrategia meditada.

Puede que descubras que tus emociones están fuertemente ligadas a valores profundamente arraigados o a ideas poco convencionales que los demás podrían no entender. Si te dejas llevar por tus sentimientos, corres el riesgo de que te consideren inmadure o demasiado impulsive, lo que podría minar tu liderazgo. En lugar de ello, Plutón te pide que respondas con reflexión, controles tu ego y aprendas a gestionar la tensión entre la autoexpresión y la aceptación de la comunidad. Al comienzo de 2026, es importante que examines dónde te sientes querida y vista dentro de tu comunidad. Es posible que experimentes frustración o tristeza en este ámbito si tu círculo no fomenta un sentimiento de pertenencia. No te desesperes: cuando Marte entre en Acuario, sentirás un impulso para expresar tu imaginación con audacia y encontrar lugares donde puedas prosperar de verdad. Al equilibrar la humildad con la confianza, te posicionarás para una conexión más profunda en la comunidad, lo que traerá consigo un sentido de camaradería.

Monisha Holmes © Mother Tongue Ink 2025

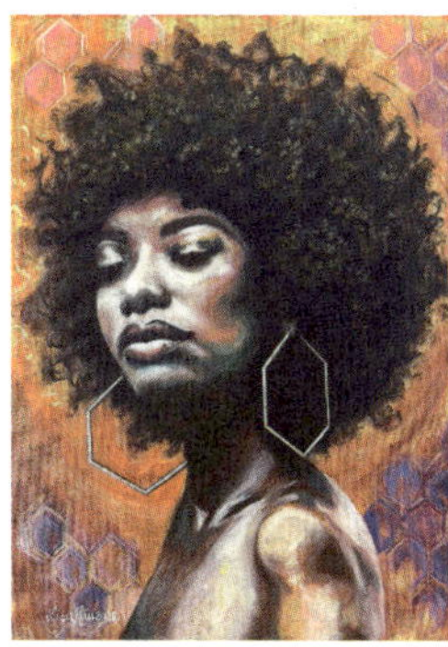

***Queen B** (Abeja reina)*
© Lisa Linh Hau 2022

♄♄♄ sonibar

♉ Sábado 21

☽□♇ 7:56 am
☽⚹☿ 1:46 pm
♂△♃ 5:01 pm

☉☉☉ robibar

♉ Domingo 22

☽⚹♃ 12:56 am
☽⚹♂ 1:22 am
☉☌♆ 4:18 am
☽PrG 4:40 am
☽☌♅ 10:39 pm v/c

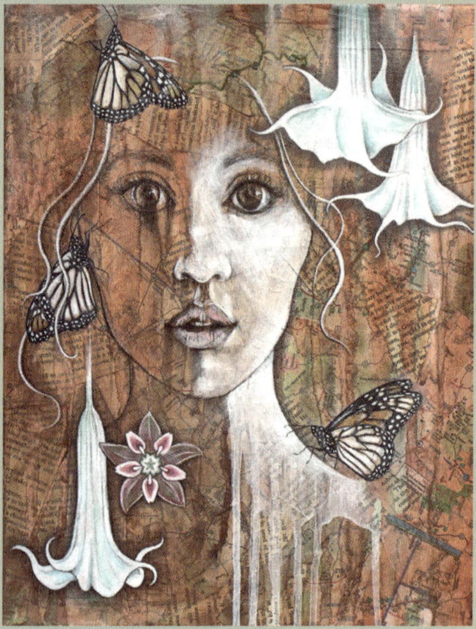

Vision *(Visión)* © *Sheri Howe 2015*

Colores de la primavera

Los colores
comienzan a abrirse,
el jilguero brillante
y el pájaro azul audaz
como si aparecieran
por primera vez
El arco iris se dibuja
del cielo ante tus ojos
una profunda fantasía
frecuencia
que cambia la forma
el viento se mueve
a través del cielo y transforma
cómo aparece el sol
en el párpado tembloroso
del horizonte.
Te encuentras en el centro de la fisión y fusión de la primavera
con los ojos abiertos ante el incomprensible manantial.
átomos reorganizándose, formas de verde,
amarillo y púrpura burbujeando y estallando dentro de ti.
Tu torrente sanguíneo se despierta
el canto de los pájaros rebota en tus músculos
y tendones mientras tus pies se deslizan sobre el barro,
encontrando finalmente un agarre en espirales suaves y de corazón verde.
La tierra te llama de nuevo a la adoración,
hace que tu cuerpo vuelva a la postura del guerrero
mientras las hojas se despliegan, anunciándose
en estallidos de luz.
El mundo observa cómo empiezas a florecer,
cada árbol y planta abren sus estomas y
enfocan en ti su mirada teñida de clorofila.
Emerges, saturade de lluvia y color
mientras el polvo del año pasado se asienta, a la vez que los
vibrantes colores de la
primavera hacen música de ti.

© Haley Neddermann 2021

Abedul blanco

cuando la llamada de la cigarra gorjea bajo el sol de león
cuando la brisa me envuelve en romero, lavanda y tomillo

cuando nos sentamos en nuestras esterillas a la sombra junto a la fuente
cuando levantas una copa en mi dirección
cuando subo al escenario con mi propósito bien dirigido

cuando salgo de mí misma
y respiro más allá del temor de mi propio brillo
cuando sé que todos los momentos
se han alineado hasta éste
cuando siento que no me sentiré abrumade, estresade

cuando la nieve se pega a los árboles como lana
cuando el sonido de la quietud llama

entonces,
sólo *entonces*
me permitiré
tenerlo todo.
Pero, ¿qué me impide
vivir realmente
mi más salvaje
abedul blanco
cubierto sueños
aquí mismo,
en esto momento
empapado de luz,
¿ahora?

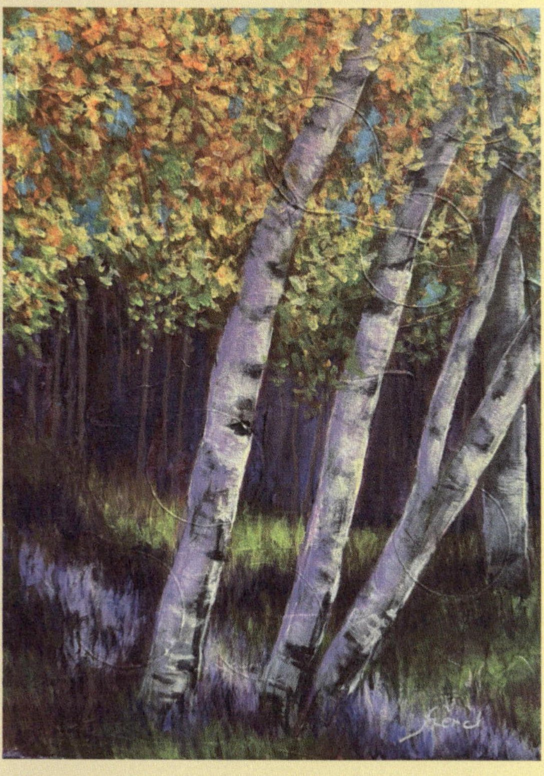

Aspen Glow
(El resplandor
del álamo)

Marzo

Mí Márta

☽☽☽ Dé Luain

♉
♊

Lunes
23

☽→♊ 1:19 am
♆ApH 1:26 am
☽⚹♆ 4:26 am
☉⚹☽ 6:09 am
☽⚹♄ 8:48 am
☽△♇ 9:44 am
☽□☿ 4:13 pm

♂♂♂ Dé Máirt

♊

Martes
24

☽□♂ 6:07 am
☽⚹♀ 3:37 pm v/c
♄ApH 10:57 pm

☿☿☿ Dé Céadaoin

♊
♋

Miércoles
25

☉☌♄ 1:55 am
☽→♋ 3:33 am
☽□♆ 6:52 am
☉⚹♇ 11:16 am
☽□♄ 11:39 am
☉□☽ 12:18 pm
☽△☿ 8:12 pm

Luna cuarto creciente en ♋ Cáncer 12:18 pm PDT

♃♃♃ Dé Ardaoin

♋

Jueves
26

☽☌♃ 5:57 am
☽△♂ 12:07 pm
♀☌⚷ 3:44 pm
☽□♀ 11:54 pm

♀♀♀ Dé Haoine

♋
♌

Viernes
27

☽⚹♅ 4:40 am v/c
☽→♌ 7:10 am
☽△♆ 10:45 am
☽△♄ 4:01 pm
☽☍♇ 4:12 pm
☉△☽ 8:16 pm

Siete mujeres

La luna oscura emana poder
como siete mujeres
menstruando al unísono
sin domar y sin lavar
oliendo a hierro
y posibilidades

La luna oscura emana poder
como siete mujeres
dando a luz al unísono
sin domar y sin lavar
con olor a hierro
y plenitud

¤ *Alane Brown 2024*

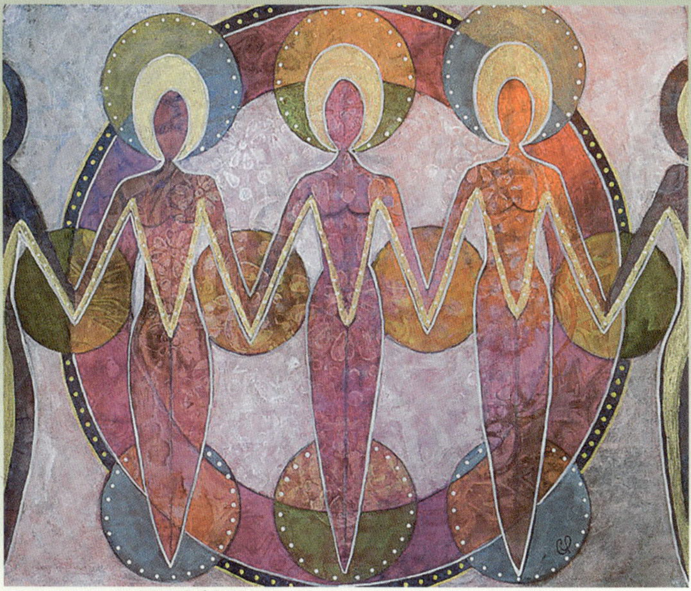

The Future is Female *(El futuro es femenino)*
© *Cherie Irwin 2023*

♄♄♄ Dé Sathairn

♌

Sábado 28

♄✶♇ 3:13 pm

☉☉☉ Dé Domhnaigh

♌
♍

Domingo 29

☽□♅ 10:08 am
☽△♀ 10:27 am v/c
☽→♍ 12:33 pm

Marzo / Abril

marzo / abril

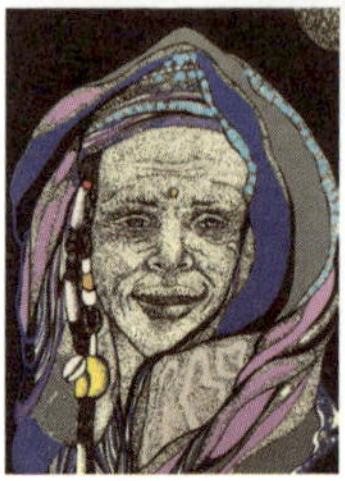

Hecate

☽☽☽ Monday

♍ ◯

Lunes 30

♀→♉ 9:01 am
☽☍☿ 11:44 am
☽✱♃ 5:16 pm

♂♂♂ Tuesday

♍ ♎ ◯

Martes 31

☽☍♂ 6:20 am
☽△♅ 5:31 pm v/c
☽→♎ 7:51 pm

☿☿☿ Wednesday

♎ ◯

Miércoles 1

Abril

☽☍♆ 12:00 am
☽△♇ 5:41 am
☽☍♄ 6:25 am
☉☍☽ 7:12 pm

Luna llena en ♎ Libra 7:12 pm PDT

♃♃♃ Thursday

♎ ◯

Jueves 2

☽□♃ 1:55 am v/c

♀♀♀ Friday

♎ ♏ ◯

Viernes 3

☿△♃ 4:28 am
☽→♏ 5:11 am
☽☍♀ 3:26 pm
☽□♇ 3:27 pm
♀□♇ 3:38 pm

Metamorfosis de la luna llena

El poder de la luna
más fuerte que la incertidumbre
me empujó a cruzar el umbral
al Templo de la Diosa.

Incómode, a solas,
en una sala de rostros desconocidos
intenté pasar desapercibide
en mis huesos de 70 años.
Entonces la Sacerdotisa
nos reunió en Círculo.
Quién tiene la mayor edad
preguntó.

Todos los ojos se volvieron,
cariñosamente, hacia mí.
Siéntate en el lugar de honor,
ella hizo un gesto.
Eres el guardián de la sabiduría
habla primero y todos te escucharán.

¿Yo, honrada como una anciana?

Esas impresionantes palabras
como un relámpago
como erupción volcánica
como todos los momentos
que encienden la transformación
perforaron la costra cansada
de resignación
abrieron la jaula y liberaron
el poder de Crone.

En Círculo, una a una
hermosas mujeres jóvenes
se hicieron eco de retos
que he conocido en la juventud
Y yo, en ese momento
llegué a mi Destino:
Corazón abierto.
Sabiduría realizada.
Intuición honrada.

Ahora remuevo mi caldero
y llamo a otros huesos viejos.
Deshazte de las asfixiantes
capas tejidas de preocupación
y reclama la
dignidad de la vieja bruja, Crone.

♄♄♄ Saturday

♏ ☽

Sábado
4

☽△♃ 12:42 pm
☽△☿ 3:24 pm

☉☉☉ Sunday

♏ ♐ ☽

Domingo
5

☽△♂ 10:07 am
☽☍♅ 2:29 pm v/c
☉□♃ 3:22 pm
☽→♐ 4:31 pm
☽△♆ 9:20 pm

abril

travanj

Llamado a despertar

¡Mujer!
Vuélvete hacia tus hermana
Ellas son tu círculo
y tus cimientos
y tu fuerza.

fragmento © Patricia Rose 2024

☽☽☽ ponedjeljak

♐

Lunes 6

☽✶♇ 3:10 am
☽△♄ 5:03 am

♂♂♂ utorak

♐

Martes 7

☽ApG 1:28 am
☉△☽ 4:05 am
☽□☿ 9:45 am

☿☿☿ srijeda

♐
♑

Miércoles 8

☽□♂ 2:51 am v/c
☽→♑ 5:04 am
♂✶♅ 9:11 am
☽□♆ 10:06 am
☽□♄ 6:16 pm

♃♃♃ četvrtak

♑

Jueves 9

☽△♀ 5:26 am
♂→♈ 12:36 pm
☽☍♃ 2:10 pm
☉□☽ 9:51 pm

Luna cuarto menguante en ♑ Capricornio 9:51 pm PDT

♀♀♀ petak

♑
♒

Viernes 10

☽✶☿ 4:44 am
☽△♅ 3:24 pm v/c
☽→♒ 4:55 pm
☽✶♂ 6:50 pm
☽✶♆ 9:58 pm

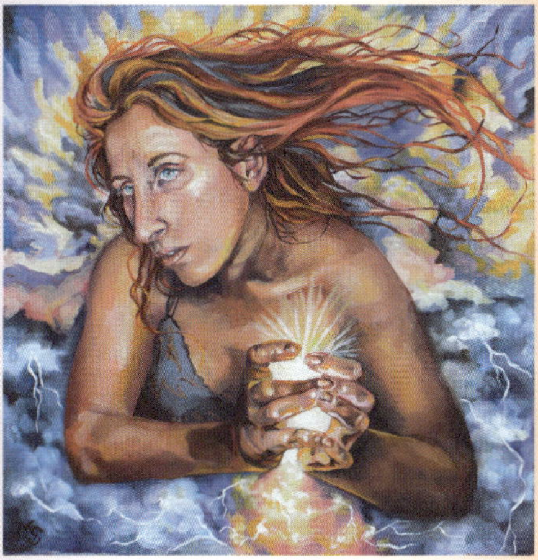

Eye of the Hurricane
(El ojo del huracán)
© Melissa Stratton Pandina 2024

Nota a mí misma

En medio de este mundo loco donde
tantos mueren en el marasmo del deseo,
finalmente encontraste tu frecuencia, la
delicadamente deliciosa esencia que eres—Tú.

Ahora protégela ferozmente, templo viviente que eres.

El mundo no necesita una versión flácida de ti,
Dulcemente atractiva y previamente aprobada.
Te necesita a ti. Tú, bola salvaje de polvo de estrellas consciente.
Prioriza tu santidad.

—nota a mí misma
© sivani howe 2024

♄♄♄ subota

♒ Sábado 11

☽☌♇ 3:22 am
☽⚹♄ 6:15 am
☽□♀ 10:43 pm

☉☉☉ nedjelja

♒ Domingo 12

☉⚹☽ 12:47 pm
♂☌♆ 10:30 pm

Cada mañana, amor

Cada mañana, el amor se despierta y vuelve a poner la tetera, las canciones que cantaba en sueños murmurando aún en sus labios mientras el agua hierve y surge el vapor, carne-espíritu de agua que asciende como una plegaria.

Las aguas vivas se mezclan con hierbas aromáticas y especias, los diferentes sabores de sí misma cultivados en su propio jardín, ofrecidos en la taza que nos prepara cada día.

¿En qué puedo servirles? pregunta con cada gota de sí misma que vierte. Nuestros corazones, nuestras vidas, son las tazas en las que se derrama.

Quédate un rato, susurra, *mientras nos despertamos para empezar el día. Siéntate un rato y bebe de esta copa que he preparado para ti.*

Saborea este amor que siempre espera para colmarte con su calor, este amor que anhela llenarte hasta el borde rebosante.

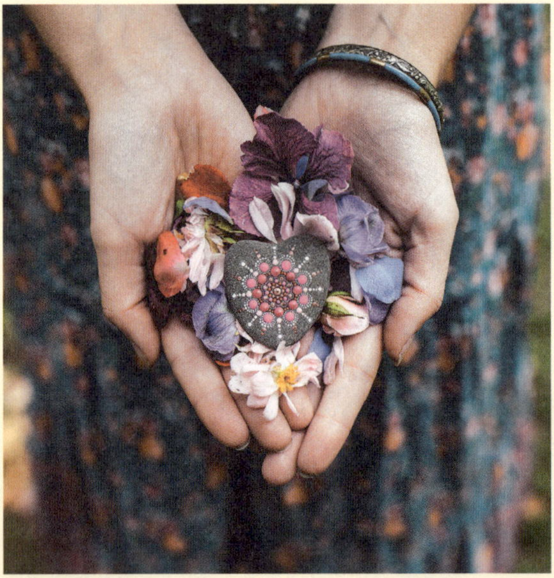

A Blooming Heart *(Un corazón floreciente)*

V. HILADOS DE ALEGRÍA

Luna V: abril 17–mayo 16

Luna nueva en ♈ Aries abril 17; Sol en ♉ Tauro abril 19; Luna llena en ♏ Escorpio mayo 1

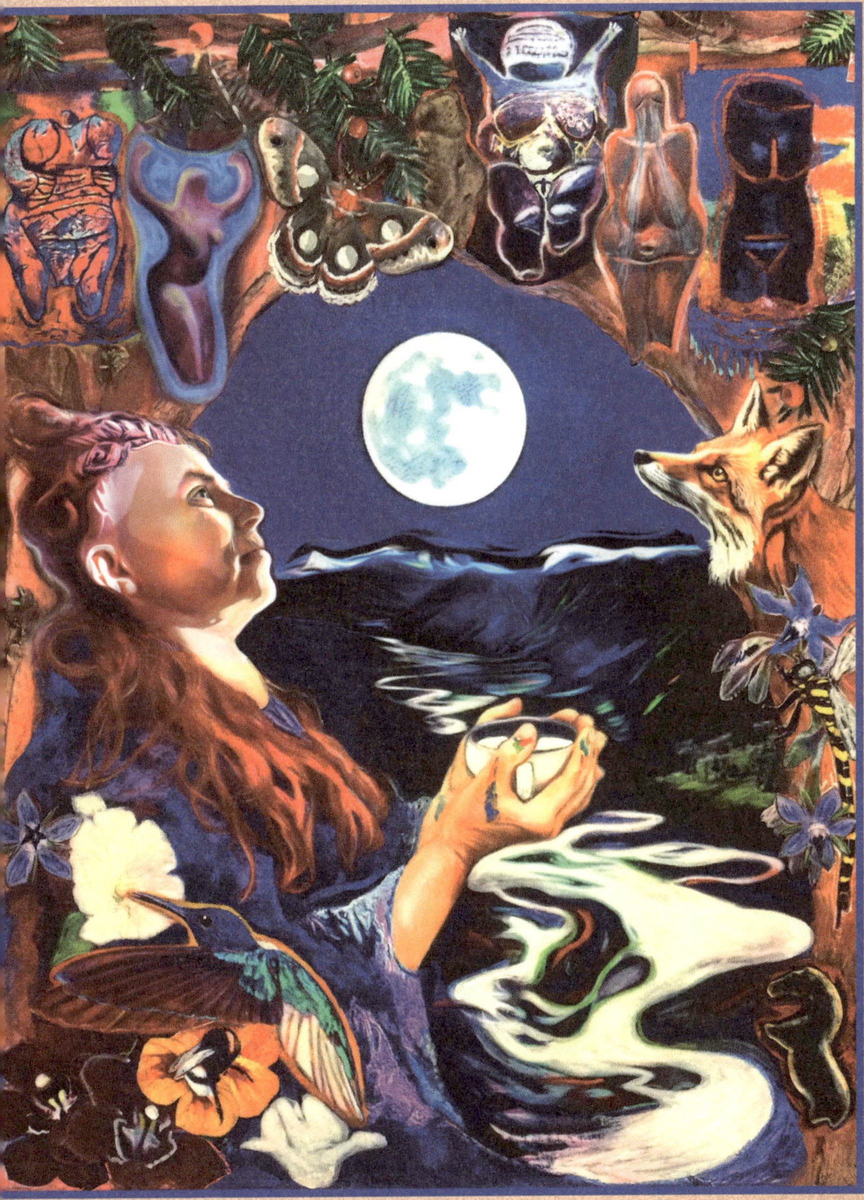

Fulfillment *(Plenitud)* ¤ *Debra Hall 2023*

abril

Choitro

☽☽☽ sombar

♒ ♓

Lunes 13

☽□♅ 12:42 am v/c
♀⚹♃ 1:21 am
☽→♓ 1:55 am

♂♂♂ mongolbar

♓

Martes 14

☽△♃ 8:22 am
☿⚹♅ 10:10 am
☽⚹♀ 11:11 am
☿→♈ 8:21 pm

☿☿☿ budhbar

♓ ♈

Miércoles 15

⚷ApH 6:05 am
☽⚹♅ 6:07 am v/c
☽→♈ 7:04 am
☽☌☿ 8:16 am
☽☌♆ 11:45 am
☽☌♂ 3:08 pm
☽⚹♇ 4:16 pm
☽☌♄ 7:37 pm

♃♃♃ brihospotibar

♈

Jueves 16

☉☌⚷ 8:10 am
☽□♃ 11:54 am
♂⚹♇ 11:56 am
☿☌♆ 7:01 pm

♀♀♀ sukrobar

♈ ♉

Viernes 17

☉☌☽ 4:52 am v/c
☽→♉ 8:58 am
☽□♇ 5:46 pm

Luna nueva en ♈ Aries 4:52 am PDT

Año 2026: Una mirada para ♉ Tauro (abril 19–mayo 20)

Este año podrías ocupar puestos de sabiduría y liderazgo. Plutón en Acuario te desafiará a examinar tu trayectoria profesional y a asegurarte de que vas por buen camino. La gente empezará a darse cuenta de que tus luchas pasadas se han convertido en fortalezas, e incluso puede que te consideren un modelo a seguir. Tienes la oportunidad de liderar dentro de tu comunidad, pero esto sólo ocurrirá si vives de acuerdo con tu verdad.

Es importante mantener unos límites claros, sobre todo en las relaciones románticas. Ten cuidado con los flirteos y las aventuras casuales, ya que estas distracciones jugarán en tu contra. La energía de Plutón no tiene paciencia para la duplicidad. Aumenta la transparencia y la integridad, sobre todo cuando los demás te busquen como guía.

Urano retrógrado a principios de 2026 te pedirá que reflexiones sobre cómo te has resistido al cambio en el pasado. Esta reflexión te dará la oportunidad de identificar dónde has creado tus propias barreras. Si superas estos obstáculos, desarrollarás los músculos de liderazgo que tu comunidad necesita. Mantente firme en tus convicciones: prosperarás si te mantienes auténtico y recuerdas que la gente te respeta por tu integridad, no por lo que crees que quieren ver.

Monisha Holmes © Mother Tongue Ink 2025

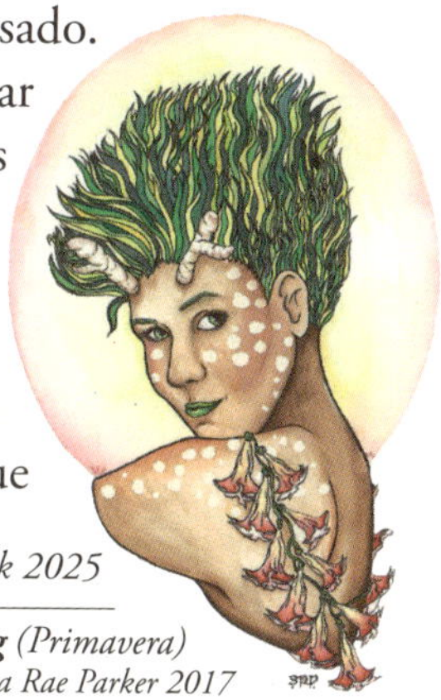

Spring *(Primavera)*
© Sierra Rae Parker 2017

♄♄♄ sonibar

♉

Sábado 18

☽✶♃ 1:01 pm
☿✶♇ 1:34 pm
☽☌♀ 11:44 pm
☽PrG 11:49 pm

☉☉☉ robibar

♉ ♊

Domingo 19

☽☌♅ 8:45 am v/c
☽→♊ 9:17 am
☽✶♆ 1:56 pm
♂☌♄ 3:44 pm
☽△♇ 6:03 pm

☉→♉ 6:39 pm
☽✶☿ 9:19 pm
☽✶♄ 10:00 pm
☽✶♂ 10:17 pm v/c

☉→♉

Sol en ♉ Tauro 6:39 pm PDT

Abril

Mí Aibreán

☽☽☽ Dé Luain

♊

Lunes
20

☿☌♄	4:22 am
☿☌♂	2:45 pm

♂♂♂ Dé Máirt

♊
♋

Martes
21

☽→♋	10:00 am
☉✶☽	12:50 pm
☽□♆	2:54 pm
☽□♄	11:30 pm

☿☿☿ Dé Céadaoin

♋

Miércoles
22

☽□♂	2:12 am
☽□☿	4:30 am
☽☌♃	3:52 pm

♃♃♃ Dé Ardaoin

♋
♌

Jueves
23

☽✶♀	11:52 am	♀☌♅	6:58 pm
☽✶♅	12:28 pm v/c	☉□☽	7:32 pm
☽→♌	12:41 pm	♀→♊	9:03 pm
☽△♆	5:57 pm	☽☍♇	10:13 pm

♀♀♀ Dé Haoine

Luna cuarto creciente en ♌ Leo 7:32 pm PDT

♌

Viernes
24

☽△♄	3:20 am
☽△♂	8:49 am
☽△☿	3:21 pm v/c

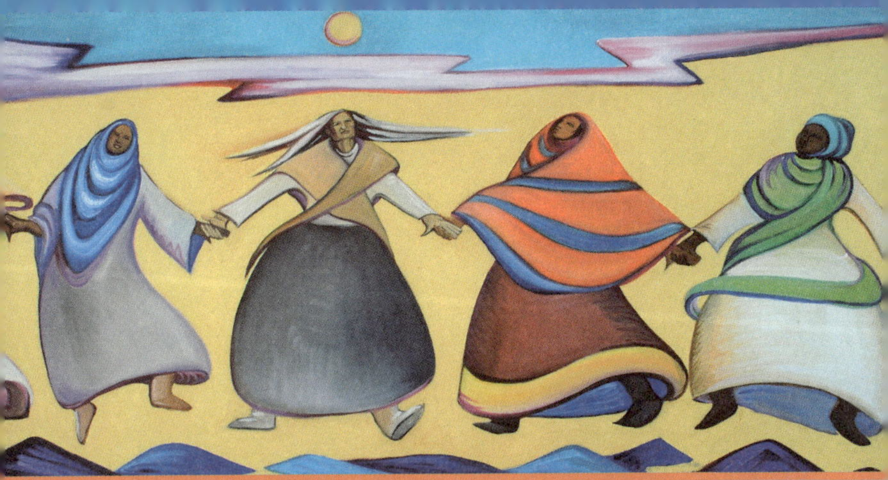

The Grandmothers (*Las Abuelas*) © *Toni Truesdale, Truesdale Art 2008*

Corazón loco

Llamando a todos los raros: ¡A caminar! Ha llegado la hora. Sal y quiérete.

Te cubro las espaldas. Siempre lo he hecho. Estoy ahí fuera amándote como al agua. Como la luz del sol. Como la fotosíntesis. Estoy ahí fuera amando mis huesos porque son como los tuyos. Riéndome de mi loco corazón porque es capaz de una locura sin igual.

Corre paralelo a mí. Golpeemos este muro tan fuerte para atravesarlo. Me comprometo: prometo ser esa loca.

Ven conmigo.

fragmento ¤ Shayla Paradeis 2021

♄♄♄ Dé Sathairn

♌ ♍

Sábado
25

☉□♇ 9:33 am
♅→♊ 5:50 pm
☽→♍ 6:04 pm
☽□♅ 6:04 pm
☽□♀ 10:40 pm

☉☉☉ Dé Domhnaigh

♍

Domingo
26

☉△☽ 5:37 am
♀⚹♆ 10:43 am
☿□♃ 11:33 am

Abril / Mayo

abril / mayo

☽☽☽ Monday

♍ ☽

Lunes
27

☽⚹♃ 4:12 am v/c

♂♂♂ Tuesday

♍ ♎ ☽

Martes
28

☽→♎ 2:03 am
☽△♅ 2:17 am
☽☍♆ 8:07 am
♀△♇ 9:40 am
☽△♇ 12:32 pm
☽△♀ 12:50 pm
☽☍♄ 7:07 pm

☿☿☿ Wednesday

♎ ☽

Miércoles
29

☽☍♂ 7:24 am
☽□♃ 2:06 pm

♃♃♃ Thursday

♎ ♏ ○

Jueves
30

☽☍☿ 1:51 am v/c
☽→♏ 12:02 pm
☽□♇ 10:51 pm

♀♀♀ Friday

♏ ○

Viernes
1

Mayo
Beltane y Beltane lunar

⊙☍☽ 10:23 am
♀⚹♄ 11:45 am
☿☌⚷ 1:07 pm

Luna llena en ♏ Escorpio 10:23 am PDT

Beltane
Jardin de Beltane

Temprano por la mañana, la fértil luz del día florece
mientras los gorriones cantores alaban al sol, estas horas
rebosantes de la magia creadora de la Tierra.

De nuevo, los brotes de álamo llenan el aire
con perfume salvaje. Su aroma es un soplo
de miel dulce potencial y no importa mi edad,
mi corazón salta y canta.

En medio de la promesa de la primavera, la sustancia
de mi alma se llena de indecible anhelo.
amada madre tierra, tantas primaveras
han sonreído en mi cara, preguntando, calculando, ablandando.

De nuevo, el jardín de Beltane brota en el suelo resplandeciente,
abriéndome de nuevo al vientre de la posibilidad, joven Medusa
cantando entre sus serpientes despiertas, Afrodita
levantando su vestido de flores con una sonrisa, Artemisa
acariciando al cervatillo recién nacido.

¤ *Jennifer Pratt-Walter 2023*

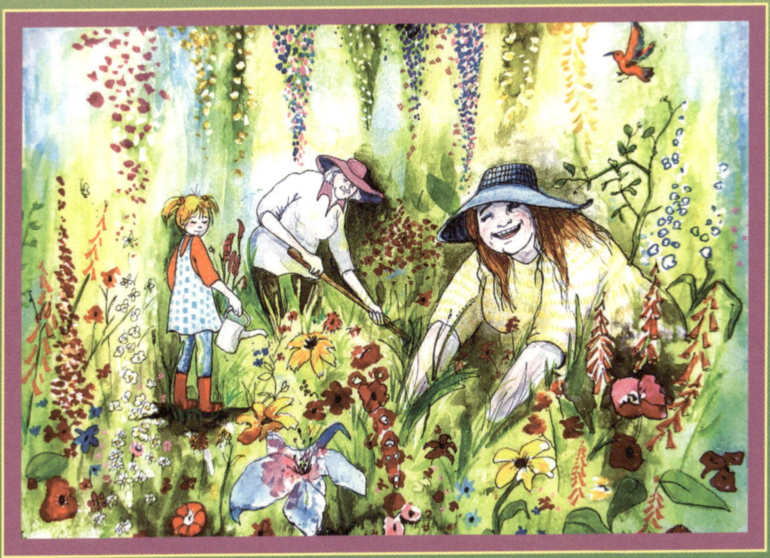

Planting Seeds of Light *(Plantando semillas de luz)* © *Jakki Moore 2021*

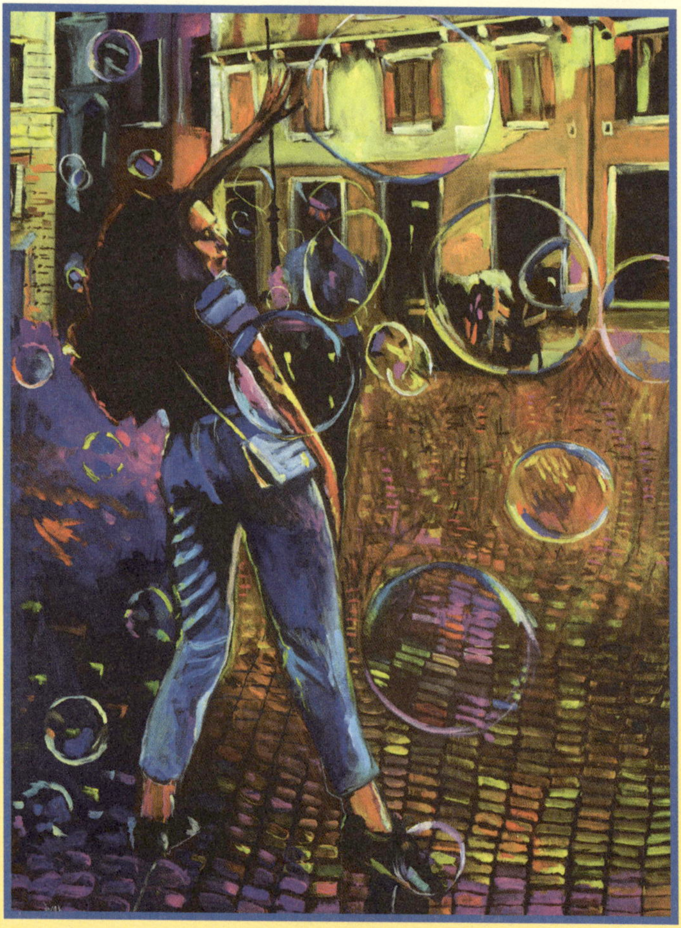

Danza delle Bolle *(Danza de las burbujas) © Jill Althouse–Wood 2023*

Disfruta del baile

Todos somos copas de luz
Aquí para hacer el divino boogie woogie.
Nuestros juicios, opiniones y prejuicios
No se sostendrían en un tribunal de amor.

Nuestra sentencia:
aceptarnos a nosotros mismos y a nuestros compañeros bailarines
Con todos nuestros extravagantes movimientos y giros.

Y disfrutar del baile
Que termina demasiado pronto.

© Carol Dovi O'Dwyer 2023

Conjugar alegría

Estoy bastante seguro de que alegría es un verbo. Alegrarse significa amar. En la escuela se me daba fatal la gramática. Pero siempre me han fascinado los verbos, y a los gramáticos les encanta conjugar verbos. Con el tiempo que tengo, ahora que llevo mucho tiempo fuera del nido, quiero conjugar alegría para todos mis distintos yoes. Alegría es ir a los pantanos. Alegría también es quedarse. O quedarme en los humedales, donde mi alegría se eleva como una garza que se levanta del barro.

Sé que la alegría no es sólo un verbo, sino un rastro ancestral y antiguo. Honrado por el tiempo.

Cada forma en que puedo conjugar la alegría, es una buena forma. Me doy algunas pautas. Sé amable. No interfieras en las migraciones de los animales. Respeta sus caminos. Respeta a los ancianos. No hagas nada de memoria. Sé amable con la tierra. Ama el agua. Vivimos en un planeta acuático. Es vida. Cada gota tiene un recuerdo de ballena azul. Encuentra lo que amas. Conjuga alegría.

fragmento © freda karpf 2022

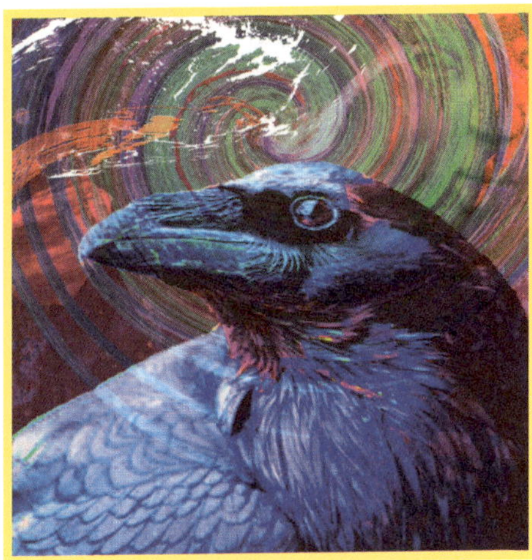

***Witness** (Testigo)*

¤ *Julieanne Palmer 2023*

♄♄♄ Saturday

♏ ♐ ○ **Sábado 2**

☽△♃ 1:47 am v/c
☿→♉ 7:57 pm
☽→♐ 11:33 pm

☉☉☉ Sunday

♐ ○ **Domingo 3**

☽☍♅ 12:22 am
☽△♆ 6:15 am
☽⚹♇ 10:37 am
☽△♄ 6:38 pm

Mayo
svibanj

☽☽☽ ponedjeljak

Lunes 4

♐

☽☍♀ 12:16 am
☽△♂ 2:33 pm v/c
☽ApG 3:31 pm
♂□♃ 7:08 pm

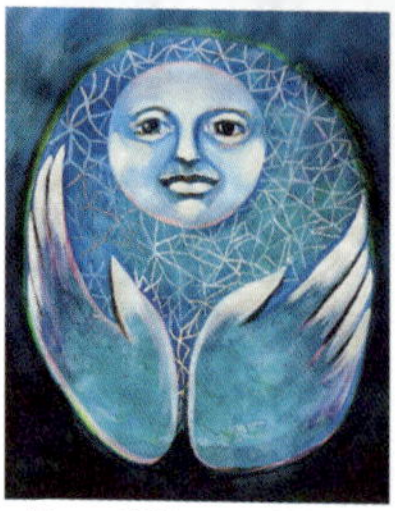

Last Winter Moon
(Última luna de invierno)

♂♂♂ utorak

Martes 5

♐ ♑

☽→♑ 12:06 pm
☿□♇ 3:08 pm
☽□♆ 7:01 pm

☿☿☿ srijeda

Miércoles 6

♑

☽△☿ 12:54 am
☽□♄ 7:52 am
♇R 8:34 am
☉△☽ 9:44 pm

♃♃♃ četvrtak

Jueves 7

♑

☽☍♃ 4:11 am
☽□♂ 7:18 am v/c

♀♀♀ petak

Viernes 8

♑ ♒

☽→♒ 12:27 am
☽△♅ 1:50 am
☽⚹♆ 7:23 am
☽☌♇ 11:22 am
☽⚹♄ 8:17 pm

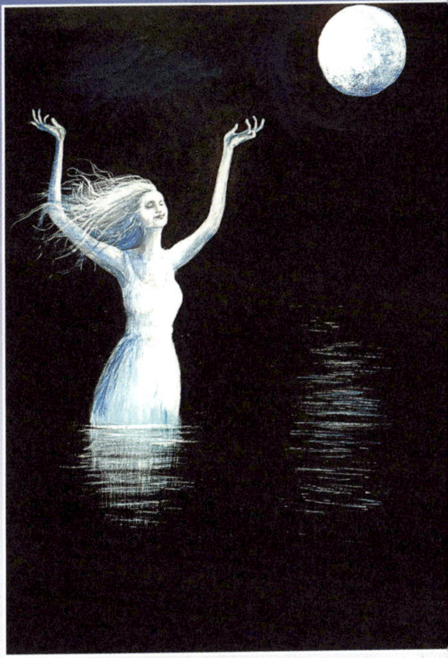

Blue Moon *(Luna azul)*
© Jakki Moore 2024

Cuando la luna llena llama

Una visita de la luz de la luna ilumina tu cama. Una provocación se desliza por tus persianas. *¿Dónde habita la adoración en tu cuerpo? Susurra. ¿Qué éxtasis enterrados estás dispuesto a recuperar?*

Ella es un viento que acaricia tu piel. Un conjuro murmurado. Una insinuación de salvia y secretos. Te apresuras hacia tu puerta y allí, sus faldas giran bajo su frac. Te ofrece un giro, una reverencia, una invitación. *Ven a mi río y desnuda tus defensas. Ven a mi bosque y baila un zapateado y unas palmas. Ven a mi hoguera de medianoche y siente el brillo del calor y el sudor en tu cuerpo.*

Ella extiende su mano resplandeciente. ¿Aceptas?

© Amy Wray Irish 2024

♄♄♄ subota

♒ ◑ **Sábado 9**

☽□☿ 1:08 am
☽△♀ 1:40 pm
☉□☽ 2:10 pm
☽✶♂ 10:09 pm v/c

Luna cuarto menguante en ♒ Acuario 2:10 pm PDT

☉☉☉ nedjelja

♒ ♓ ◑ **Domingo 10**

☽→♓ 10:39 am
☽□♅ 12:13 pm
☉✶♃ 7:14 pm

¡Crea, mujer!

Crea mujer,
¡Crea!
No te pierdas en la ilusión de lo que es, todo lo que debes hacer es permitir el impulso desde tu interior. Puede animar tus dedos, tus pies, todo tu cuerpo. Puede dar forma, densidad a tu imaginación. Puede parecer
menos así,
más como esto,
también muy diferente a esto.
¡Crea, mujer!
Saca y vacía los cajones. Déjalo todo al descubierto para que lo clasifiques, lo organices, lo pulverices. Vuelve a juntarlo, o no lo hagas. El impulso creativo también es destruir. ¿Qué necesita esa actitud en tu vida? ¿Qué está hecho?
¿Qué se ha estropeado?
ha empezado a apestar,
que necesitas quemar y enterrar?
¡Crea, mujer!
Déjate llevar. Por tu apartamento, patio, ciudad o paisaje mental. Afeita un poco; dale un estilo salvaje. Por el amor de Dios, vuélvete un poco loca. Por tu propio
bien. Y por el de las demás.
¡Mujer, crea!
Haz un desastre, revuélcate en él, déjalo durante días si es necesario. Cuando estés lista enjuágate en el río, deja que tu vieja piel se lave, dé a luz de nuevo a tu nuevo yo. Tú creas, mujer, con conciencia.
o sin ella. La magia está dentro de ti.
fermentando y burbujeando en espirales.
Incubarás muchas artimañas, diseños, brebajes o corpus. Algunos volarán, otros caerán.
Pero, por favor, mujer,
recuerda:
Mientras incubas, creas
Mientras respiras, creas.
Mientras caminas, creas.
Recuerda tu fecundidad en la nada, en el desconocimiento y en el caos de la vida, como el canal y el mensaje y el vacío oscuro, todo a la vez.
Y mientras esperas,
tú, *mujer . . .*
creas.

VI. ¡CREA, MUJER!

Luna VI: mayo 16–junio 14

Luna nueva en ♉ Tauro mayo 16; Sol en ♊ Géminis mayo 20; Luna llena en ♐ Sagitario mayo 31

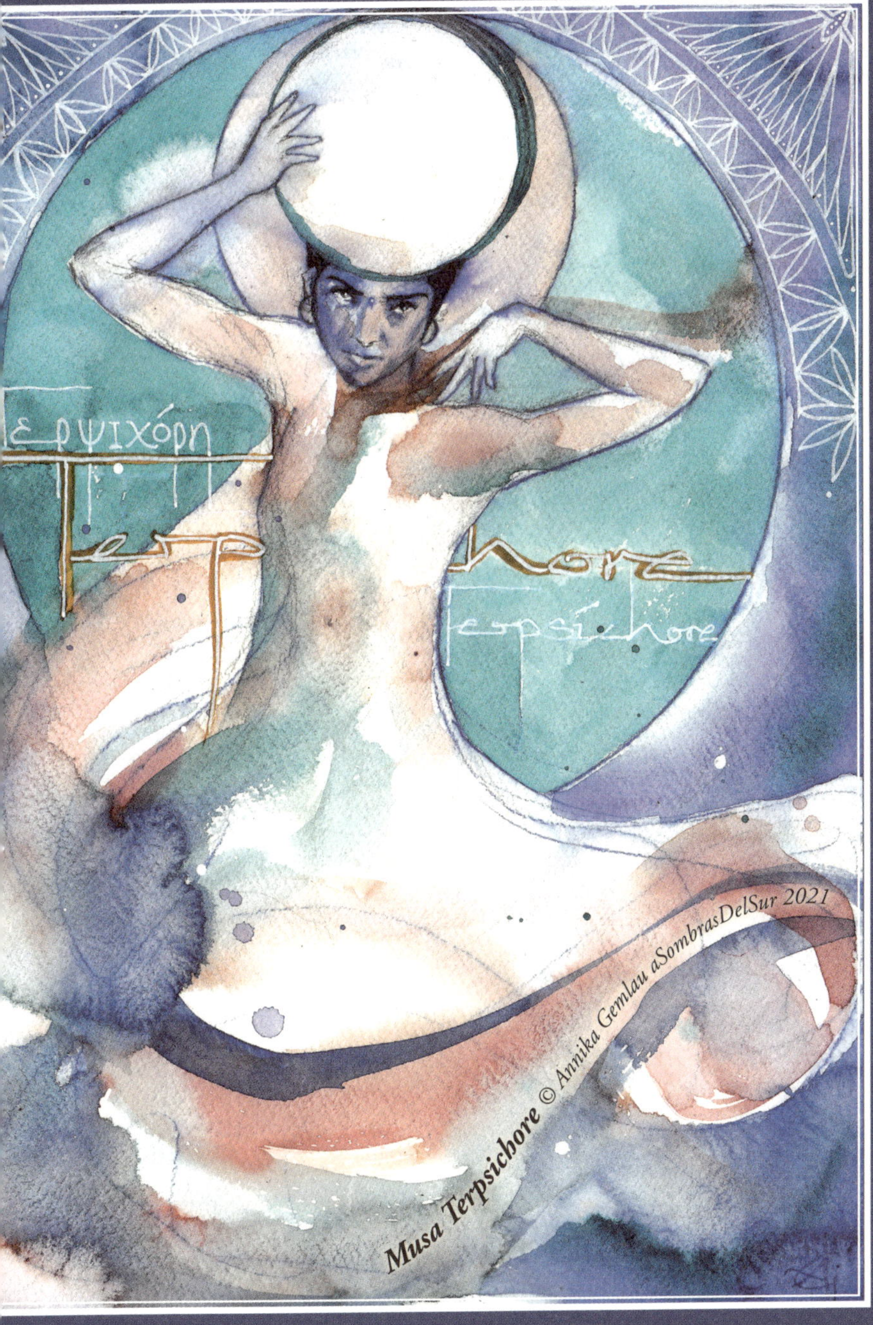

Musa Terpsichore © *Annika Gemlau aSombrasDelSur 2021*

Mayo

Boishakh

☽☽☽ sombar

♓

Lunes

11

☽✶☿ 8:43 pm

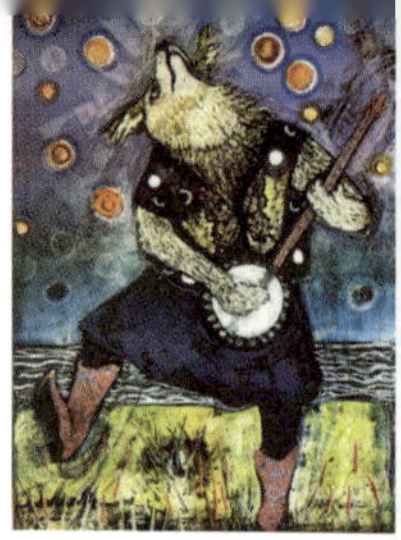

Moon Song and Danc
(Canto y danza de la Lun

♂♂♂ mongolbar

♓
♈

Martes

12

☽△♃ 12:29 am
☉✶☽ 2:23 am
☽□♀ 3:04 am v/c
☿ApH 4:54 pm
☽→♈ 5:03 pm
☽✶♅ 6:44 pm
☿✶♃ 9:43 pm
☽☌♆ 11:20 pm

☿☿☿ budhbar

♈

Miércoles

13

☽✶♇ 2:35 am
☽☌♄ 11:10 am

♃♃♃ brihospotibar

♈
♉

Jueves

14

☽□♃ 4:41 am
☉☌☿ 7:24 am
☽✶♀ 11:07 am
☽☌♂ 2:33 pm v/c
☽→♉ 7:31 pm

♀♀♀ sukrobar

♉

Viernes

15

☽□♇ 4:25 am

El baile de los días

Las panteras se acomodan en su sitio.
El búho, la rana y el oso marcan el tiempo,
las caderas tintinean, los tobillos danzantes repican. Los brazos
ondulan en himnos salvajes de alabanza sin restricciones
a los caminos transitorios de la agridulce Gaia azul,
que atan toda belleza, mortal y sublime,
en la trampa de un tiempo sin fin.

fragmento ¤ Christine Irving 2003

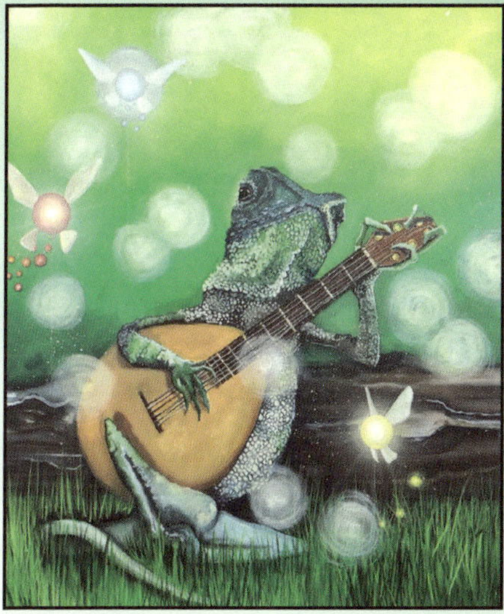

© Gabriela Sepulveda Ortiz 2021

Music of the Forest *(Música del bosque)*

♄♄♄ sonibar

♉ ♊

Sábado

16

☽⚹♃	5:39 am	☽☌☿	6:02 pm v/c
♂☌⚷	12:34 pm	☽→♊	7:23 pm
☉☌☽	1:01 pm	☽☌♅	9:16 pm

Luna nueva en ♉ Tauro 1:01 pm PDT

☉☉☉ robibar

♊

Domingo

17

☽⚹♆	1:15 am	♀⚹⚷	11:04 am
☿→♊	3:26 am	☽⚹♄	12:36 pm v/c
☽△♇	4:01 am	☿☌♅	5:10 pm
☽PrG	6:47 am		

Mayo
Mí Bealtaine

☽☽☽ Dé Luain

♊ ♋

Lunes
18

♂→♉ 3:25 pm
♀→♋ 6:05 pm
☽→♋ 6:46 pm
☽☌♀ 6:49 pm
☽⚹♂ 6:56 pm
☿⚹♆ 9:05 pm
♀⚹♂ 10:37 pm

♂♂♂ Dé Máirt

♋

Martes
19

☽□♆ 12:49 am
☽□♄ 12:40 pm
☿△♇ 3:52 pm

☿☿☿ Dé Céadaoin

♋ ♌

Miércoles
20

☉→♊

☽☌♃ 6:27 am v/c
☉→♊ 5:37 pm
☽→♌ 7:48 pm
☉⚹☽ 7:57 pm
☽⚹♅ 10:13 pm
☽□♂ 10:43 pm

Sol en ♊ Géminis 5:37 pm PDT

♃♃♃ Dé Ardaoin

♌

Jueves
21

☽△♆ 2:16 am
☽☍♇ 5:01 am
☽⚹☿ 11:42 am
☽△♄ 3:05 pm v/c
♀□♆ 11:32 pm

♀♀♀ Dé Haoine

♌ ♍

Viernes
22

☉☌♅ 7:26 am
♅ApH 8:00 am
☿⚹♄ 11:02 am
☽→♍ 11:57 pm

Año 2026: Una mirada para ♊ Géminis (mayo 20–junio 21)

Plutón en Acuario estimulará tu crecimiento intelectual y tu capacidad de comunicación en 2026. Es posible que descubras que la gente que te rodea se conforma con un conocimiento superficial, pero sentirás la necesidad de profundizar. Éste será un año para llevar tus conocimientos al siguiente nivel y desafiar el pensamiento convencional. Sin embargo, existe un riesgo: si evitas hacer el trabajo necesario, podrías acabar convirtiéndote en une rebelde sin causa, creando problemas sin mayor razón. Piensa detenidamente en cómo quieres influir en tu mundo. Conéctate con otres activistas que defiendan causas para un cambio positivo.

Es crucial que te tomes tiempo para meditar y estar a solas, libre de distracciones. Cuando intentas evitar el conocimiento interior o el crecimiento espiritual, puedes caer en patrones inadaptados o en situaciones peligrosas. Plutón te está empujando a enfrentarte a tu lado sombrío, no a evitarlo. Sé sincere contigo misme sobre lo que te retiene.

Hacer retiros o dedicar tiempo a la autorreflexión servirá para guiarte en este año transformador. Presta atención a las relaciones que cultivas. Las personas que te rodean reflejan partes de ti misme, y si encuentras dificultades en tus relaciones, podría ser una señal de que necesitas un trabajo interno más profundo. Al enfrentarte a estos patrones, desarrollarás la claridad intelectual y espiritual necesaria para liderar con sabiduría y determinación.

Monisha Holmes © Mother Tongue Ink 2025

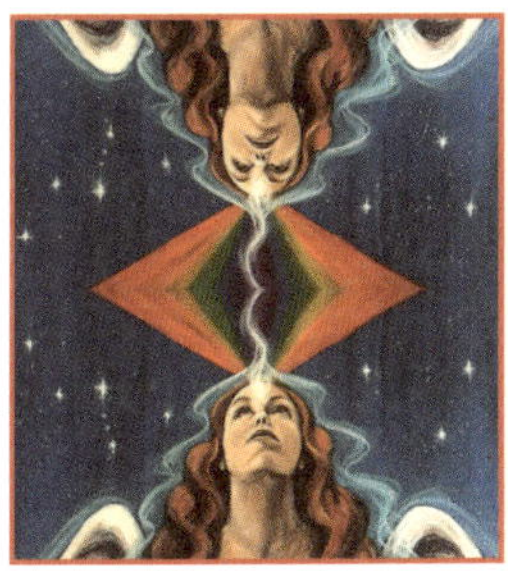

Connection
(Conexión)
¤ *Carrie Wachter-Martínez 2019*

♄♄♄ Dé Sathairn

♍

Sábado
23

☽□♅ 2:46 am
☉□☽ 4:11 am
☽△♂ 6:12 am
♀⚻♇ 7:35 am
☽⚹♀ 10:01 am

Luna cuarto creciente en ♍ Virgo 4:11 am PDT

☉☉☉ Dé Domhnaigh

♍

Domingo
24

☽□☿ 3:06 am
☽⚹♃ 5:54 pm v/c
☉⚹♆ 7:22 pm

Mayo

mayo

☽☽☽ Monday

♍ ♎

Lunes

25

☽→♎ 7:34 am
☽△♅ 10:49 am
☽☍♆ 3:05 pm
☉△☽ 4:41 pm
☽△♇ 5:57 pm
♂□♇ 9:02 pm

♂♂♂ Tuesday

♎

Martes

26

☽□♀ 12:08 am
☽☍♄ 6:11 am
☉△♇ 8:53 am
☽△☿ 11:10 pm

☿☿☿ Wednesday

♎ ♏

Miércoles

27

☽□♃ 4:32 am v/c
☽→♏ 5:52 pm

♃♃♃ Thursday

♏

Jueves

28

☽□♇ 4:34 am
☽☍♂ 8:16 am
☽△♀ 5:26 pm
♀□♄ 8:02 pm

♀♀♀ Friday

♏

Viernes

29

☽△♃ 5:04 pm v/c

Libresca

Eve ha encontrado el camino
hasta la biblioteca
para aprender por qué
un pájaro enjaulado puede cantar.
Muerde de todas las manzanas,
se convierte
en una heroína en los mundos
que trae cada nuevo libro.

Con hambre intrépida
los cuentos escritos desde
los días de la quema de mujeres;
los coloca ritualmente
a su alrededor,
duros ladrillos
en el bloqueo de una fortaleza.

Eve se desliza en la mente de la Criada,
acaricia el flexible lomo de *A Spiral Dance*,
reverencia cada historia de ciencia ficción
de Ursula Le Guin
y se sube a las rodillas de Alice Walker
con oídos abiertos,
para mirar hacia arriba, escuchar, gloria.

© *Jane Campbell 2024*

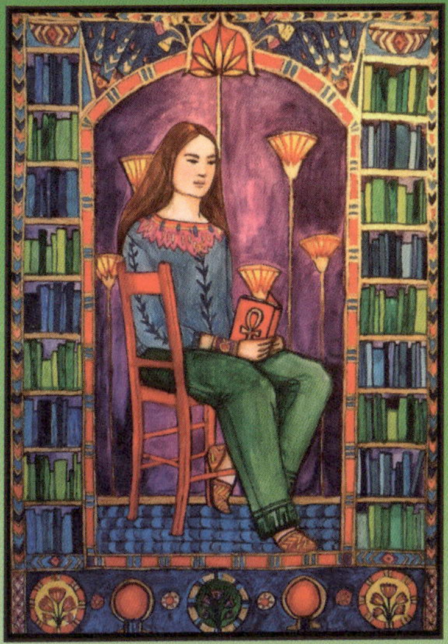

Seshat, Egyptian Goddess of Knowledge and Reading, Mistress of the House of Books
(Seshat, diosa egipcia del conocimiento y la lectura, señora de la casa de los libros)
© Anna Lindberg Art 2022

♄♄♄ Saturday

♏ ○
♐

Sábado
30

☽→♐ 5:45 am
☽☍♅ 9:45 am
☽△♆ 1:52 pm
☽⚹♇ 4:34 pm

☉☉☉ Sunday

♐ ○

Domingo
31

☉☍☽ 1:45 am
☽△♄ 6:21 am v/c
☿⚹⚷ 5:32 pm
☽ApG 9:35 pm

Luna llena en ♐ Sagitario 1:45 am PDT

Junio
lipanj

☽☽☽ ponedjeljak

Lunes
1

♐ ♑

☿→♋ 4:56 am
☽→♑ 6:19 pm
☽☍☿ 8:32 pm

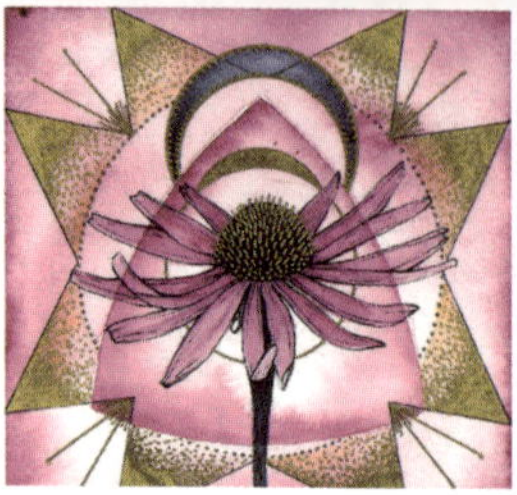

Echinacea Plant Spirit
(Espíritu de la planta equinácea)

♂♂♂ utorak

Martes
2

♑

☽□♆ 2:35 am
☉⚹♄ 3:49 pm
☽△♂ 5:02 pm
☽□♄ 7:25 pm

☿☿☿ srijeda

Miércoles
3

♑

☽☍♀ 7:37 am
☿□♆ 5:18 pm
☽☍♃ 8:04 pm v/c

♃♃♃ četvrtak

Jueves
4

♑ ♒

☽→♒ 6:45 am
☽△♅ 11:19 am
☿⚻♇ 11:51 am
☽⚹♆ 3:00 pm
☽☌♇ 5:22 pm

♀♀♀ petak

Viernes
5

♒

☽⚹♄ 7:50 am
☽□♂ 9:00 am
☉△☽ 12:51 pm v/c

Dedicación

Crear es estar
Dispuesto a entregarte al mundo.
No porque seas perfecto.
Tienes defectos.   Eres valiente.
Contienes una miríada de belleza y posibilidades salvajes
Y te atreves a estar aquí tan plenamente como puedas.
Te has dedicado a esta vida.

© Lucy H. Pearce 2019

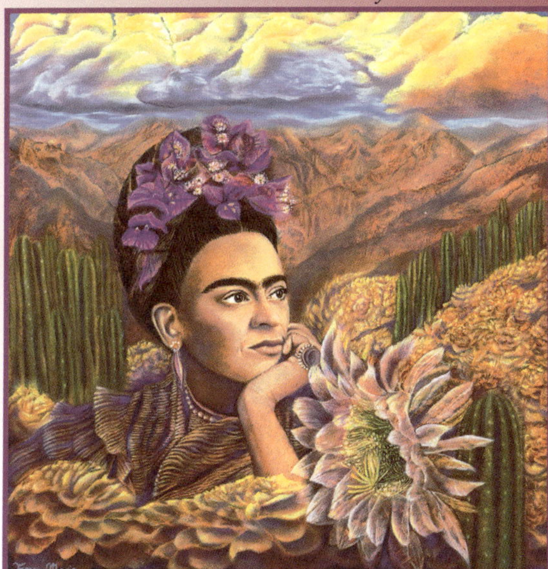

***Resiliencia** © Emma Marie Whelan 2023*

♄♄♄ subota

♒ ♓

Sábado
6

☽→♓ 5:43 pm
☽□♅ 10:21 pm

☉☉☉ nedjelja

♓

Domingo
7

☽△☿ 12:15 pm
☽✶♂ 10:16 pm

Junio
Joishtho

Luna habla
Soy una luminaria,
soy una pluma suave
que te guía.
Soy eléctrica,
despierto
lo que te inspira.
fragmento © Helen Hill 202

☽☽☽ sombar

♓

Lunes 8

☉□☽ 3:00 am
☽△♀ 4:04 pm
☽△♃ 5:38 pm v/c

♂♂♂ mongolbar — Luna cuarto menguante en ♓ Piscis 3:00 am PDT

♓
♈

Martes 9

☽→♈ 1:33 am
☽✶♅ 6:08 am
☽☌♆ 9:04 am
☽✶♇ 10:56 am
♀☌♃ 12:59 pm
☿□♄ 10:38 pm

☿☿☿ budhbar

♈

Miércoles 10

☽☌♄ 12:29 am
☽□☿ 12:40 am
☉✶☽ 12:28 pm
☽□♃ 10:52 pm

♃♃♃ brihospotibar

♈
♉

Jueves 11

☽□♀ 1:22 am v/c
☽→♉ 5:28 am
☽□♇ 2:08 pm

♀♀♀ sukrobar

♉

Viernes 12

☽✶☿ 7:26 am
☽☌♂ 11:37 am
♀□⚷ 10:24 pm

El primer poema que escribí

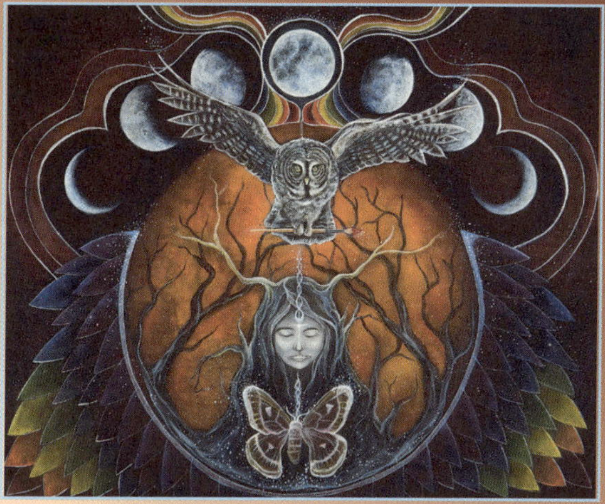

Listening *(Escuchar) © Marnie Recker 2018*

El primer poema
que escribí
encendió rayos de sol
iluminando mi corazón
con magia y convicción
como la luna
llena de verano.

El poema me llamaba
a proteger lo salvaje.

Tres décadas después
en el día de la luna del ciervo
Elen de los caminos, diosa celta con cornamenta,
aparece en mi paseo y me devuelve a mi camino creativo.

El próximo mes trae la luna azul
Y un mensaje significativo:
Aquí hay mucho que proteger
lo femenino salvaje, la creatividad fértil
y estas lunas llenas de ritual
grandes fuerzas magnéticas de cambio.

© Meegan Simpson-Cooke 2024

♄♄♄ sonibar

♉ ♊ Sábado 13

☽⚹♃ 12:30 am v/c
♀→♌ 3:47 am
☽→♊ 6:06 am
☽⚹♀ 6:17 am
☽☌♅ 10:31 am
☽⚹♆ 12:50 pm
☽△♇ 2:18 pm

☉☉☉ robibar

♊ Domingo 14

☽⚹♄ 3:00 am
☽PrG 4:33 pm
☉☌☽ 7:54 pm v/c

Luna nueva en ♊ Géminis 7:54 pm PDT

Abuela roble

Sonrío ante el retoño pero miro con asombro la vieja roble matriarca. El árbol abuela con sus nudos y ramas extendidas valientemente hacia afuera, anudadas y conocedoras. Ella nunca intentó seguir siendo un retoño. Ella creció libre, amplia y con un propósito, las raíces siempre llegaban a donde debían ir. Creciendo sin descanso a través de los caminos hechos por el humano que la cruzaban: una calle, una acera, las cañerías. Nunca nada estuvo "en su camino".

Sonrío a la joven y vivaz muchacha, pero miro con asombro a la anciana; su presencia y aplomo son poderosos como la secoya. La sabiduría que lleva en sus arrugas. El mapa de una vida bien vivida en su rostro. La prueba de cuánto amor y reverencia ha intercambiado con el mundo al estar en él. Moviéndonos siempre a través de él. En sus ojos hay mil vidas. Sus raíces son profundas, su sabiduría evidente. La belleza que siempre se extiende, creando un refugio para todos los que se regocijan bajo ella.

¤ *Kiley Saunders 2024*

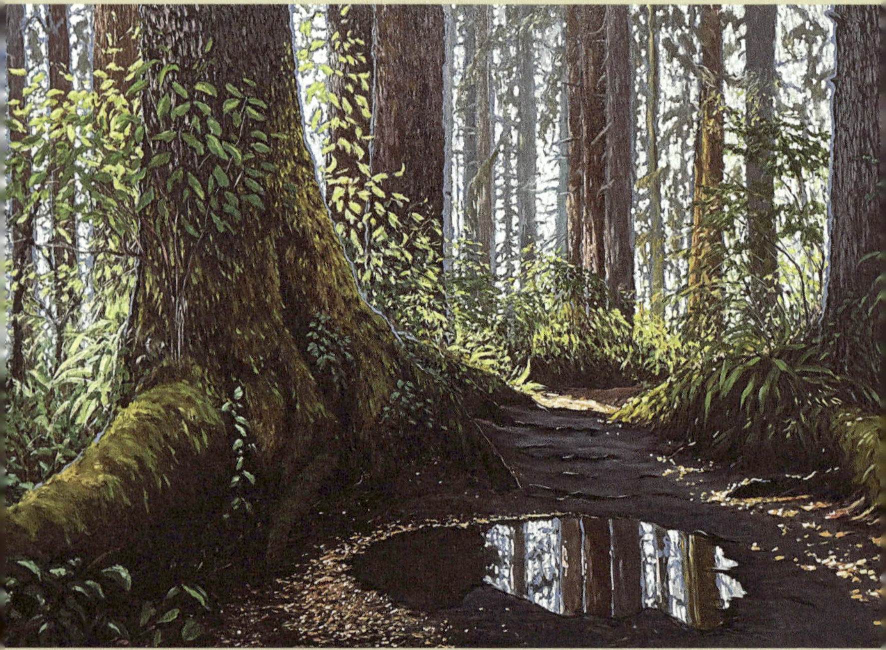

A Puddle on the Way to the Ocean
(Un charco en el camino hacia el océano) © *Genevieve Scholl 2023*

VII. ENRAIZADA

Luna VII: junio 14–julio 14

Luna nueva en ♊ Géminis junio 14; Sol en ♋ Cáncer junio 21; Luna llena en ♑ Capricornio junio 29

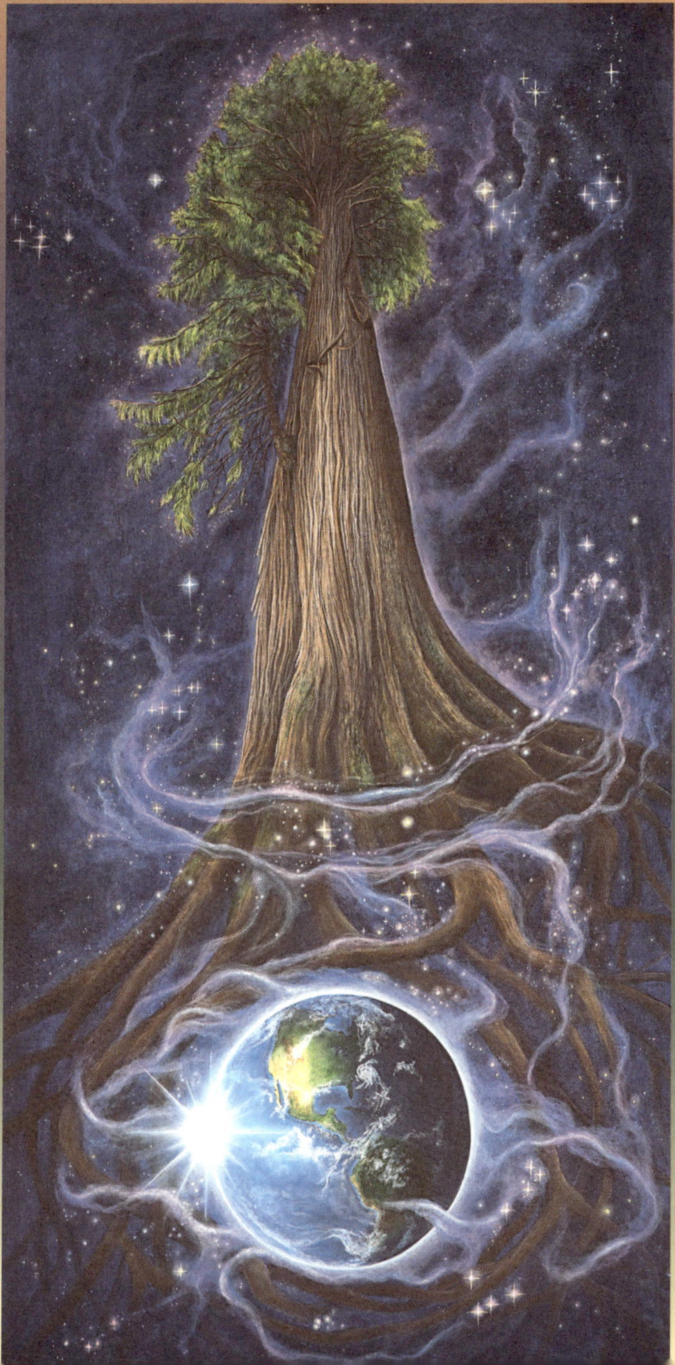

Tree of Life *(Arbol de la vida)* © *Marnie Recker 2021*

Junio
Mí Meitheamh

☽☽☽ Dé Luain

♊
♋

Lunes
15

☽→♋ 5:14 am
☽□♆ 11:59 am
♀✶♅ 3:53 pm

♂♂♂ Dé Máirt

♋

Martes
16

☽□♄ 2:23 am
☽☌☿ 1:12 pm
☽✶♂ 3:15 pm
♀△♆ 8:41 pm

☿☿☿ Dé Céadaoin

♋
♌

Miércoles
17

☽☌♃ 12:41 am v/c
☽→♌ 5:05 am
☽✶♅ 10:00 am
☽△♆ 12:09 pm
☽☌♀ 1:28 pm
☽☍♇ 1:29 pm
♀☍♇ 1:38 pm

♃♃♃ Dé Ardaoin

♌

Jueves
18

☽△♄ 3:27 am
☽□♂ 7:33 pm

♀♀♀ Dé Haoine

♌
♍

Viernes
19

☉✶☽ 4:30 am v/c
☽→♍ 7:37 am
☽□♅ 1:05 pm
⚷→♉ 2:20 pm

Año 2026: Una mirada para ♋ Cáncer (junio 21–julio 22)

En 2026, puede que te enfrentes a algunas sacudidas en el ámbito de tus relaciones. Aunque es posible que en el pasado te hayas centrado en las relaciones íntimas y personales, Plutón en Acuario te desafiará a ampliar esa profundidad emocional hacia el exterior. Ya no se trata sólo de intimidad romántica, sino de conectar con tu comunidad y compartir partes de ti misme de un modo que fomente conexiones más profundas.

Se te pedirá que escuches, apoyes y estés presente de tal forma que fortalezcas tus lazos con les demás. Sin embargo, con Júpiter y Venus en tu signo a principios de año, tendrás que tener cuidado de no sobrepasarte emocionalmente. Los retrógrados a principios de 2026 te pedirán que pongas límites y seas consciente de cuánto das. Si compartes o te esfuerzas demasiado emocionalmente, corres el riesgo de quemarte o atarte a conexiones sentimentales que ya no te sirven.

Es posible que empieces a notar algunos hábitos emocionales de antiguas dinámicas familiares que ya no te sirven. Puede que actúes de formas que eran aceptables en tu familia pero que no se trasladan bien al entorno profesional. Reflexiona sobre cómo te expresas y establece límites que funcionen tanto en el ámbito personal como en el profesional. De este modo, crearás un entorno más sano y equilibrado que te permitirá prosperar.

Monisha Holmes © Mother Tongue Ink 2025

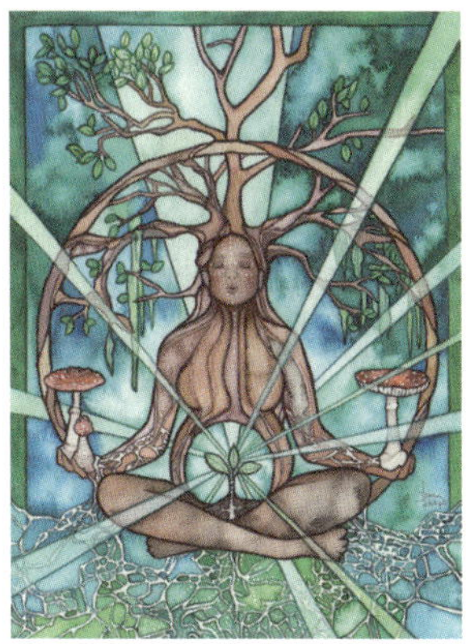

Seed Mama *(Mamá semilla)*
© Tamara Phillips 2016

♄♄♄ Dé Sathairn

♍

Sábado 20

Sin aspectos exactos

☉☉☉ Dé Domhnaigh

♍ ♎

Domingo 21

☉→♋	1:24 am	☽→♎	1:55 pm
☽✶☿	2:03 am	☉□☽	2:55 pm
☉✶⚷	2:48 am	☽△♅	8:01 pm
☽△♂	4:05 am	☽☍♆	10:07 pm
☽✶♃	10:33 am v/c	☽△♇	11:25 pm

Solsticio de verano

☉→ ♋

Sol en ♋ Cáncer 1:24 am PDT
Luna cuarto creciente en ♎ Libra 2:55 pm PDT

Solstico de verano

Invitación al solsticio

La luz es larga hoy y constante.
la tierra está viva con la canción
con ganas de hacer más de ella misma
con la alegría de ser y desenvolverse
todo el tiempo sosteniendo nuestra locura humana
nuestros descarriados desvíos hacia el olvido.
Recordar
aliento a aliento
latido a latido del corazón,
el valor salvaje en tus huesos boyantes.
Recuerda que tú también brotas de la tierra,
incluso si te olvidas de florecer. Recuerda florecer.
Sé una planta perenne de larga floración:
firme, adaptable, resiliente
implacable en tu presencia
una voz que corta el caos de nuestro mundo
con el claro y resonante grito de amor.

¤ *Emily Kedar 2016*

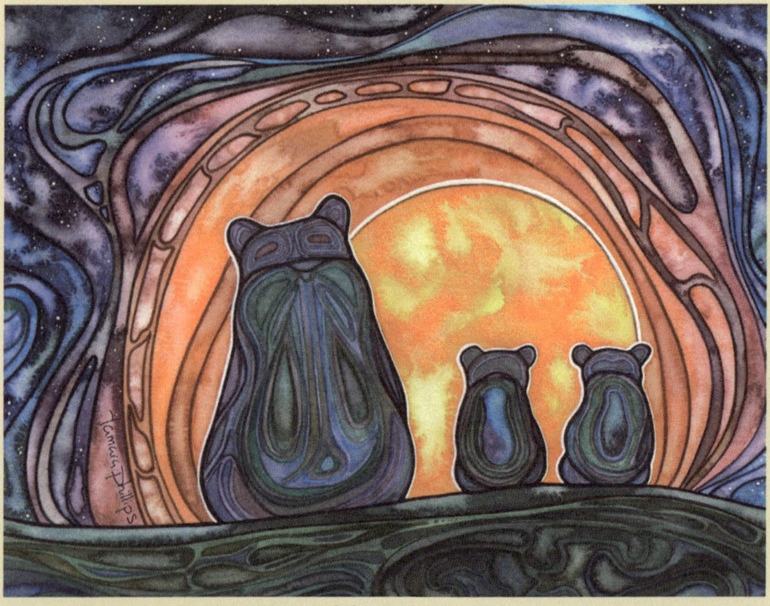

Sunrise Bears *(Osos del amanecer)* © *Tamara Phillips 2023*

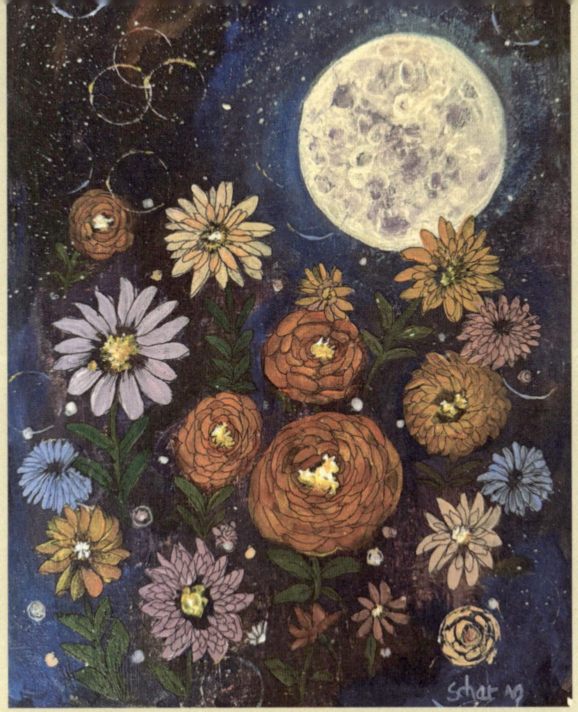

Flower Moon Blessing *(Bendición de la luna de flores)*
© SchaRCbear Freeman 2024

Primera la flor, luego el fruto

Las reglas de la floración del grosella
son inolvidablemente simples. Primero,
estar dispuesto a enraizar. Busca entre

el huso de caña y tallo con espinas,
tu brillante hambre de cogollos sola se calmó
por la rama rebosante de emergencia

de salmón, flamenco, caramelo. Este matiz,
ausente durante mucho tiempo, llega sin hogar,
sin buscar refugio ante el recurrente

eclipse de borrasca disparando perdigones de granizo
contra el cristal de la ventana, banderines pintados.
En segundo lugar, deja que tu dolor guíe tu mirada.

Copa incipiente estallido de estrellas en tu palma;
saber lo que es sostener una constelación,
un matorral de estrellas de cinco pétalos, en tu mano.

¤ *Kersten Christianson 2024*

Junio
junio

☽☽☽ Monday

♎

Lunes 22

☽✶♀ 10:15 am
☽☍♄ 4:07 pm

♂♂♂ Tuesday

♎ ♏

Martes 23

☽□☿ 1:47 pm
☽□♃ 9:11 pm v/c
☽→♏ 11:43 pm

☿☿☿ Wednesday

♏

Miércoles 24

☉△☽ 5:43 am
☽□♇ 9:36 am

♃♃♃ Thursday

♏

Jueves 25

☽□♀ 3:13 am
♀△♄ 5:02 am
☉□♆ 3:38 pm

♀♀♀ Friday

♏ ♐

Viernes 26

☽△☿ 3:17 am
☉⊼♇ 6:19 am
☽☍♂ 8:34 am
☽△♃ 10:10 am v/c
☽→♐ 11:41 am
☽☍♅ 6:45 pm
☽△♆ 8:32 pm
☽✶♇ 9:40 pm

Triple Moon Bloom *(Floración de triple luna*

Todos los datos astrológicos están en PDT; Añadir 3 horas a EST; Añadir 7 horas al GMT

Inscríbete para el huerto comunitario

Deja una preocupación
deja un ay
recoge una pala
recoge una azada.
Deja tu equipaje
deja caer una semilla,
deja tus paquetes
de rabia y codicia.
A veces es más fácil
deja ir las cosas
cuando plantas algo
y lo ves crecer.

© Anomalie Glade 2000

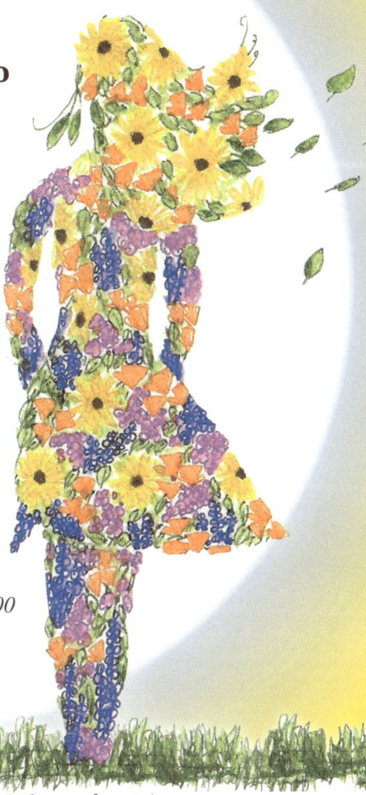

Standing Flowers *(Flores de pie)* ¤ *Lisa Stoorza 2023*

♄♄♄ Saturday

♐ ○ **Sábado**
27

☽△♄ 4:04 pm
♂✶♃ 9:50 pm
☽△♀ 10:05 pm v/c

☉☉☉ Sunday

♐ ○ **Domingo**
28

☽ApG 12:12 am
♂→♊ 12:29 pm

Junio / Julio
lipanj / srpanj

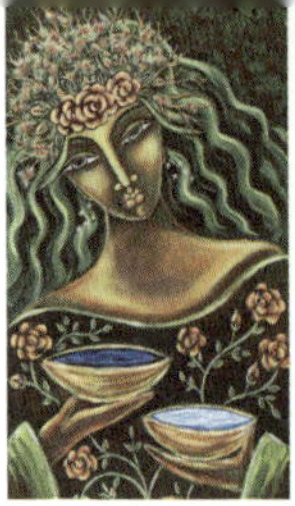

Sacred Balance
(Equilibrio Sagrado)

☽☽☽ ponedjeljak

♐ ♑

Lunes 29

☽→♑ 12:18 am
☽□♆ 9:11 am
☿R 10:36 am
☉☍☽ 4:57 pm
♃→♌ 10:52 pm

Luna llena en ♑ Capricornio 4:57 pm PDT

♂♂♂ utorak

♑

Martes 30

☽□♄ 4:51 am

☿☿☿ srijeda

♑ ♒

Miércoles 1

Julio

☽☍☿ 4:51 am v/c
☽→♒ 12:33 pm
☽☍♃ 1:14 pm
☽△♂ 5:04 pm
♃□⚷ 7:23 pm
☽△♅ 8:02 pm
☽⚹♆ 9:19 pm
☽☌♇ 10:11 pm

♃♃♃ četvrtak

♒

Jueves 2

☽⚹♄ 4:48 pm

♀♀♀ petak

♒ ♓

Viernes 3

☽☍♀ 10:27 am v/c
♂☌♅ 11:08 pm
☽→♓ 11:30 pm

Desplegar

El primer domingo
después de la primera
luna llena
después del solsticio
deberías simplemente
deleitarte en el verano,
soltar tu
yo pagano,
comer huevos,
usar ropa fresca,
buscar sauces,
forsitia,
flores de pascua.
Hay nueva vida
por todas partes—
y aquí estás,
en el asunto de la misma.
Todo está a punto
de estallar—
¿Por qué no tú?
Despliega tu
brote.

¤ *Erin Robertson 2013*

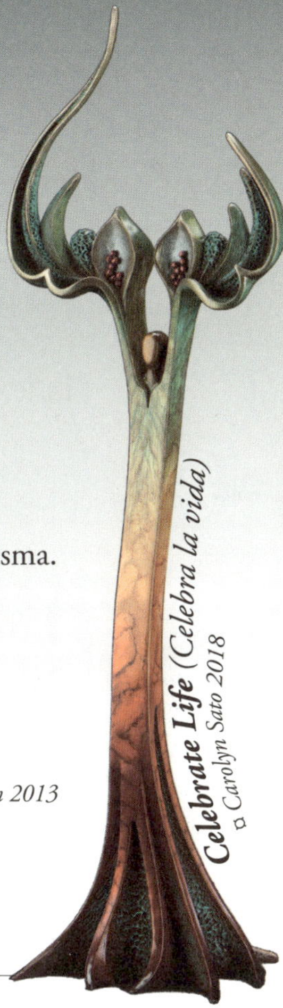

Celebrate Life *(Celebra la vida)*
¤ *Carolyn Sato 2018*

♄♄♄ subota

♓ ☽ Sábado 4

☽□♅ 6:59 am
☽□♂ 7:26 am
♂⚹♆ 5:44 pm

☉☉☉ nedjelja

♓ ☽ Domingo 5

☉△☽ 1:01 am
♂△♇ 6:07 am
☽△☿ 10:21 pm v/c

Julio
Aashar

Bajo luz blanca
que destroza el cielo,
pongo rosas a los pies de las mujeres
quienes, cuando perdidas en la oscurida
le llamaron suelo
y planté semillas.
© Taylor Wilson 2024

☽☽☽ sombar

♓ ♈

Lunes 6

☉□♄ 3:47 am
☽→♈ 8:07 am
☽△♃ 10:41 am
☽⚹♅ 3:26 pm
☽☌♆ 4:12 pm
☽⚹♇ 4:48 pm
☽⚹♂ 6:49 pm

♂♂♂ mongolbar

♈

Martes 7

♆R 3:55 am
☽☌♄ 10:15 am
☉□☽ 12:29 pm

☿☿☿ budhbar

Luna cuarto menguante en ♈ Aries 12:29 pm

♈ ♉

Miércoles 8

☽□☿ 2:24 am
☽△♀ 11:41 am v/c
☽→♉ 1:31 pm
☽□♃ 4:45 pm
☽□♇ 9:34 pm

♃♃♃ brihospotibar

♉

Jueves 9

♀→♍ 10:22 am
☉⚹☽ 7:47 pm
♀△⚷ 11:17 pm
☿PrG 11:51 pm

♀♀♀ sukrobar

♉ ♊

Viernes 10

☽⚹☿ 3:13 am v/c
☽→♊ 3:41 pm
☽□♀ 6:05 pm
☽⚹♃ 7:31 pm
☽☌♅ 10:30 pm
☽⚹♆ 10:51 pm
☽△♇ 11:15 pm

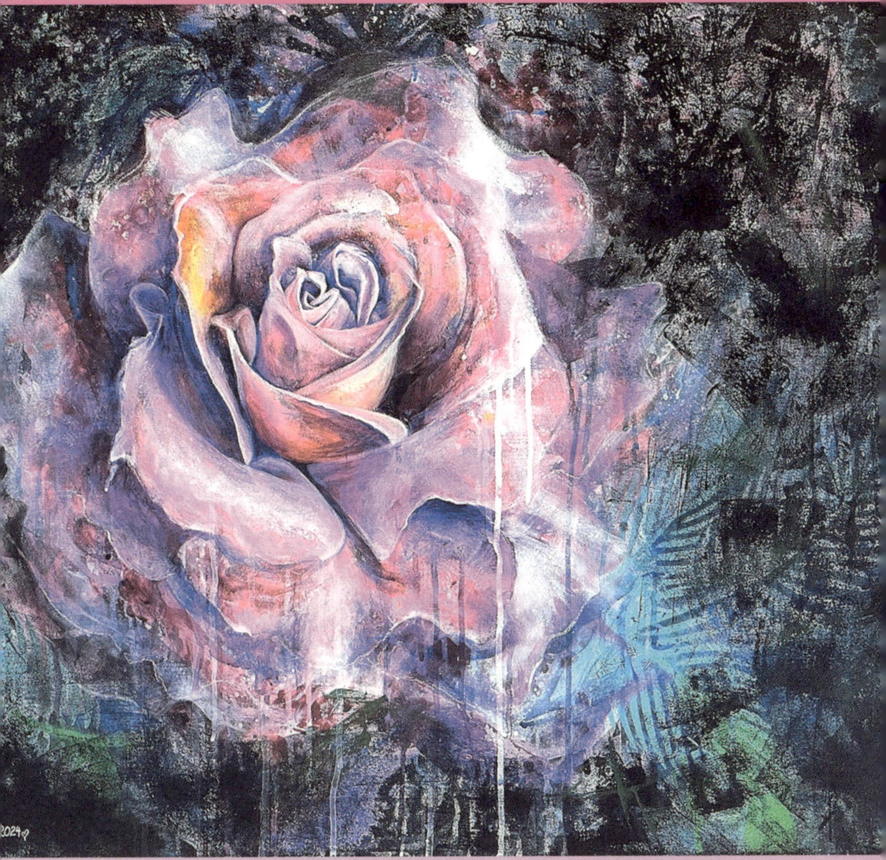

Blooming *(Floreciente)* © *Lisa Linh Hau 2024*

♄♄♄ sonibar

♊ Sábado

11

☽☌♂ 6:16 am
☽⚹♄ 3:11 pm v/c

☉☉☉ robibar

♊ ♋ Domingo

12

☽→♋ 3:46 pm
☉☌☿ 6:26 pm
☽⚹♀ 9:54 pm
☽□♆ 10:46 pm

La abuela maíz

La abuela maíz es la antigua,
quien comparte la medicina de la
plenitud, lo suficiente, el alimento exuberante, la abundancia

Todes están incluides en el generoso compartir
nadie queda fuera de la belleza y la riqueza
Los muros no separan a los que tienen de los que no tienen
No hay nada que tengas que hacer para merecer los regalos.

En su idioma
las palabras no existen
para evaluar quién es digno
de amor, generosidad y respeto

En sus conocimientos ancestrales
no hay traducción
para nunca suficiente

En sus ojos
la red de la vida no está cortada.
en merecer/no merecer
hermoso/no hermoso
mejor que/menos

Abuela maíz ofrece un intercambio infinito
para sembrar, nutrir y crecer
abundantes recursos y regalos fértiles
que alimentan cuerpos, espíritus, comunidades y corazones

No sólo para las personas humanas

Su abundancia nutritiva
rodea y baña también a la
gente árbol y a la gente piedra
aquellos que revolotean y tararean y vuelan con alas
los habitantes del océano que nadan, flotan y saltan
los sin piernas y con muchas piernas
Las aguas, los vientos y los suelos de nuestra Tierra.
innumerables planetas, lunas, galaxias y estrellas

Cada uno está incluido en el generoso compartir

VIII. CORNUCOPIA

Luna VIII: julio 14–agosto 12

Luna nueva en ♋ Cáncer julio 14; Sol en ♌ Leo julio 22; Luna llena en ♒ Acuario julio 29

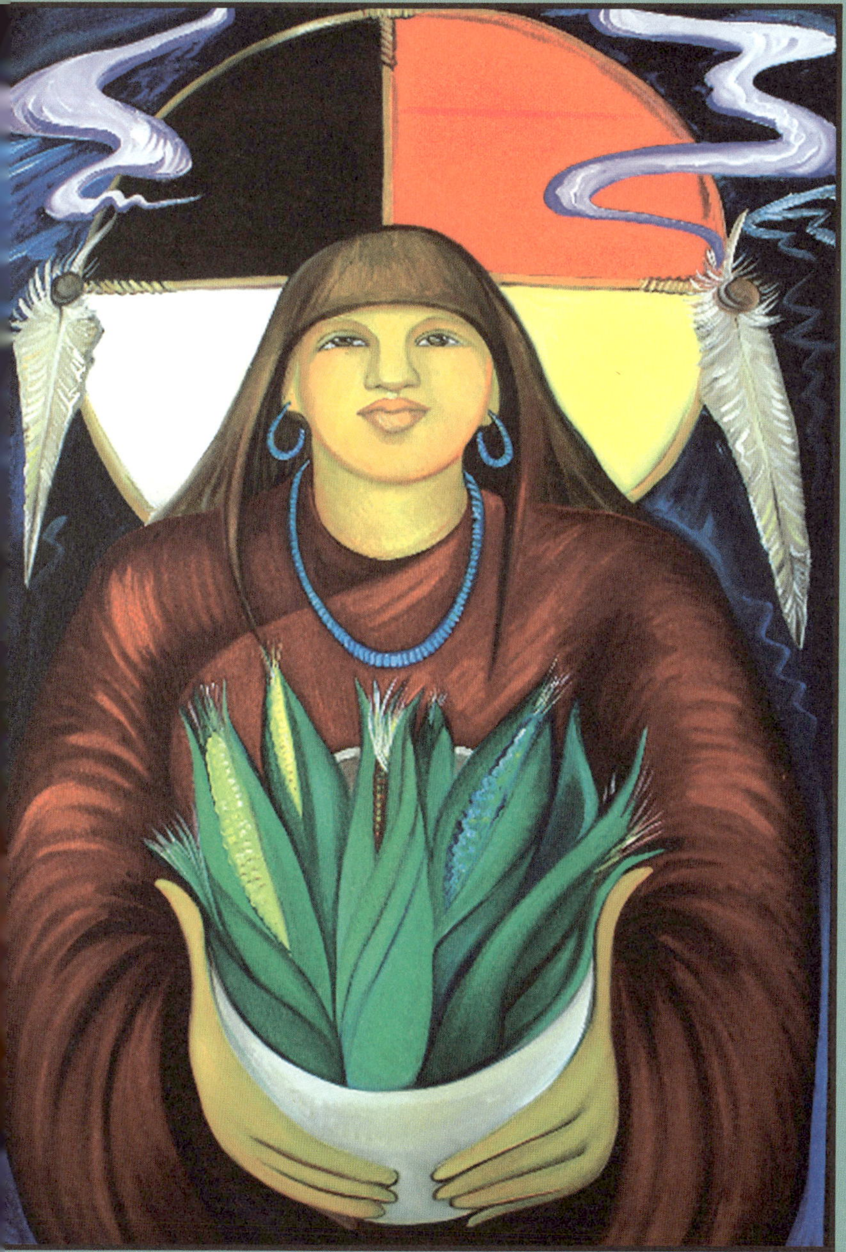

Harvest: With Medicine Wheel *(Cosecha: con la rueda de la medicina)*

Julio

Mí Iúil

Generosidad
merece todas esas sílabas
Es una clase de gracia
genuina y una gratitud qu
inesperadamente
desperta

¤ *Mimi Foyle 2020*

☽☽☽ Dé Luain

♋

Lunes
13

☽PrG 12:51 am
♀□♅ 7:27 am
♀⊼♆ 9:45 am
♀⊼♇ 1:52 pm
☽□♄ 2:58 pm
☽☌☿ 11:27 pm

♂♂♂ Dé Máirt

♋
♌

Martes
14

☉☌☽ 2:44 am v/c
☽→♌ 3:35 pm
☽☌♃ 8:49 pm
☽✶♅ 10:39 pm
☽△♆ 10:42 pm
☽☍♇ 10:58 pm

☿☿☿ Dé Céadaoin

Luna nueva en ♋ Cáncer 2:44 am PDT

♌

Miércoles
15

☽✶♂ 10:58 am
♅✶♆ 1:32 pm
☽△♄ 3:27 pm v/c

♃♃♃ Dé Ardaoin

♌
♍

Jueves
16

☽→♍ 5:07 pm

♀♀♀ Dé Haoine

♍

Viernes
17

☽□♅ 12:44 am
☽☌♀ 8:06 am
☽□♂ 4:22 pm
♅△♇ 9:45 pm
☽✶☿ 11:49 pm

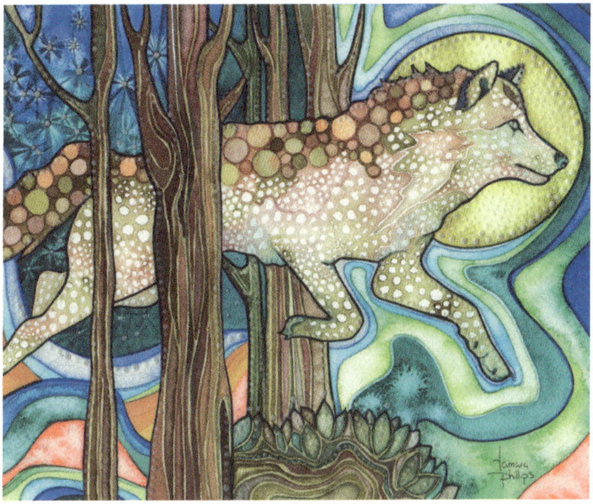

Wolf's Luminescence
(La luminiscencia del lobo)
© Tamara Phillips 2014

Mérope de las Pleyades

La menor de siete hermanas, mira a la Tierra desde el lado izquierdo de Orión. Su sueño: caminar por los campos, probar fresas, nadar en un océano al atardecer. Los años son diferentes en su constelación. El tiempo, no una trampa, sino un vistazo al infinito. Y así como cada mente humana se siente atraída por su propio viaje, Merope es llamada a su vector hacia la dulzura del verde después de una tormenta. A partir de su conocimiento innato, su aprendizaje, sus búsquedas ilimitadas de reinos magnificados, eligió una pequeña esfera solar como su tesoro supremo.

Cuando en un día normal todo en nuestro mundo parece más sensual: los colores radiantes, el sonido dulcemente amplificado, agradece a Mérope, que está de visita.

© Joanne M. Clarkson 2019

♄♄♄ Dé Sathairn

♍
♎

Sábado
18

☉⚹☽ 3:13 pm v/c
☽→♎ 9:56 pm

☉☉☉ Dé Domhnaigh

♎

Domingo
19

☽⚹♃ 5:39 am
☽☍♆ 5:59 am
☽△♇ 6:08 am
☽△♅ 6:18 am
♂⚹♄ 11:11 am

Julio

julio

☽☽☽ Monday

♎

Lunes 20

♃△♆ 12:23 am
☽☍♄ 1:16 am
☽△♂ 2:04 am
☽□☿ 5:18 am
♃☍♇ 7:45 am

♂♂♂ Tuesday

♎ ♏

Martes 21

☉□☽ 4:05 am v/c
♃⚹♅ 4:11 am
☽→♏ 6:34 am
☽□♇ 3:11 pm
☽□♃ 3:49 pm

Luna cuarto creciente en ♎ Libra 4:05 am PDT

☿☿☿ Wednesday

♏

Miércoles 22

☽⚹♀ 10:37 am
☉→♌ 12:13 pm
☽△☿ 2:48 pm v/c
♀⚻♄ 9:18 pm

☉→ ♌

Sol en ♌ Leo 12:13 pm PDT

♃♃♃ Thursday

♏ ♐

Jueves 23

☉□⚷ 8:36 am
☿D 3:58 pm
☽→♐ 6:07 pm
☉△☽ 8:43 pm

♀♀♀ Friday

♐

Viernes 24

☽△♆ 2:52 am
☽⚹♇ 2:53 am
☽☍♅ 3:41 am
☽△♃ 4:48 am

♇PrG 5:40 am
☿⚹♀ 9:13 am
♆⚹♇ 10:49 pm
☽△♄ 11:54 pm

Año 2026: Una mirada para ♌ Leo (julio 22–agosto 22)

Plutón en Acuario en 2026 te empujará a replantearte cierta información que durante mucho tiempo has aceptado como verdad. Es posible que descubras que algunas ideas o lecciones que aprendiste durante tu infancia ya no se aplican, y Plutón te desafiará a evolucionar más allá de ellas. Tanto si, si es cuestión de algo tan sencillo como replantearte el estatus planetario de Plutón o de algo más profundo, como cuestionar las normas sociales, tendrás que mantenerte flexible y abierte a nuevas perspectivas.

Tus relaciones, especialmente tus límites, también estarán bajo escrutinio. Es posible que te encuentres en situaciones en las que las faltas de respeto repetidas o las microagresiones te obliguen a trazar líneas duras, incluso si eso significa poner fin a relaciones duraderas. Plutón te empujará a hacerte valer y, al hacerlo, te convertirás en un modelo para los demás. La gente te buscará como guía para defender sus valores y liberarse de dinámicas tóxicas.

Sin embargo, no es el momento de dormirse en los laureles. El hecho de que hayas demostrado tener razón en algunas situaciones no significa que el trabajo esté hecho. El verdadero liderazgo requiere una autorreflexión constante y la voluntad de replantearte tus creencias. Si te mantienes adaptable y sigues cuestionando tus propias suposiciones, no sólo mantendrás tu papel como líder de opinión, sino que también inspirarás a otres para que crezcan a tu lado.

Monisha Holmes © Mother Tongue Ink 2025

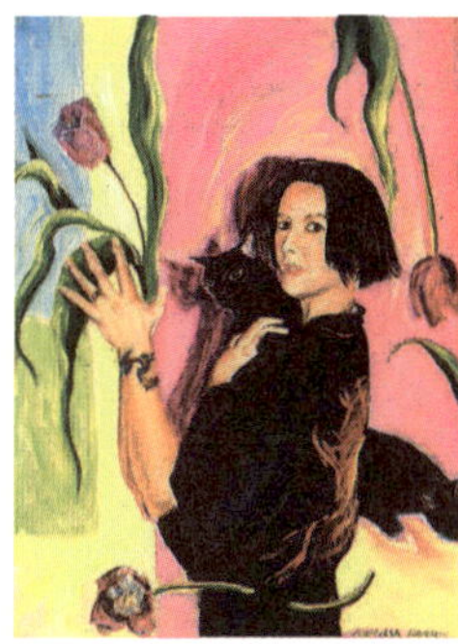

Onyx the Cat & Her Wise Woman
(Onyx, la gata, y su mujer sabia)
© Melissa Harris 1992

ħħħ Saturday

♐ ◐

Sábado 25

☽□♀ 4:54 am
☽☍♂ 7:58 am v/c
☽ApG 9:48 am

☉☉☉ Sunday

♐ ♑ ◐

Domingo 26

☽→♑ 6:44 am
ħR 12:56 pm
☽□♆ 3:26 pm
☉☍♇ 11:55 pm

Julio

srpanj

☽☽☽ ponedjeljak

♑

Lunes 27

☉△♆ 12:36 am
☽□♄ 12:24 pm
☉⚹♅ 2:36 pm
☽☍☿ 5:08 pm
☽△♀ 11:11 pm v/c

♂♂♂ utorak

♑ ♒

Martes 28

☽→♒ 6:46 pm

☿☿☿ srijeda

♒

Miércoles 29

Lammas lunar

♀□♂ 12:10 am
☽☌♇ 3:08 am
☽⚹♆ 3:14 am
☽△♅ 4:29 am
☉☌♃ 5:18 am
☽☍♃ 7:27 am
☉☍☽ 7:36 am
☽⚹♄ 11:43 pm

♃♃♃ četvrtak

Luna llena en ♒ Acuario 7:36 am PDT

♒

Jueves 30

♃ApH 8:16 am
☽△♂ 2:27 pm v/c

♀♀♀ petak

♒ ♓

Viernes 31

☽→♓ 5:14 am
☽□♅ 2:48 pm

Lammas
Luna de cosecha

Tengo un impulso de Venus
para cocinar en otoño, hacer el amor lentamente
migas de raíz, manzanas asadas con especies,
besos suaves y caricias largas y lánguidas.
Mi amor agradecido por ti y el suave sol me invita a salir
a recoger avellanas del sendero moteado de la tarde
para llenar nuestra cabaña con bocanadas de pan de nueces caliente.

En los setos, las moras son de un jugoso color índigo.
Hay escaramujos escarlatas, bayas de serbal.
y bayas para los pájaros. Una muestra temprana de endrinas azul
profundizamos aún más en la paleta de años
empapados en ginebra haremos una tostada agridulce
al sol en pleno invierno.

Podría meterme todo el día en la boca,
tragarme la sombra circular del buitre
y volar sobre su cresta cantando
en más colores de los que las hojas están listas para dejar caer.

De vuelta en el interior nos deleitamos y escribimos,
cortamos, cocinamos a fuego lento
embotellar y hornear. En rapsodia nuestras criaturas se relajan
aplaudimos su gracia.
Al anochecer mientras la gran luna
Da a luz a sí misma lentamente,
voluminosamente, excesivamente
desde la colina lejana,
cuelga bajo y naranja
sobre los campos
la Diosa
diapositivas de nuestros cuerpos
girando infinitas danzas del vientre
fuera de la puerta de la cocina.

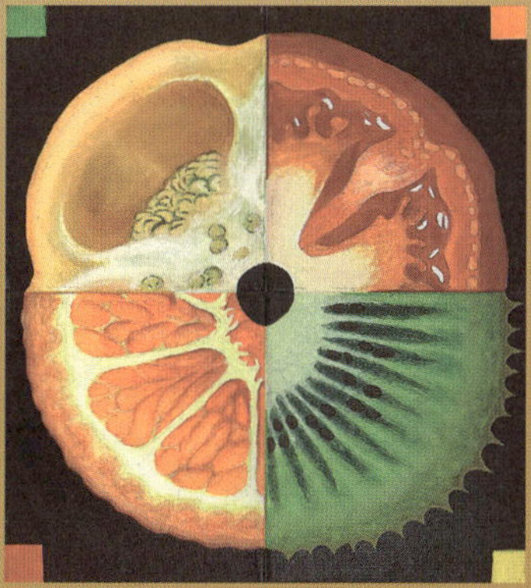

Sacred Edible Geometry
(Geometría sagrada comestible)

Deseos de arena

La mujer de la chaqueta vaquera gastada.
quién dirige la tienda de ágata cerca de la orilla
me contó un secreto: cada vez que visitas la playa,
obtienes tres deseos.
Deben ser profundos y ardientes,
pequeños milagros como ágatas,
la luz de la piedra brilla.

El primero es para ti misme.
el segundo para otre
y el tercero para el mundo.

Los tallas con madera flotante en la arena.
Después de que el sol los lea—
y sí, el sol puede leer incluso en un día nublado—
las mareas los llevan al mar
en la mente de las sirenas,
a través de espirales de conchas,
entre los labios de delfines, ballenas e incluso tiburones.

Hasta que tierras lejanas perciban los deseos
de nuestros corazones.
y bañen sus costas de paz y bondad amorosa.
Los arcoiris y las gaviotas traen respuestas.
Nos encontrarán dondequiera que estemos

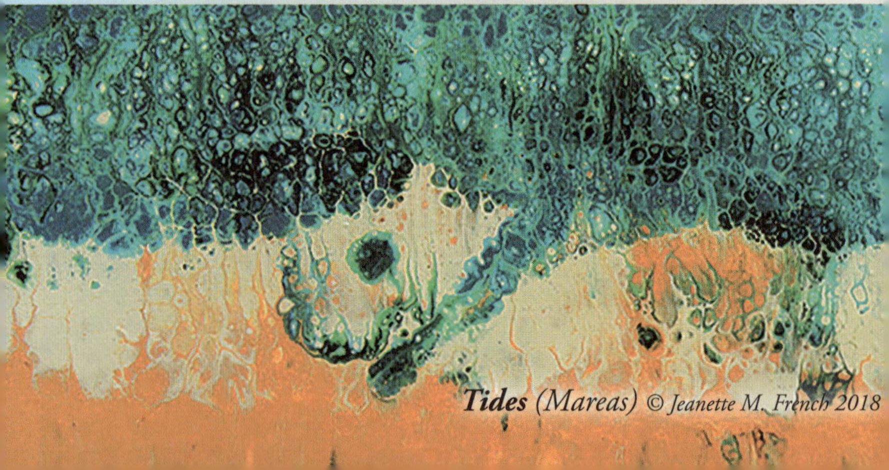

***Tides** (Mareas) © Jeanette M. French 2018*

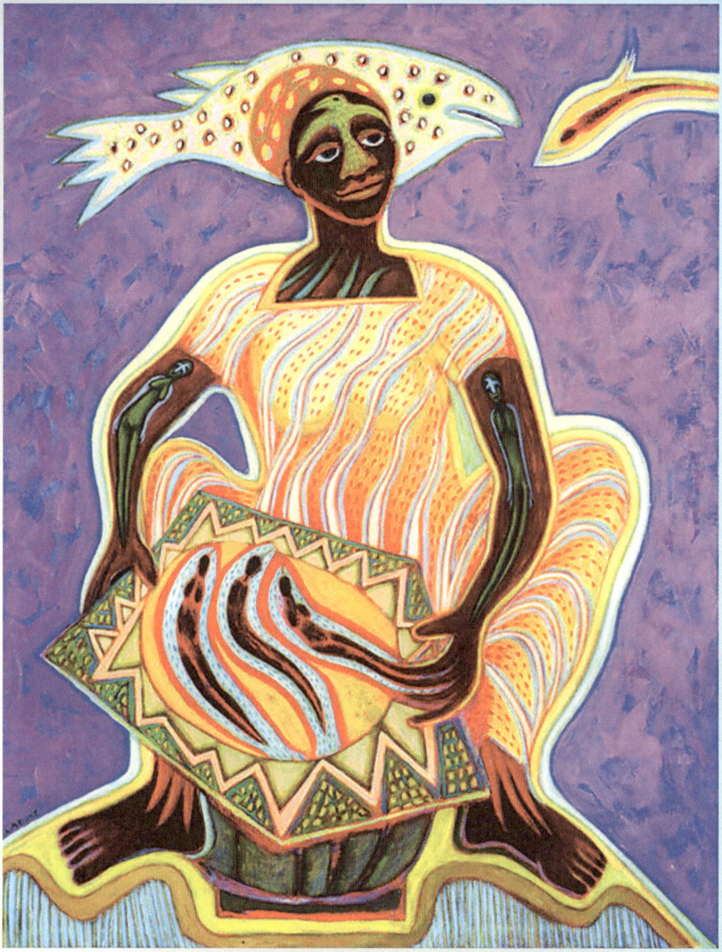

Africa: Fish *(África: Pescado)* © *Betty LaDuke 1988*

♄♄♄ subota

♓

Sábado 1 — Agosto

☽△☿ 7:58 pm

☉☉☉ nedjelja

♓ ♈

Domingo 2 — Lammas

☽□♂	2:32 am	☽⚹♇	9:11 pm
☽☍♀	5:33 am v/c	☽☌♆	9:22 pm
☽→♈	1:37 pm	☽⚹♅	10:56 pm

Agosto
Shrabon

☽☽☽ sombar

♈

Lunes
3

☽△♃ 3:20 am
☉△☽ 10:25 am
⚷R 11:16 am
☽☌♄ 4:22 pm

♂♂♂ mongolbar

♈
♉

Martes
4

☽□☿ 7:16 am
☽✶♂ 11:52 am v/c
☽→♉ 7:35 pm

☿☿☿ budhbar

♉

Miércoles
5

☽□♇ 2:43 am
☽□♃ 9:33 am
☉□☽ 7:21 pm

♃♃♃ brihospotibar

Luna cuarto menguante en ♉ Tauro 7:21 pm PDT

♉
♊

Jueves
6

♀→♎ 12:13 pm
☽✶☿ 4:25 pm v/c
☉△♄ 7:44 pm
☽→♊ 11:08 pm
☽△♀ 11:57 pm

♀♀♀ sukrobar

♊

Viernes
7

☽△♇ 5:52 am
☽✶♆ 6:07 am
☽☌♅ 7:51 am
♀⚻⚷ 8:42 am
☽✶♃ 1:18 pm
☽✶♄ 11:29 pm

Elije el cambio

Deja atrás
los derrames
del pasado
del caldero
de lo que fue.

Llena la olla
con cantidades iguales
de esperanza, amor,
confianza,
responsabilidad.

Revuelve
con la respiración
de luz.

fragmento ¤ Susan Topf 2020

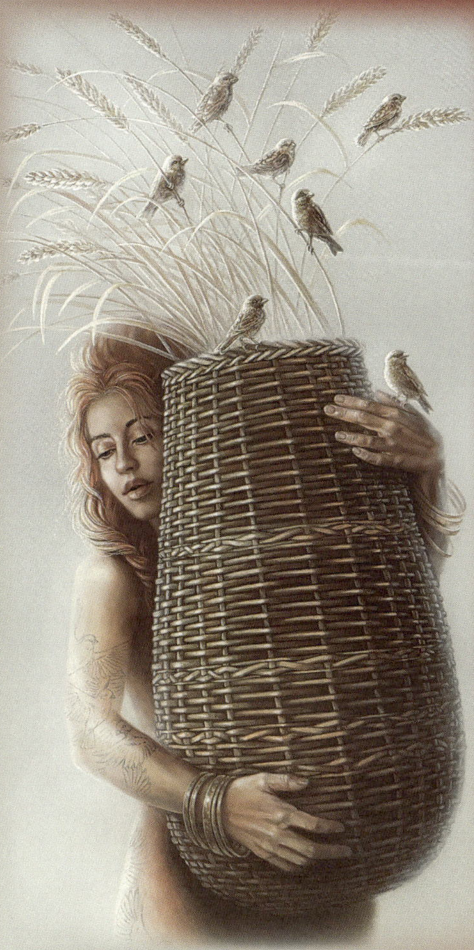

Bounty & Burden
(Recompensa y Carga)

♄♄♄ sonibar

♊

Sábado
8

☉✶☽ 1:30 am
☽☌♂ 10:27 pm v/c

☉☉☉ robibar

♊
♋

Domingo
9

☽→♋ 12:45 am
☽□♀ 5:11 am
☽□♆ 7:30 am
☿→♌ 9:28 am
☿□⛢ 10:15 pm

Grillos en el crepúsculo

una larga fila de tejedores ancianes
caminan hacia la oscuridad hacia
el sonido de los grillos en el crepúsculo
y el agua que fluye sobre las rocas
un puente, una tabla que cruza—

se reúnen
en una choza oscurecida con sueños
mientras caminan hacia el círculo
cada une imagina el mundo
en existencia—
tejiendo un hilo de historia

en esta grieta
están atades
les ancestres
a la Madre Tierra
a la lengua original—

En este lugar
residen las personas sagradas
escupiendo tabaco sobre la tela
incitando a les ancestres
a salir a la superficie
a hablar
a tejer
pasado, presente y futuro juntes
aquí, cada une teje un chal ancestral
aquí, en este espacio crepuscular—.

IX. HILADO-ANCESTRAL

Luna IX: agosto 12–septiembre 10

Luna nueva en ♌ Leo agosto 12; Sol en ♍ Virgo agosto 22; Luna llena en ♓ Piscis agosto 27

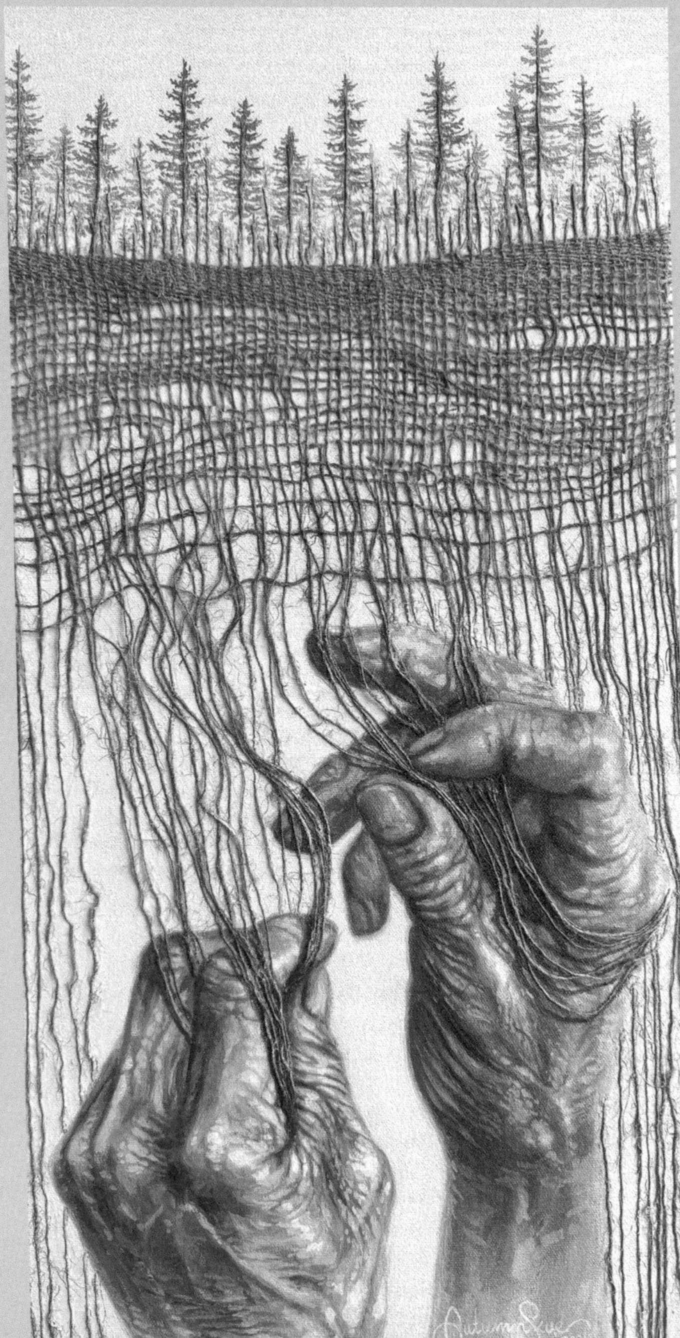

Mother Weaver *(Madre Tejedora)* © *Autumn Skye 2024*

Agosto

Mí Lúnasa / Mí Meán Fomhair

☽☽☽ Dé Luain

♋

Lunes
10

☽□♄ 12:30 am v/c
☽PrG 4:17 am
♀△♇ 11:09 am
♀☍♆ 3:02 pm

♂♂♂ Dé Máirt

♋
♌

Martes
11

♂→♋ 1:30 am
☽→♌ 1:38 am
☽☌☿ 6:41 am
☽☍♇ 8:04 am
☽△♆ 8:20 am
☽⚹♀ 9:36 am
☽⚹♅ 10:20 am
☽☌♃ 5:01 pm
☿☍♇ 6:20 pm
☿△♆ 8:39 pm
♀△♅ 8:46 pm

☿☿☿ Dé Céadaoin

♌

Miércoles
12

☽△♄ 1:28 am
♂⚹⚷ 7:41 am
☉☌☽ 10:37 am v/c
☿⚹♅ 1:48 pm

Luna nueva en ♌ Leo 10:37 am PDT
Eclipse solar total 10:47 am PDT*

♃♃♃ Dé Ardaoin

♌
♍

Jueves
13

☽→♍ 3:18 am
☽⚹♂ 5:44 am
☿⚹♀ 9:23 am
☽□♅ 12:24 pm v/c

♀♀♀ Dé Haoine

♍

Viernes
14

Sin aspectos exactos

*Eclipse visible en Norte de América del Norte, África occidental, Europa, Ártico, Groenlandia, Islandia, Españ

Lucy

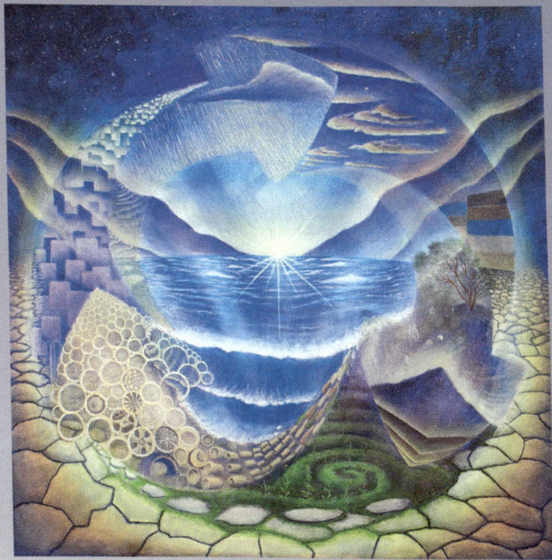

Reduce Reuse *(Reducir/Reutilizar)*
¤ Cory Blair 2017

Miremos hacia atrás, a nuestra antepasada más antigua. Era pequeña, fibrosa, peluda, consciente de sí misma apenas comenzaba a emerger del animal siempre presente.

En una sabana africana, miró la luna. Ojos curiosos observaron el ciclo—arco, disco, arco, oscuridad.

Ella fue la primera genio que se dio cuenta de que su tiempo de sangre coincidía, una y otra vez, con una fase lunar. Magia lunar, poder del conocimiento. Su calendario en el cielo.

Yo frunzo los labios y bebo un sorbo del rayo de luna, llamo a Lucy dentro de mí. Como ella, tomo una bocanada larga y fresca de luz de luna. Llena mis pulmones, entra en mi torrente sanguíneo, fluye por todo mi cuerpo.

La luminiscencia entra en mis tejidos. El resplandor lunar se desliza en mis células donde Lucy duerme dentro de mi ADN. Mi ciclo responde al llamado de su calendario. Mi cuerpo sigue a la luna.

¤ Alane Brown 2024

♄♄♄ Dé Sathairn

♍ ♎

Sábado
15

☿☌♃ 4:23 am
☽→♎ 7:20 am
☽□♂ 12:37 pm
☽△♇ 2:13 pm
☽☍♆ 2:33 pm
☽△♅ 5:04 pm

☉☉☉ Dé Domhnaigh

♎

Domingo
16

☽☌♀ 12:10 am
☽⚹♃ 2:02 am
☽⚹☿ 5:20 am
☽☍♄ 9:27 am
♂⚻♇ 8:15 pm

Agosto
August

☽☽☽ Monday

♎ ♏

Lunes 17

♂□♆ 2:52 am
☉✱☽ 4:30 am v/c
☿△♄ 8:27 am
♀✱♃ 9:15 am
☽→♏ 2:46 pm
☽□♇ 10:01 pm
☽△♂ 11:29 pm

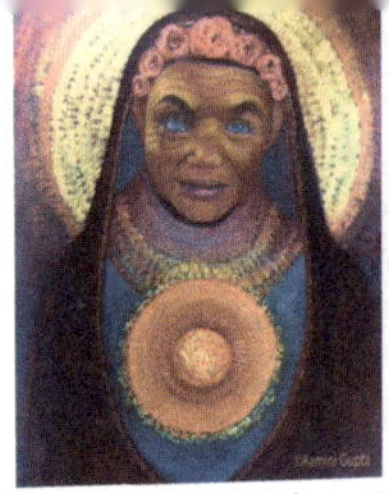

Great Compassionate Mother
(Gran compasivo madre)

♂♂♂ Tuesday

♏

Martes 18

☽□♃ 11:43 am

☿☿☿ Wednesday

♏

Miércoles 19

☽□☿ 1:06 am
☉□☽ 7:46 pm v/c

Luna cuarto creciente en ♏ Escorpio 7:46 pm PDT

♃♃♃ Thursday

♏ ♐

Jueves 20

☽→♐ 1:30 am
☽✱♇ 8:59 am
☽△♆ 9:21 am
☽☍♅ 12:32 pm

♀♀♀ Friday

♐

Viernes 21

☽△♃ 12:26 am
♀☍♄ 5:43 am
☽△♄ 6:02 am
☽✱♀ 6:04 am

Todos los datos astrológicos están en PDT; Añadir 3 horas a EST; Añadir 7 horas al GMT

Año 2026: Una mirada para ♍ Virgo (agosto 22–sept. 22)

El 2026 te desafiará a dejar de lado el perfeccionismo y abrazar la vulnerabilidad. Plutón en Acuario te empujará a confiar en tu forma única de hacer las cosas, aunque no se ajuste a los métodos convencionales. Es posible que tiendas a idolatrar la forma en que tus amigos o colegas abordan las tareas, sintiendo que tus métodos son inferiores o poco convencionales. Pero este año tendrás que reconocer que no hay una forma «correcta» o «perfecta» de hacer las cosas. Tus ideas innovadoras para resolver problemas y alcanzar objetivos son más necesarias que nunca. Adoptar tu propio enfoque también inspirará a los demás.

La vulnerabilidad será clave para ti este año. En lugar de centrarte en corregir a los demás o hacer críticas, descubrirás que compartir tus propias experiencias emocionales permite a la gente conectarse contigo más profundamente. Esto puede resultarte incómodo o incluso embarazoso, pero es a través de la vulnerabilidad que establecerás relaciones más significativas.

Al mismo tiempo, ten cuidado de no proyectar fantasías en tus relaciones íntimas. El hecho de que desahogues tu alma con alguien no significa que las personas sepan gestionar este acto con el cuidado que se merece. Puede que algunas personas se interesen por lo que compartes sólo por curiosidad, no porque les interese de verdad. Si estableces unos límites emocionales claros, evitarás que te agoten y dejarás espacio para un crecimiento auténtico.

Monisha Holmes © Mother Tongue Ink 2025

♄♄♄ Saturday

♐
♑

Sábado 22

☽ApG 1:18 am
☽△☿ 1:22 am
☉△☽ 1:31 pm v/c
☽→♑ 1:59 pm
☉→♍ 7:19 pm
☽□♆ 9:48 pm

☉→ ♍

Sol en ♍ Virgo 7:19 pm PDT

☉☉☉ Sunday

♑

Domingo 23

☽☍♂ 6:05 am
☉△⚷ 12:30 pm
☽□♄ 6:21 pm
☽□♀ 11:30 pm v/c

Agosto
kolovoz

☽☽☽ ponedjeljak

♑

Lunes
24

Sin aspectos exactos

♂♂♂ utorak

♑
♒

Martes
25

☽→♒ 2:01 am
☿→♍ 4:04 am
☽☌♇ 9:11 am
☽⚹♆ 9:32 am
☿△⚷ 11:57 am
☽△♅ 1:01 pm

☿☿☿ srijeda

♒

Miércoles
26

☽☍♃ 2:31 am
☽⚹♄ 5:21 am
☉⚻♇ 1:10 pm
☽△♀ 2:59 pm v/c
☉⚻♆ 5:31 pm
☿⚻♇ 11:42 pm

♃♃♃ četvrtak

♒
♓

Jueves
27

☿⚻♆ 1:50 am
☉☌☿ 10:04 am
☽→♓ 12:04 pm
☉☍☽ 9:18 pm
☽☍☿ 10:20 pm
☽□♅ 10:39 pm

Luna llena en ♓ Piscis 9:18 pm PDT
Eclipse lunar paricial 9:12 pm PDT*

♀♀♀ petak

♓

Viernes
28

☿□♅ 12:24 am
☽△♂ 9:14 am v/c
☉□♅ 3:19 pm

*Eclipse visible en el Pacífico Oriental, América, Europa, África

Bucle del infinito

¿Cuántas partes
han sido enterradas, compostadas,
alquimizadas, reclamadas?
¿Cuántas
hijas, madres, abuelas
diferentes he sido?
Una vida se desarrolla en espiral
de cada exhalación
un nuevo comienzo
con cada inhalación
cada versión de mí misme
un círculo completo,
creando mi identidad fractal
atónita y
embriagada de eternidad
en el punto exacto
de las líneas de tiempo
colapsando y expandiendo
como una estrella que da a luz
una galaxia
un bucle infinito de
pasado, futuro y presente
envuelto en
cada
momento
específico
el tiempo derritiéndose en mi
lengua
es un elixir alquímico
cada segundo
es una oportunidad
para la transmutación

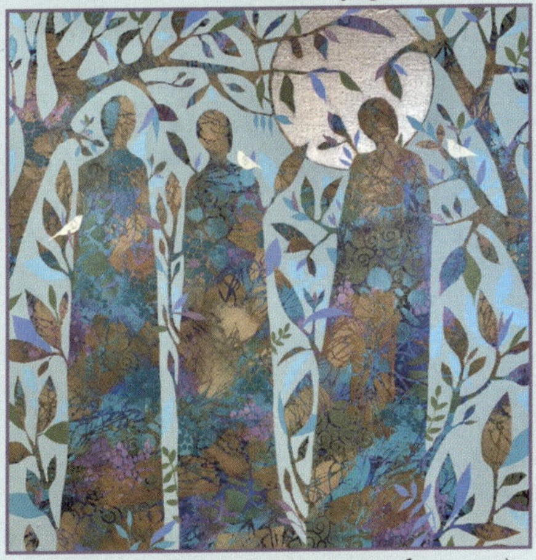

Moon Sisters *(Hermanas lunares)*

♄♄♄ subota

♓ ♈ Sábado 29

☽→♈ 7:38 pm

☉☉☉ nedjelja

♈ Domingo 30

☽⚹♇ 2:02 am
☽☌♆ 2:20 am
☽⚹♅ 5:49 am
☽□♂ 6:39 pm
☽△♃ 7:55 pm
☽☌♄ 8:18 pm

Agosto / Septiembre

Shrabon / Bhadro

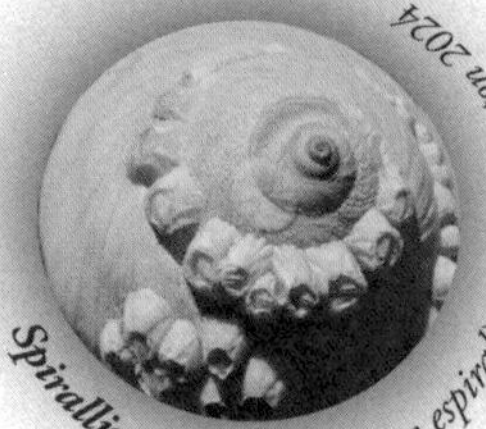

Spiralling Home (Hogar en espiral) © Susan Ellenton 2024

☽☽☽ sombar

♈

Lunes 31

☽☍♀ 12:47 pm v/c
♃△♄ 3:17 pm

♂♂♂ mongolbar

♈ ♉

Martes 1

Septiembre

☽→♉ 1:01 am
♂□♄ 2:58 am
☿⚻♄ 5:09 am
☿✶♂ 6:21 am
☽□♇ 7:08 am
☉△☽ 5:43 pm

☿☿☿ budhbar

♉

Miércoles 2

☽□♃ 1:19 am
☽✶♂ 1:47 am
☽△☿ 3:47 am v/c
☿ApH 2:36 pm

♃♃♃ brihospotibar

♉ ♊

Jueves 3

☽→♊ 4:47 am
☽△♇ 10:41 am
☽✶♆ 10:55 am
☽☌♅ 2:27 pm

♀♀♀ sukrobar

♊

Viernes 4

☉□☽ 12:51 am
☽✶♄ 3:40 am
☽✶♃ 5:17 am
☽□☿ 2:29 pm

Luna cuarto menguante en ♊ Géminis 12:51 am

Todos los datos astrológicos están en PDT; Añadir 3 horas a EST; Añadir 7 horas al GMT

Su luminiscencia total

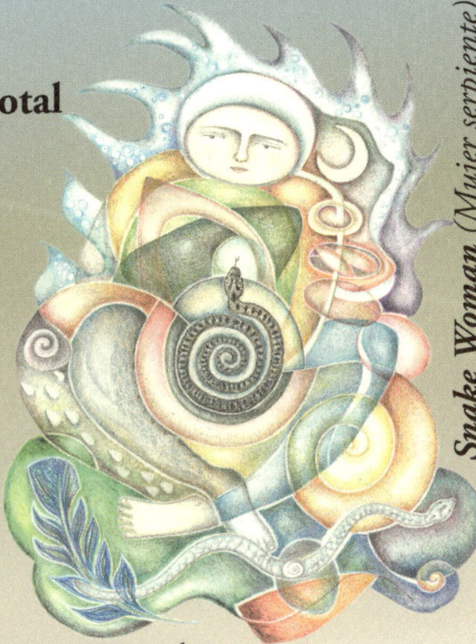

Snake Woman *(Mujer serpiente)*
© *Jaine Rose 2023*

su forma está en todas partes
nuestros huevos matutinos
una perla del océano
nidos de pájaros
papas
cebollas blancas brillantes
ella camina silenciosamente por
el cielo nocturno
y allí estamos también
recorriendo sus ciclos
todas nuestras vidas
la ascensión y reclamación mensuales
la chica creciente convertida en mujer roja
la madre espíritu-completo hilándose en bruja
sabiduría hechizante en la oscuridad
guiando a la humanidad con nuestros ritos de sangre
como la luna nos enseña con su luz
en la Tierra hay una ley:
la luna hace ciclos con luz
las mujeres hacen ciclos con sangre
la luna gobierna todo.

¤ *Stephanie A. Sellers 2024*

♄♄♄ sonibar

♊ ♋ Sábado 5

☽△♀ 1:40 am v/c
☽→♋ 7:30 am
☽□♆ 1:27 pm
☉⚻♄ 3:48 pm

☉☉☉ robibar

♋ Domingo 6

☽□♄ 5:54 am
☉⚹☽ 7:00 am
☽☌♂ 12:06 pm
☽PrG 1:44 pm

Septiembre

Mí Meán Fómhair

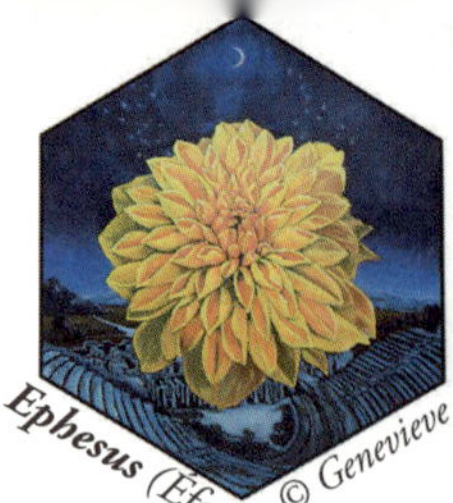

Ephesus (*Éfeso*) © *Genevieve*

☽☽☽ Dé Luain

♋ ♌

Lunes 7

☽✶☿ 12:01 am
☽□♀ 6:40 am v/c
☽→♌ 9:49 am
☽☍♇ 3:31 pm
☽△♆ 3:41 pm
☽✶♅ 7:23 pm

♂♂♂ Dé Máirt

♌

Martes 8

☽△♄ 8:04 am
☽☌♃ 11:37 am

☿☿☿ Dé Céadaoin

♌ ♍

Miércoles 9

☽✶♀ 11:58 am v/c
☽→♍ 12:35 pm
☽□♅ 10:21 pm

♃♃♃ Dé Ardaoin

♍

Jueves 10

♀→♏ 1:07 am
☿→♎ 9:20 am
♀☍⚷ 10:15 am
♅R 11:27 am
☿⚻⚷ 12:49 pm
☉☌☽ 8:27 pm
☽✶♂ 10:52 pm v/c

Luna nueva en ♍ Virgo 8:27 pm PDT

♀♀♀ Dé Haoine

♍ ♎

Viernes 11

☽→♎ 4:52 pm
☽☌☿ 9:21 pm
☽△♇ 10:48 pm
☽☍♆ 10:53 pm

os los datos astrológicos están en PDT; Añadir 3 horas a EST; Añadir 7 horas al GMT

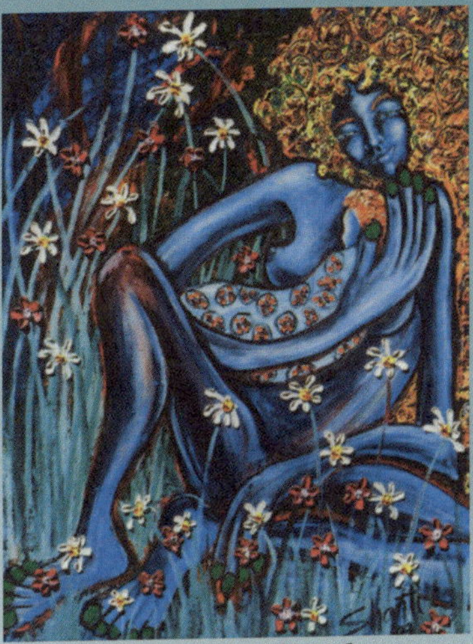

Mama and Baby
(Mamá y bebé)
¤ *Shanti Bennett 1999*

Zinnia

Era la época de la esclavitud.
Era la época de las flores azules brillantes.
Mi abuela lo vivió
y mi madre lo escribió.
Todas las hermanas de mi abuela murieron
pero ella no, y quedó embarazada.

Una mujer sola en la época de la esclavitud
con una niña, tenía que tener cuidado.
Mi madre tenía los ojos del amo
y el cabello tan rojo como una bandera.
La marca en su espalda hinchada y con cicatrices
mientras su madre susurraba estamos corriendo.

Era la época de la esclavitud.
Era la época de las flores azules brillantes.
Mi madre vivió pero mi abuela no.
Ahora mi pelo rojo es una bandera
que llevo por lo que fue escrito con sangre.
Nadie lo olvidará jamás.

© *Katharyn Howd Machan 2018*

♄♄♄ Dé Sathairn

♎

Sábado 12

☽△♅ 3:03 am
☿△♇ 8:59 am
☿☍♆ 9:38 am
☽☍♄ 4:08 pm
☽⚹♃ 10:08 pm

☉☉☉ Dé Domhnaigh

♎ ♏

Domingo 13

☽□♂ 7:26 am v/c
☿△♅ 7:39 pm
☽→♏ 11:44 pm

Una bendición para las brujas

Que sientas la plenitud de la luna en tu vientre,
y el calor del sol en tu corazón.

Que el aire traiga claridad a tus intenciones,
y envíe tus hechizos en las alas de los pájaros.

Que el fuego traiga pasión a tus ambiciones,
y abra tu corazón para amar libremente y sin miedo.

Que las aguas sagradas limpien tu alma amorosa,
y traigan música alegre a tus celebraciones.

Que la tierra fortalezca tu cuerpo,
y te dé la resiliencia para apoyar a tu comunidad.

Que el espíritu encante tus días,
y cargue tus sueños con magia profunda.

Que todo lo que está arriba
y todo lo que está abajo sean testigos de tus obras,
mientras revuelves el caldero oscuro y profundo.

Y que la Diosa nos guíe a todes
mientras caminamos por el camino de la verdad y la justicia.

¤ *Diane Perazzo 20*

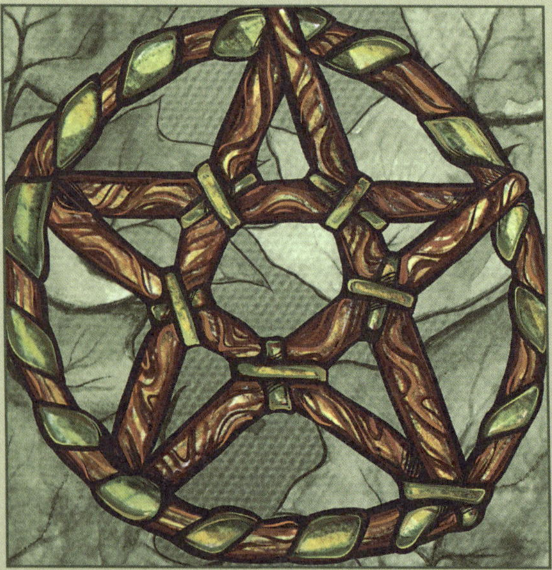

Green Witch Pentacle
(Pentáculo de la bruja verde)

X. CÍRCULO SAGRADO

Luna X: septiembre 10–octubre 10

Luna nueva en ♍ Virgo sept. 10; Sol en ♎ Libra sept. 22; Luna llena en ♈ Aries sept. 26

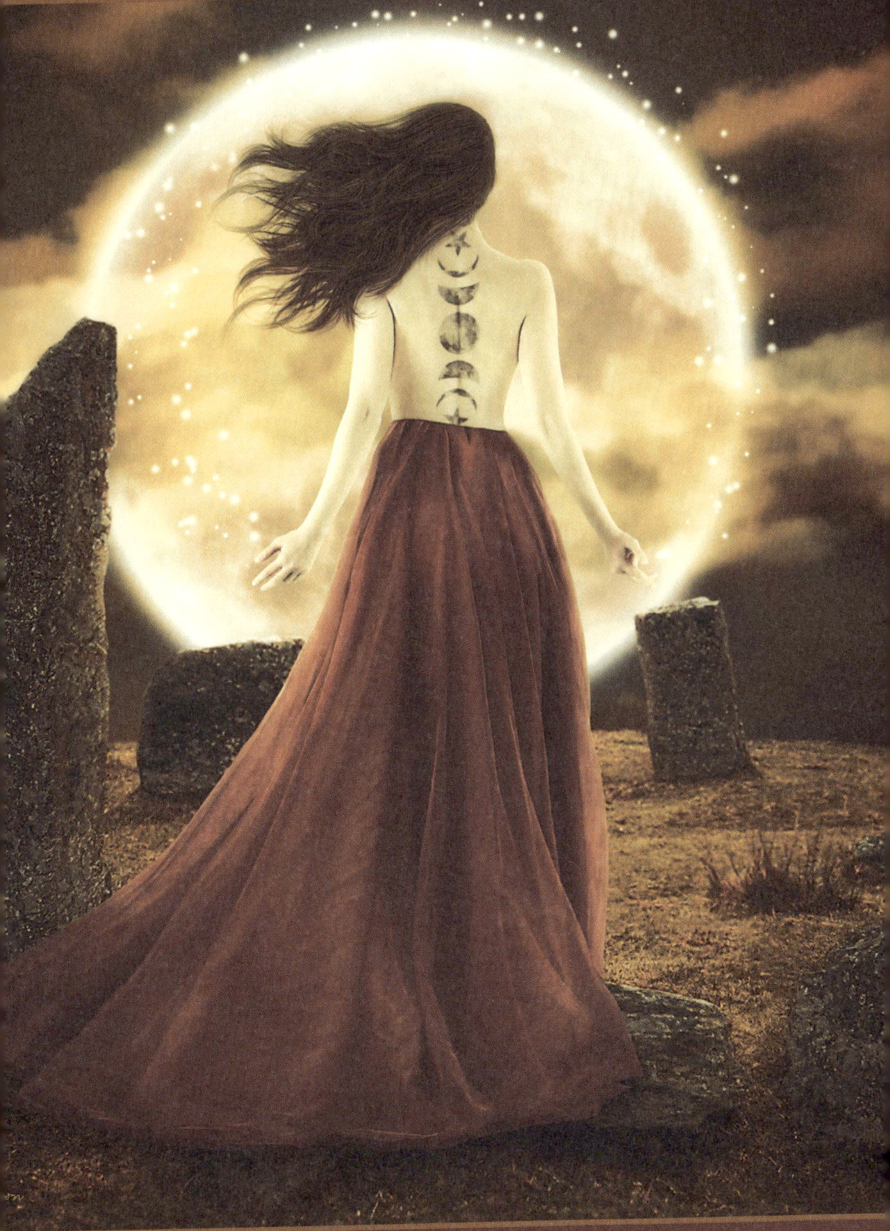

Harvest Moon *(Luna de cosecha)* © *Bethany Perron 2024*

Septiembre

septiembre

☽☽☽ Monday

♏

Lunes

14

☽☌♀ 4:33 am
☽□♇ 5:57 am
☉⚹♂ 12:53 pm

♂♂♂ Tuesday

♏

Martes

15

☽□♃ 7:36 am
♀□♇ 11:35 am
♀⚻♆ 11:46 am
♆⚹♇ 6:46 pm
☽△♂ 7:31 pm
☉⚹☽ 8:30 pm v/c

☿☿☿ Wednesday

♏
♐

Miércoles

16

☽→♐ 9:41 am
☽△♆ 4:08 pm
☽⚹♇ 4:09 pm
☽☍♅ 8:58 pm

♃♃♃ Thursday

♐

Jueves

17

☽⚹☿ 8:14 am
☽△♄ 10:47 am
⚷→♈ 6:50 pm
☽△♃ 8:01 pm

♀♀♀ Friday

♐
♑

Viernes

18

☿☍♄ 3:00 am
☉□☽ 1:44 pm v/c
☽ApG 7:52 pm
☽→♑ 9:55 pm

Luna cuarto creciente en ♐ Sagitario 1:44 pm PDT

Todos los datos astrológicos están en PDT; Añadir 3 horas a EST; Añadir 7 horas al GMT

Danza de la luna

Abuela Luna.
Redonda y brillante
como un melocotón maduro.
Su rostro curtido irradia
e ilumina el mundo de medianoche.
Esta noche está muy satisfecha.
Lo que hemos forjado
ha dado sus frutos.
Ella nos hace señas.
Sal de tu rincón oscuro.
Deja tus herramientas y descansa.
Báñate en la luz de la luna.
Extiende tus brazos
y atrae su sabiduría ancestral.
¡Desnúdate y baila!
Siente tu piel hormiguear
con la posibilidad.
Siente tu útero llenarse de poder.
Baila por todo lo que fue
y por todo lo que aún está por ser.

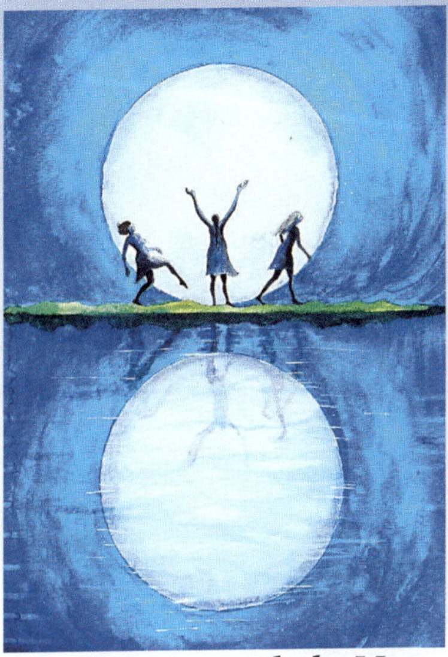

Co–Mooning with the Moon
(Comunicándose con la luna)
© Jakki Moore 2024

Bailen, mis hijas, y veamos
qué nuevas travesuras podemos hacer mañana . . .

¤ *Heather Esterline 2024*

♄♄♄ Saturday

♑ ◐

Sábado
19

☽□♆ 4:21 am
☽⚹♀ 8:27 am
☽□♄ 10:59 pm

☉☉☉ Sunday

♑ ◐

Domingo
20

☽□☿ 5:48 am
♀⚻♅ 8:49 am

Equinoccio otoño

Oración del equinoccio

En este día
que te sostenga
la armonía
de la luz y la oscuridad
en el equilibrio
de la vida y la muerte.
Que puedas permanecer
en paz
creyendo por un día
que todas las cosas buenas
son posibles
que toda oposición
tiene su contraparte
que sentirás sanación.
Que puedas hacer una pausa
en este día
para sentir el giro
de la rueda
para escuchar el canto
de las estrellas
para permanecer en el centro
y conocer plenamente el
equilibrio.

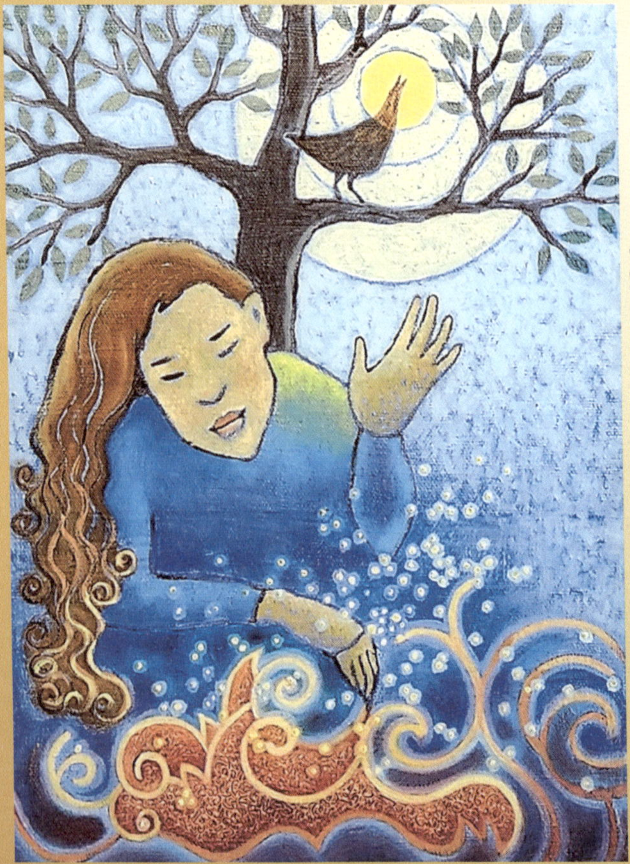

The Fifth Awakening: Not to Neglect Mindfulness
(El quinto despertar: no descuidar la atención plena)

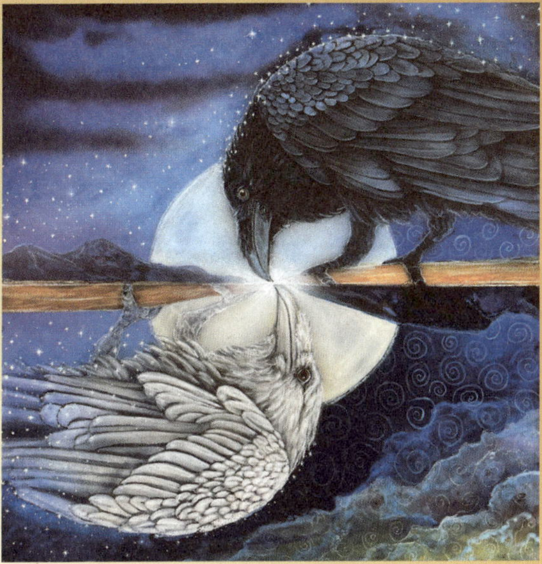

Recognition *(Reconocimiento)*
© Cathy McClelland 2023

Y, así, comienza

Reúno las telarañas tejidas
por las narradoras de historias de largas sombras.

Párate bajo un dosel enmarcado
de cielos oscurecidos por el crepúsculo. Soy siempre

une tonte que cae ante una caldera calentada por el fuego.
apreciando los pequeños agujeros de la tenue luz del día

a través de las hojas erosionadas que persisten
en las ramas desnudas. Hojas secas a mis pies,

Yo arrastro los pasos por un sendero críptico a través de
pedazos de llamas, sombras de estrellas carmesí,

vagando estacionalmente bajo cielos ahuecados por el viento. Si
una hora puede reaparecer

de los brazos de un reloj en noviembre.
entonces digo que aten los hilos de seda de octubre,

empaca suavemente entre conchas de mejillones azules,
ramas de cedro, en una caja marcada como otoño.

© Kersten Christianson 2024

Septiembre

rujan

☽☽☽ ponedjeljak

♑ ♒

Lunes 21

☽☍♂ 2:16 am
⊙△☽ 7:31 am v/c
☽→♒ 10:14 am
☿✶♃ 3:51 pm
☽✶♆ 4:24 pm
☽☌♇ 4:35 pm
☽△♅ 9:23 pm
☽□♀ 10:40 pm

♂♂♂ utorak

♒

Martes 22

☽✶♄ 10:17 am
⊙⊼⚷ 12:44 pm
⊙→♎ 5:05 pm
☽☍♃ 9:47 pm

Equinoccio otoño

⊙→♎

Sol en ♎ Libra 5:05 pm PDT

☿☿☿ srijeda

♒ ♓

Miércoles 23

☽△☿ 1:18 am v/c
☽→♓ 8:23 pm

♃♃♃ četvrtak

♓

Jueves 24

☽□♅ 6:56 am
☽△♀ 9:45 am
♆PrG 9:41 pm

♀♀♀ petak

♓

Viernes 25

⊙☍♆ 6:36 pm
⊙△♇ 10:35 pm

Año 2026: Una mirada para ♎ Libra (sept. 22–oct. 23)

En el 2026, Plutón en Acuario podría arropar luz sobre heridas relacionadas con la intimidad, y esto te obligará a analizar más profundamente tus relaciones más cercanas. Como alguien que valora la armonía, es posible que te des cuenta de que algunas relaciones, especialmente las románticas, te han resultado en agostamiento en vez de satisfacción. Este año, tendrás como reto el reevaluar esas dinámicas e identificar dónde has permitido que algunos ignoren los límites que has trazado o tus sentimientos.

En lugar de centrarte en el romance, priorizarás las relaciones profesionales y tu salud. Descubrirás que el construir conexiones de apoyo, te proporcionará estabilidad y el equilibrio que necesitas. Plutón te guiará hacia dinámicas de relaciones más saludables, ayudándote a comprender que la verdadera armonía surge al rodearte de personas que te respetan y ayudan a superarte.

En términos de conexiones íntimas, es posible que dejes de buscar el amor de modo activo, y por medio de simplemente ser tú misme, esto te llevará a atraer parejas más saludables. Siempre has sido una persona encantadora, así que usa ese encanto para atraer a personas que realmente te aprecian por lo que eres. Si te concentras en tu autoestima y te aseguras de estar en relaciones que respalden tu crecimiento, crearás conexiones más profundas y significativas, las cuales te brindarán una satisfacción duradera.

Monisha Holmes © Mother Tongue Ink 2025

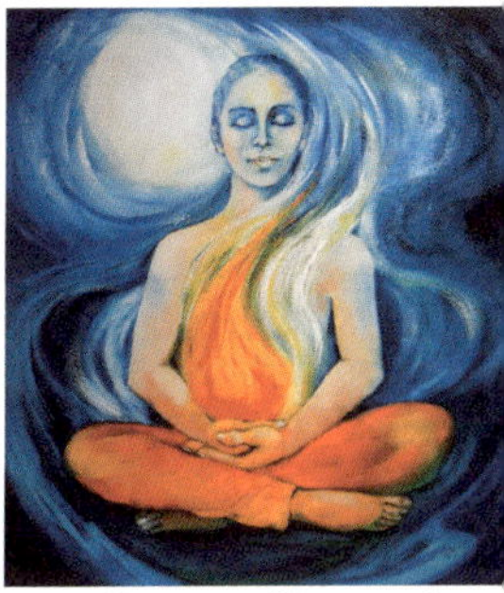

Presence *(Presencia)*
¤ *Joan Zehnder 2014*

♄♄♄ subota

♓ ♈ ○ **Sábado 26**

☽△♂ 1:32 am v/c
☽→♈ 3:23 am
☽☌♆ 8:41 am
☽✶♇ 9:00 am
☉☍☽ 9:49 am
☽✶♅ 1:18 pm

Luna llena en ♈ Aries 9:49 am PDT

☉☉☉ nedjelja

♈ ○ **Domingo 27**

☽☌♄ 12:20 am
♂□⚷ 4:59 am
☽△♃ 12:46 pm
♂→♌ 7:49 pm

Septiembre / Octubre

Bhadro / Ashshin

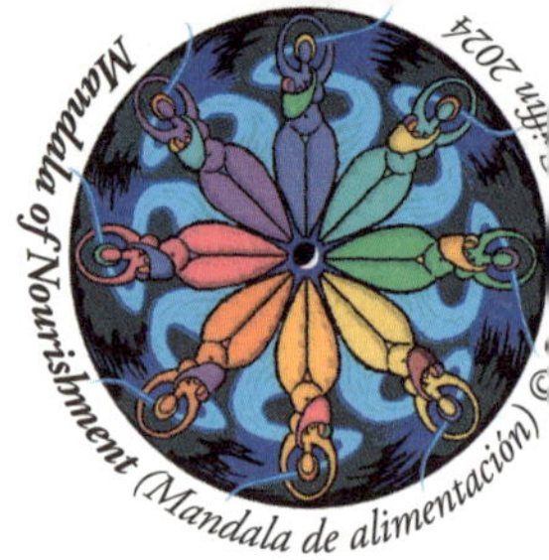

☽☽☽ sombar

♈ ♉

Lunes 28

☽☍☿ 2:50 am v/c
☽→♉ 7:40 am
☽□♂ 8:11 am
☉△♅ 9:22 am
☽□♇ 1:01 pm
☽☍♀ 9:35 pm

♂♂♂ mongolbar

♉

Martes 29

☽□♃ 4:36 pm v/c
☿☍⚷ 8:15 pm

☿☿☿ budhbar

♉ ♊

Miércoles 30

☿→♏ 4:44 am
☽→♊ 10:26 am
☽✶♂ 1:07 pm
☽✶♆ 3:15 pm
☽△♇ 3:41 pm
☽☌♅ 7:43 pm

♃♃♃ brihospotibar

♊

Jueves 1

Octubre

☉△☽ 12:06 am
☽✶♄ 5:49 am
☽PrG 1:52 pm
☽✶♃ 7:42 pm v/c

♀♀♀ sukrobar

♊ ♋

Viernes 2

☿□♂ 2:14 am
☿⚻♆ 8:14 am
☽→♋ 12:54 pm
☿□♇ 1:43 pm
♂△♆ 3:17 pm
☽□♆ 5:38 pm
☽△☿ 6:36 pm

Todos los datos astrológicos están en PDT; Añadir 3 horas a EST; Añadir 7 horas al GMT

Chah chim hii yup tiic mis akin:

Hacer las cosas bien usando los elementos sagrados

Cincuenta de nosotres nos reunimos en el lago Kennedy en los parques tribales Tla-o-qui-aht. La lluvia costera caía a cántaros. A nadie parecía importarle. El corazón y la fortaleza de esta comunidad se reflejan en el fuego que arde en la playa. Una persona anciana sabia nos ha convocado aquí para una ceremonia—para sanar juntes, para conectarnos entre nosotres, con los cuatro elementos y las cuatro razas. Suenan los tambores. Una voz se alza en una canción y comenzamos.

Se invocan las cuatro direcciones; los ancestros vienen a presenciar. Cuatro personas hacen una ofrenda de águila al fuego. Oraciones por el fuego. Se convoca a cuatro abuelas para que ofrezcan oraciones para el aire. Cada une de nosotres reza sobre un vaso de agua, el cual se le da en ofrenda al lago. Oraciones por el agua. Todos rezamos sosteniendo un puñado de tierra y lo colocamos en un hoyo donde plantamos un árbol. Oraciones por la tierra.

Cuatro mujeres se acercan para representar a sus ancestros—la encarnación viviente de cada una de las cuatro razas. Abrazo a mis ancestros africanos mientras represento a la raza negra. Nos pasamos ramas de cedro para limpiar el dolor de la separación. Las cuatro de nosotras nos reunimos, tomadas de la mano, agarrando el águila. El resto del grupo nos rodea, con las manos sobre los hombros de los participantes hasta que formamos un grupo gigante bajo la lluvia, todes rezando por la sanación que este mundo necesita. Hacemos una ofrenda del águila al fuego. Rezamos por la humanidad. Una hermosa y joven NuuChahNulth es llamada al frente para simbolizar a los futuros ancestros. Envuelta en una manta colorida; representa la esperanza. Ella es nuestra oración por el futuro.

♄♄♄ sonibar

♋ **Sábado 3**

♀R 12:16 am
☽△♀ 3:15 am
♂☍♇ 3:39 am
☉□☽ 6:25 am
☽□♄ 8:08 am v/c

Luna cuarto menguante en ♋ Cáncer 6:25 am PDT

☉☉☉ robibar

♋ ♌ **Domingo 4**

☉☍♄ 5:29 am
♄PrG 7:16 am
☿⚻♅ 10:21 am
☽→♌ 3:54 pm
☽△♆ 8:37 pm
☽☍♇ 9:13 pm
☽☌♂ 11:01 pm

Octubre

Mí Deireadh Fomhair

conjurar

está bien creer
que traes la lluvia
con la danza o el tambor
o con la lengua
nos elevamos y caemos como u

© Xelena González 2014

☽☽☽ Dé Luain

♌

Lunes 5

☽✶♅ 1:15 am
☽□☿ 2:43 am
☽□♀ 6:20 am
☽△♄ 11:11 am
☉✶☽ 1:38 pm

♂♂♂ Dé Máirt

♌ ♍

Martes 6

☽☌♃ 3:22 am v/c
☿☌♀ 5:10 pm
☽→♍ 7:52 pm

☿☿☿ Dé Céadaoin

♍

Miércoles 7

♂✶♅ 3:41 am
☽□♅ 5:22 am
☽✶♀ 10:08 am
☽✶☿ 11:56 am v/c

♃♃♃ Dé Ardaoin

♍

Jueves 8

Sin aspectos exactos

♀♀♀ Dé Haoine

♍ ♎

Viernes 9

☽→♎ 1:10 am
☿⚻♄ 1:55 am
☽☍♆ 5:55 am
☽△♇ 6:44 am
☽△♅ 10:51 am
☽✶♂ 1:26 pm
☽☍♄ 8:54 pm

La oscuridad insiste en su espacio

Comienza con un fósforo común de cocina.
Enciende la caja de cartón
hasta que la chispa se convierta en llama. Tócala
con el votivo en un altar para la luna
esparcido sobre un lecho de tierra excavado dos veces, tamizada,
y adornado con flores de luna. Descubre
el espejo de adivinación de ónix. Llena una palangana plateada
con agua de manantial, pesa nueces, zanahorias
y chips de manzana en un recipiente azul marino.
Desbloquea la balanza con medidas
en trece incrementos. Mide
tus sueños y deseos oscuros; deposita
tus secretos en el platillo para pesarlo; equilibra
con piedras lunares hasta que se produzca el balance.
Adivina el resultado, la respuesta, la esperanza o el miedo.
Llama a las criaturas de la noche a su festín.
Mañana, entierra tus piedras lunares en la tierra.
Ofrece una oración de gratitud. Espera.

¤ *Christine Irving 2022*

♄♄♄ Dé Sathairn

♎ ●

Sábado

10

☉☌☽ 8:50 am
♀□♂ 2:31 pm
☽⚹♃ 4:07 pm v/c

Luna nueva en ♎ Libra 8:50 am PDT

☉☉☉ Dé Domhnaigh

♎ ♏ ●

Domingo

11

☽→♏ 8:21 am
☽□♇ 2:08 pm
☽☌♀ 9:27 pm
☽□♂ 11:43 pm

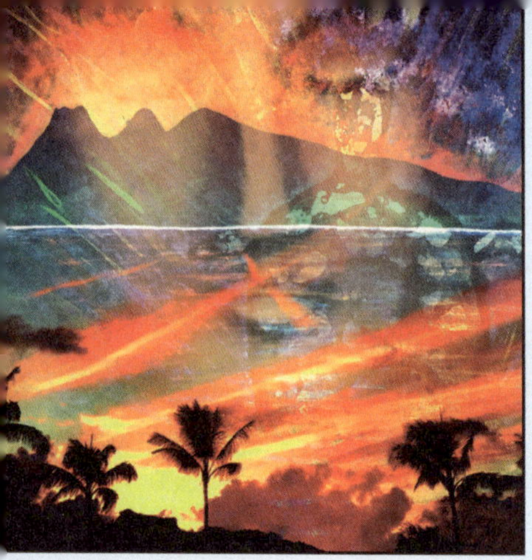

Sleeping Giant Dreamtime
(El sueño del gigante dormido)
© Kathy Stanley 2023

En vísperas de tu muerte

en vísperas de tu muerte
una luna llena se elevó en tu cielo
por última vez
fortaleciendo el trabajo de tu vida
que puso la base de tu vida
como la alfombra luminosa
de la muerte
dispuesta para ti
tus antepasados,
humanos y animales por igual
hicieron su primordiales
y diligentes preparativos
para tu ceremonial regreso a casa

cada uno conocía su papel y trabajaba en silencio
con mucho cuidado para volver a ser visible para ti una vez más

uno recogió la luz
uno recogió la vibración
uno recogió el color

el día de tu muerte
mientras tus últimos alientos se preparan para dejar tu cuerpo
tus antepasados, amados muertos, se susurran unos a otros
oraciones de ablandamiento y facilidad
te rodean con amor y te ayudan a abrir la cremallera
de la tela de tu cuerpo físico
en su presencia amorosa y trascendente
mientras tus ojos se abren al reino del misterio
el velo se disuelve y tu alma se libera
los ves con gran claridad a tu alrededor
uno a uno cantan tu canción de cruce
una gran paz y alegría entra en ti
una expansión liberadora que nunca has conocido
bienvenide a casa, queride
hemos estado esperando

¤ *Tasha Zigerelli 2024*

XI. EL OTRO LADO

Luna XI: octubre 10–noviembre 8

Luna nueva en ♎ Libra oct. 10; Sol en ♏ Escorpio oct. 23; Luna llena en ♉ Tauro oct. 25

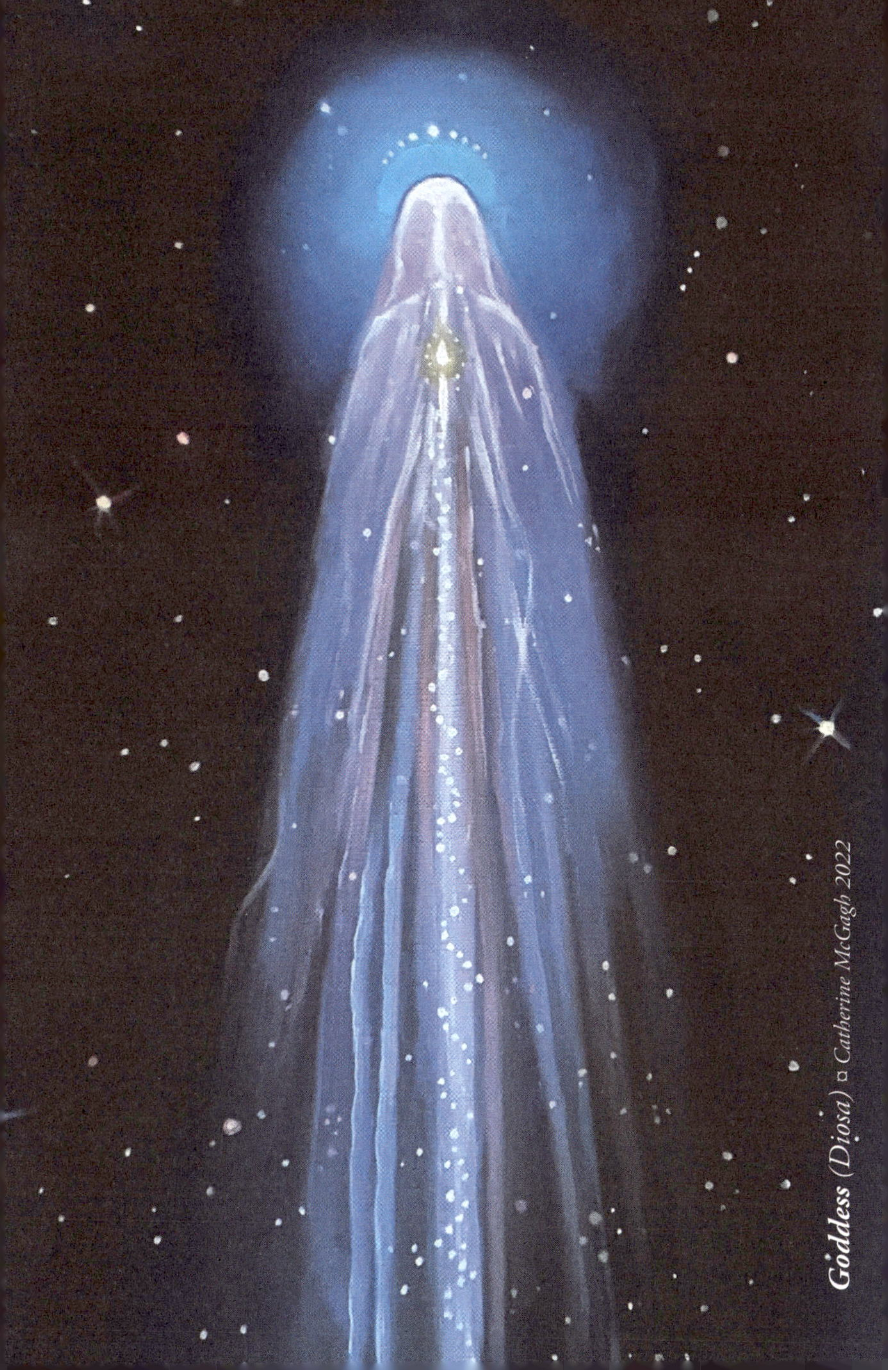

***Goddess** (Diosa)* ¤ *Catherine McGagh 2022*

Octubre
October

☽☽☽ Monday

♏ **Lunes 12**

☽☌☿ 11:48 am

este borde afilado
de un mundo cayendo
y uno nuevo surgiendo
me tiene sin aliento por la pérdida
pero también con deleite
el nacimiento y la muerte son tesoro
no para los débiles de corazón

fragmento ¤ Lena Luna 2020

♂♂♂ Tuesday

♏ ♐ **Martes 13**

☽□♃ 1:46 am v/c
☽→♐ 5:59 pm
☽△♆ 10:55 pm

☿☿☿ Wednesday

♐ **Miércoles 14**

☽⚹♇ 12:02 am
☽☍♅ 4:18 am
☽△♂ 12:51 pm
☽△♄ 2:44 pm

♃♃♃ Thursday

♐ **Jueves 15**

☉⚹♃ 1:22 am
☽△♃ 1:58 pm
☉⚹☽ 2:55 pm v/c
♇D 7:40 pm

♀♀♀ Friday

♐ ♑ **Viernes 16**

♂△♄ 1:32 am
♀⚻♅ 1:39 am
☽→♑ 5:57 am
☽□♆ 10:53 am
☽⚹♀ 3:51 pm
☽ApG 4:03 pm

Cuando el llegue el final

Cuando llega el final
míralo a los ojos
pregúntale qué quiere

no corras
escúchalo susurrar,
es hora de dejarlo ir.

Mira las hojas de tu vida.
crecer brillantes como el fuego
siente cómo se mueven
y se inclinan
y caen

recoge los días sobrantes
y enciéndelos

cuando llegue el final
enróllate alrededor de él
deja que venga
el lamento salvaje

cuando estés vacío de
todo sonido
y sólo haya fuego
y la ceniza de los días,
cuando puedas caminar de nuevo
a lo largo de las pálidas laderas
entre la noche y el día

mira arriba

el ángel de *solía ser*
se ha convertido en *ahora.*

¤ *Beki Test 2023*

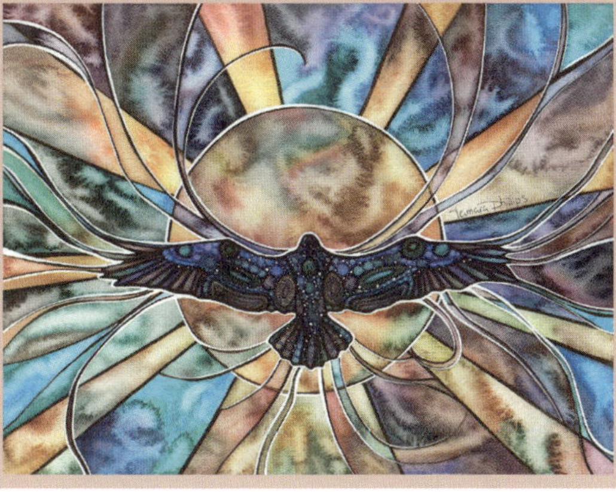

Osprey
(Águila Pescadora)
© Tamara Phillips 2022

♄♄♄ Saturday

♑ Sábado 17

☽□♄ 2:50 am
☽⚹☿ 8:07 pm

☉☉☉ Sunday

♑ ♒ Domingo 18

☉□☽ 9:13 am v/c
☽→♒ 6:40 pm
☽⚹♆ 11:26 pm

Luna cuarto creciente en ♑ Capricornio 9:13 am PDT

Octubre

listopad

☽☽☽ ponedjeljak

♒

Lunes
19

☽☌♇ 12:49 am
☽□♀ 1:52 am
☽△♅ 4:51 am
☽⚹♄ 2:51 pm
☽☍♂ 7:24 pm
♀□♇ 11:56 pm

♂♂♂ utorak

♒

Martes
20

☽□☿ 10:42 am
☽☍♃ 3:49 pm

☿☿☿ srijeda

♒
♓

Miércoles
21

☉△☽ 1:42 am v/c
☽→♓ 5:35 am
♀⚻♆ 6:39 am
☽△♀ 9:51 am
☽□♅ 3:06 pm
☉☍⚷ 3:26 pm

♃♃♃ četvrtak

♓

Jueves
22

⚷PrG 7:04 pm
☽△☿ 8:31 pm v/c

♀♀♀ petak

♓
♈

Viernes
23

☉→♏ 2:38 am
☽→♈ 12:53 pm
☽☌♆ 4:54 pm
☽⚹♇ 6:21 pm
☉☌♀ 8:44 pm
☽⚹♅ 9:38 pm

☉→♏

Sol en ♏ Escorpio 2:38 am PDT

Año 2026: Una mirada para ♏ Escorpio (oct. 22–nov. 21)

En el 2026, Plutón en Acuario desafiará tu relación con el poder, el éxito y el control. Es posible que sientas la necesidad de afirmar tu dominio a través de la prosperidad material o las demostraciones externas de riqueza, especialmente en el lugar de trabajo. Sin embargo, Plutón te recordará que el verdadero poder proviene de la estabilidad interior, y no de la ostentación. Si te concentras demasiado en el obtener validaciones externa, perderás la oportunidad de presenciar verdaderas experiencias de satisfacción.

Este año, tendrás que tener cuidado con el exceso de trabajo. Es posible que tengas ganas de aceptar todas las oportunidades profesionales o de voluntariado que se te presenten, pero Plutón te incitará a priorizar el bienestar emocional sobre la productividad. El hecho de que puedas hacerlo todo, no significa que debas. Ten cuidado con la falta de dormir o el agotamiento emocional ante tu búsqueda del éxito.

Los temas sobre el hogar y la estabilidad también ocuparán un lugar central este año. Ya sea que durante un tiempo busques el lugar perfecto o estés queriendo mudarte a un lugar más pequeño, es posible que te des cuenta de que tu hogar está más cerca de lo que crees—ya sea que eso signifique establecerte en una ciudad cercana o mudarte a un nuevo país. Sin embargo, recuerda que aunque un sentido de hogar con raíces profundas está ligado con un sentido de seguridad, al concentrarte en tu mundo interior, cultivarás la paz que has estado buscando, sin importar dónde te encuentres. *Monisha Holmes © Mother Tongue Ink 2025*

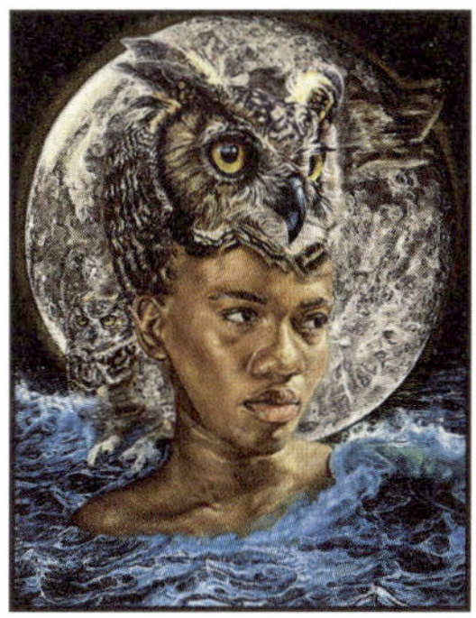

High Priestess
(Alta Sacerdotisa)
© Amuri Morris 2024

♄♄♄ subota

♈

Sábado
24

☿R 12:12 am
☽☌♄ 6:06 am
☽△♂ 3:05 pm
♀PrG 6:36 pm

☉☉☉ nedjelja

♈
♉

Domingo
25

♀→♎ 2:10 am
☽△♃ 5:36 am
☉⊼♆ 8:14 am
☽☍♀ 3:59 pm v/c
☽→♉ 4:35 pm
☉☍☽ 9:12 pm
☽□♇ 9:45 pm

Luna llena en ♉ Tauro 9:12 pm PDT

Octubre
Ashshin

☽☽☽ sombar

♉

Lunes
26

☉□♇ 5:12 am
☽□♂ 7:18 pm

♂♂♂ mongolbar

♉
♊

Martes
27

☽☍☿ 2:11 am
☽□♃ 7:51 am v/c
☽→♊ 6:02 pm
☽⚹♆ 9:34 pm
☉⚻♅ 10:29 pm
☽△♇ 11:06 pm

☿☿☿ budhbar

♊

Miércoles
28

♀☍⚷ 12:35 am
☽☌♅ 1:52 am
☽⚹♄ 9:31 am
☽PrG 11:13 am
☽⚹♂ 10:06 pm

♃♃♃ brihospotibar

♊
♋

Jueves
29

☽⚹♃ 9:17 am
☽△♀ 2:43 pm v/c
☽→♋ 7:05 pm
☽□♆ 10:35 pm

♀♀♀ sukrobar

♋

Viernes
30

☉△☽ 6:55 am
☿□♂ 10:20 am
☽□♄ 10:35 am

Lecciones de Samhain

Escucha las voces de las abuelas en el viento.
Atención a las lecciones sobre la paleta de colores de oro y óxidos del otoño.
Siente el vapor que surge de un caldero de posibilidades
y cuídalo bien y sabiamente.
porque algo ha estado en remojo y está casi listo para poderlo degustar.
Deja que el manto del misterio se pose sobre tus hombros,
el color de la lluvia y las sombras.
Alerta a los regalos que surgen desde abajo
tan suave, silencioso y sorprendente como un hongo.
Estás conectado a una red de maravillas invisibles.
Haz tu propia canción con notas de coyote y trueno.
Conténtate con no saber, con la sabiduría de los sueños,
con sabor a té de manzanilla y preguntas.
Pasea por la niebla,

busca maestros en pezuña y en ala.
Encuentra todos los restos
del significado de puedes
y saboréalos
con reverencia y paciencia.
Recuerda que
lo que consumes
es lo que creas.
Sigue a donde necesitas ir.
Vuelve deshecho.
Desenreda la obligación
y el deseo
y baila con las cenizas,
huesos y pena.
Haz una ofrenda de devoción.
tan profundo y curioso
como la noche.
Apoya tu mano contra
la oración que late
dentro de tu pecho.
Recuerda y espera.

© Molly Remer 2021

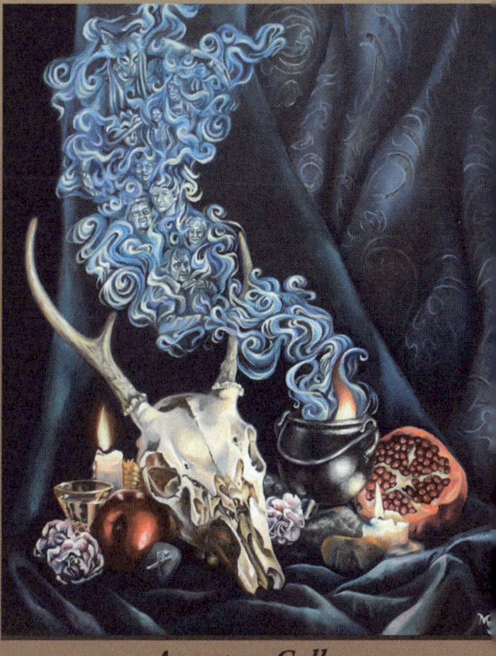

Ancestors Call
(Llamado de les Ancestres)
© Melissa Stratton Pandina 2022

Compartiendo el eclipse

(para mi hermana Julie)

En los extremos opuestos del teléfono,
vimos el eclipse juntas.
Maravillándonos mientras la luna avanzaba
centímetro a centímetro
para tapar el sol.

Compartimos imágenes
y hablamos de la oscuridad invasora,
y las extrañas sombras circulares que aparecen en mi patio.

Ambas nos quedamos en silencio
mientras la luna borraba lentamente al sol,
Y de repente todos los perros y pájaros se callaron.
Convertir lo conocido en lo desconocido.

Y si hubiera sabido que
esa sería nuestra última conversación normal
que alguna vez tendríamos—
Habría intentado prolongarlo,
o grabarlo—
o incluso. . .
ir a hablar contigo, cara a cara,
sin importar la espeluznante oscuridad.

Pero los eclipses traen cambios.
Se trata de sincronizar y esperar.
Y mientras esperaba en la oscuridad,
tu hora había llegado,
tu espera había terminado.

Y a medida que la luz regresaba lentamente,
ya te habías alejado,
siguiendo a la luna a casa

eclipse

Me siento con la luna como la sombra
los bordes sobre ella, las olas la
erosionan,
y luego el rojo,
siempre existe el costo,
sangre—nacimiento/muerte

fragmento © Antonia Matthew 2001

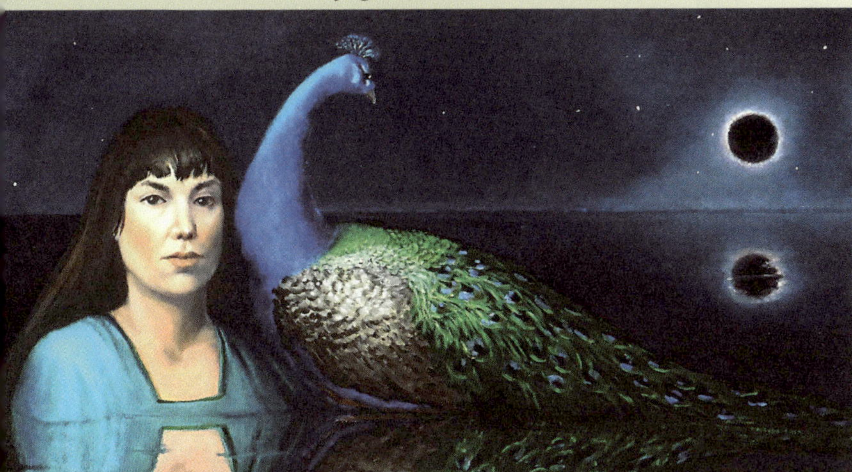

***Vigil** (Vigilia)* © *Sandra Stanton 2017*

♄♄♄ sonibar

♋ ♌

Sábado 31 Samhain / Hallowmas

☽△☿ 12:02 am
☽□♀ 2:59 pm v/c
☽→♌ 9:18 pm

☉☉☉ robibar

♌

Domingo 1 Noviembre

☽△♆ 12:51 am
☽☍♇ 2:39 am
☽⚹♅ 4:16 am
☉⚻♄ 8:01 am
☽△♄ 12:08 pm
☉□☽ 12:28 pm
☽□☿ 10:26 pm

Finaliza el horario de verano 2:00 am PDT
Luna cuarto menguante en ♌ Leo 12:28 pm PST

Noviembre

Mí na Samhna

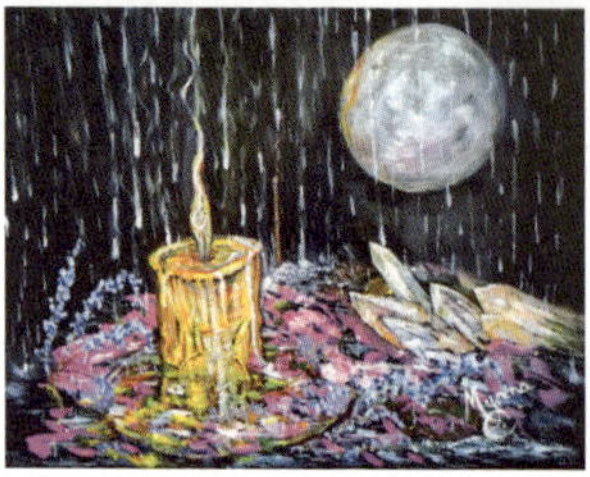

☽☽☽ Dé Luain

♌

Lunes

2

☽☌♂ 5:49 am
☽☌♃ 2:50 pm
☽⚹♀ 4:10 pm v/c

♂♂♂ Dé Máirt

♌ ♍

Martes

3

☽→♍ 12:28 am
☿PrG 5:26 am
☽□♅ 8:36 am
☉⚹☽ 9:34 pm
☽⚹☿ 10:57 pm v/c

☿☿☿ Dé Céadaoin

♍

Miércoles

4

♀⚹♃ 2:31 am
☉☌☿ 6:24 am

♃♃♃ Dé Ardaoin

♍ ♎

Jueves

5

☽→♎ 6:38 am
☽☍♆ 10:18 am
☽△♇ 12:28 pm
☽△♅ 2:54 pm
☽☍♄ 11:12 pm

♀♀♀ Dé Haoine

♎

Viernes

6

☿⚻♄ 9:23 pm
☽⚹♂ 11:01 pm

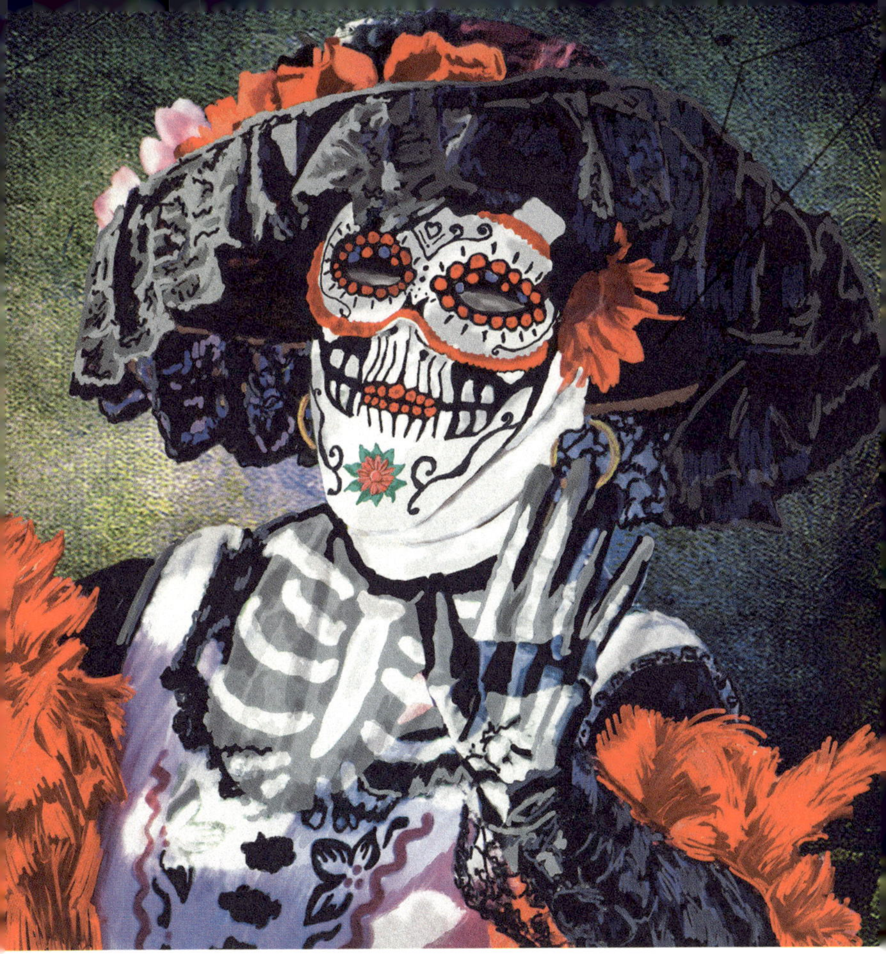

Dama Roja ¤ *Lyndia Radice 2015*

♄♄♄ Dé Sathairn

♎ ♏

Sábado
7

☽☌♀ 2:50 am
☽⚹♃ 5:20 am v/c
☽→♏ 2:40 pm
☽□♇ 8:44 pm

☉☉☉ Dé Domhnaigh

♏

Domingo
8

Lunar Samhain

☽☌☿ 5:02 am
☉☌☽ 11:02 pm

Luna nueva en ♏ Escorpio 11:02 pm PST

Pertenecer

Girando círculos en el estanque del tiempo tejemos nuestras vidas. Galaxias de primicias, ya hemos estado aquí antes. Sorprendida por cada amanecer, despertada con cada atardecer y renacida con cada respiro.

Corrientes ondulantes nos desplazamos a través del éter de lo que una vez estuvo informe. Morimos y nacemos a un ritmo que elude los sentidos que nos atrevemos a reconocer. No somos las mismas que éramos.

No es una tragedia. No es un misterio. Es la canción de nuestras vidas entretejida en el tejido mismo de este mundo. Viajando a través de galaxias de raíces inolvidables, vivimos, respiramos, tejemos, cambiamos.

No es una tragedia. Es un regalo, para tener y retener, para dar y recibir. Círculos arremolinados en el charco del tiempo que generamos. Sorprendido por el beso recurrente de soles nacientes y lunas ponientes. Estuvimos aquí antes. En las galaxias de primicias escribimos comienzos, un final a la vez. Al mover las linternas al anochecer, es posible que nos escuches tejer nuestras vidas, reclamando pertenencia bajo el sol de medianoche.

XII. VOLVERSE COMPLETA

Luna XII: noviembre 8–diciembre 8

Luna nueva en ♏ Escorpio nov. 8; Sol en ♐ Sagitario nov. 21; Luna llena en ♊ Gêminis nov. 24

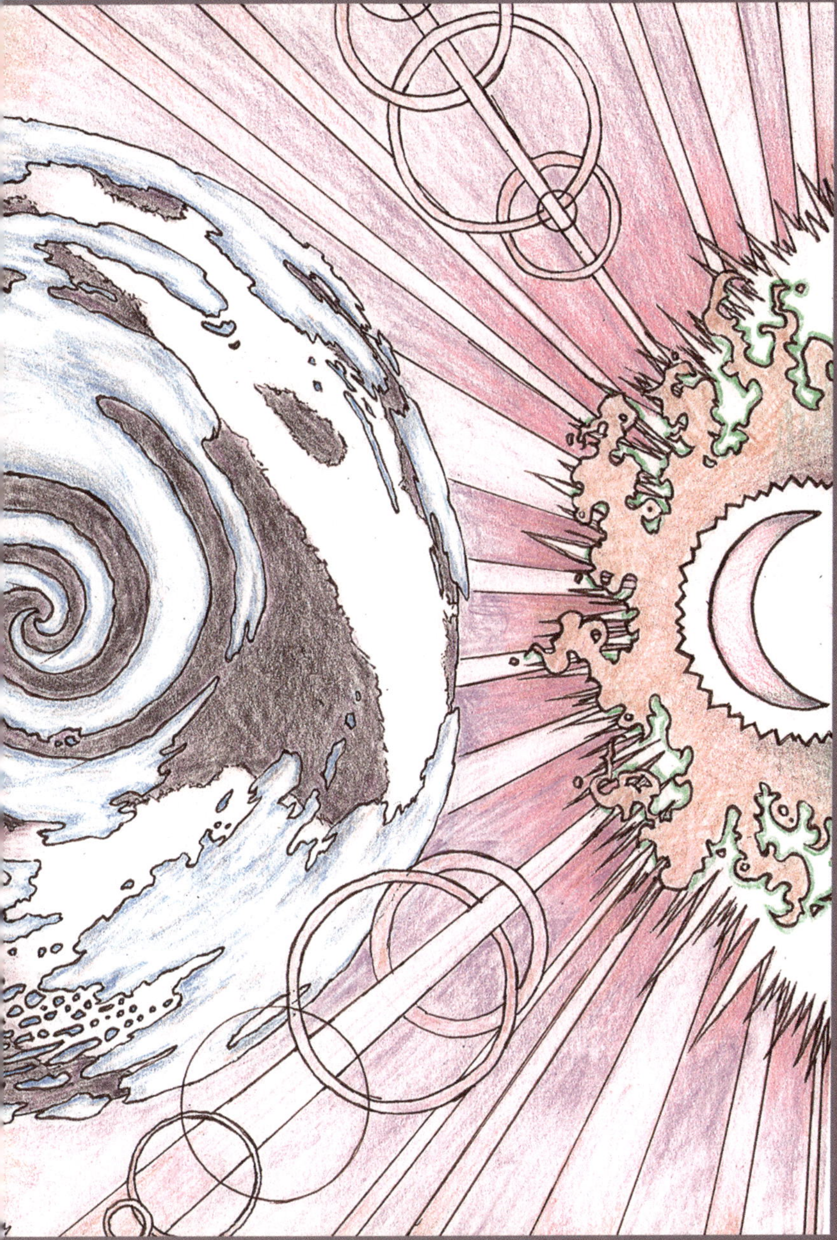

***Daytime** (De día)* © *P. G. Macias 2022*

Noviembre
November

☽☽☽ Monday

♏

Lunes
9

☽□♂ 10:43 am
☽□♃ 3:25 pm v/c
♀✶♂ 10:47 pm

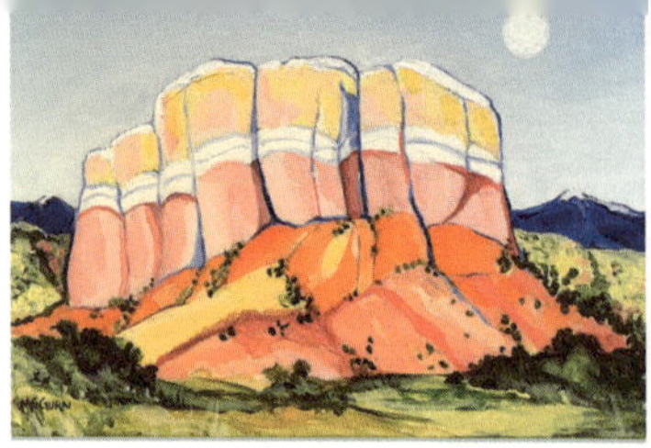

Moon Over Kitchen Rock
(La Luna sobre la piedra de la cocina)

♂♂♂ Tuesday

♏
♐

Martes
10

☽→♐ 12:36 am
☽△♆ 4:20 am
☽✶♇ 6:56 am
☽☍♅ 9:04 am
☽△♄ 5:48 pm

☿☿☿ Wednesday

♐

Miércoles
11

☽✶♀ 10:11 pm

♃♃♃ Thursday

♐
♑

Jueves
12

☽△♂ 12:35 am
☽△♃ 3:29 am v/c
☽→♑ 12:27 pm
☽□♆ 4:13 pm
☽✶☿ 10:40 pm

♀♀♀ Friday

♑

Viernes
13

☽□♄ 5:52 am
☿D 7:54 am
☽ApG 9:53 am
♀D 4:27 pm

Piedras sedimentarias

Algunas personas están forjadas
por años de presión,
acumulación de
pequeños momentos juntos.
Los depósitos de las ideas
y expectativas de los demás.

Y si tienes la suerte
de ganar tu estriación
tu estratificación—
entonces espero que recuerdes
cada capa que te formó

Espero que recuerdes
la forma en que el
río fluía
sobre ti. Espero que
recuerdes lo que se siente
ser
moldeado por este mundo.

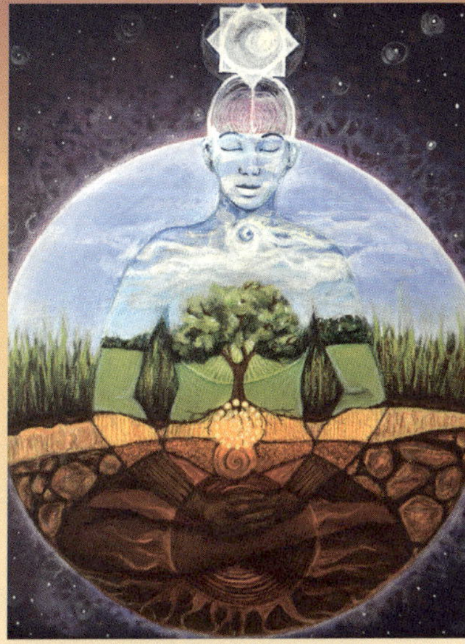

A Living Prayer
(Una oración viviente)
© Meridian Azura 2016

Y en respuesta,
Espero que aprendas que
la arcilla de tu alma
todavía espera el
toque de tus manos
para ser
moldeada
para este mundo.

© B.G. Craig 2020

♄♄♄ Saturday

♑

Sábado
14

☉✶☽ 9:54 am
☽□♀ 10:55 am v/c

☉☉☉ Sunday

♑
♒

Domingo
15

☽→♒ 1:24 am
☽✶♆ 5:06 am
☽☌♇ 8:04 am
☽△♅ 9:43 am
☽□☿ 12:28 pm
☽✶♄ 6:33 pm
♂☌♃ 10:24 pm

Noviembre

studeni

☽☽☽ ponedjeljak

♒

Lunes
16

☽△♀ 11:44 pm

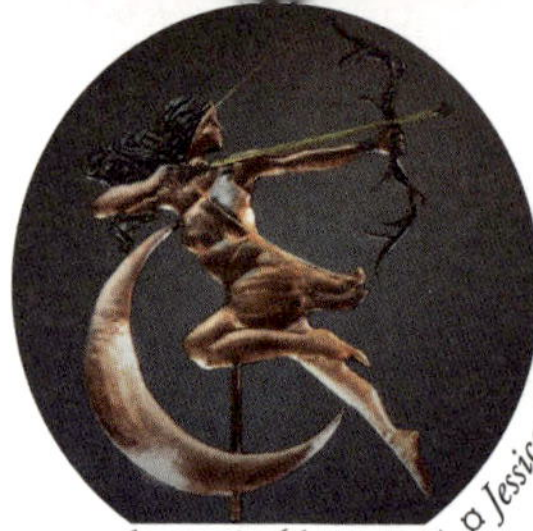

Artemis *(Artemisa)* ◘ *Jessica*

♂♂♂ utorak

♒
♓

Martes
17

☉□☽ 3:48 am
☽☍♃ 5:28 am
☽☍♂ 6:26 am v/c
☽→♓ 1:19 pm
☽□♅ 9:06 pm

Luna cuarto creciente en ♒ Acuario 3:48 am PST

☿☿☿ srijeda

♓

Miércoles
18

☉□♃ 1:38 am
☽△☿ 2:46 am

♃♃♃ četvrtak

♓
♈

Jueves
19

♂△⚷ 2:41 am
☉⚻⚷ 6:37 am
☉□♂ 9:49 am
☉△☽ 5:46 pm v/c
☿⚻♄ 6:16 pm
☽→♈ 9:52 pm

♀♀♀ petak

♈

Viernes
20

☽☌♆ 1:03 am
☽⚹♇ 3:56 am
☽⚹♅ 4:54 am
☽☌♄ 12:44 pm

Año 2026: Una mirada para ♐ Sagitario (nov. 21–dic. 21)

En el 2026, Plutón en Acuario te traerá un crecimiento emocional a niveles más profundos. Se te conoce por tu espíritu aventurero, pero este año te desafiará a mirar hacia adentro y explorar las profundidades de tu mundo emocional. Tus búsquedas habituales hacia el conocimiento y la exploración pasarán a un segundo plano ante un sentido de vulnerabilidad y la conexión en particular con la relación romántica y familia.

Es posible que el coqueteo o las conexiones casuales tengan el potencial de volverse más serias, pero es fundamental que reconozcas que un potencial es a menudo sólo una proyección de tus fantasías. Debes aceptar a las personas tal y como son, no como tu quisieras que fueran. Si el camino de alguien no se alinea con el tuyo, esto es entonces una distracción, y no una conexión donde valga la pena invertir.

Este año, tendrás que tratar tu aspecto emocional como si se tratase de una misión personal, así como lo haces con la búsquedas del conocimiento o las aventuras. Si aceptas tu lado emocional y te permites ser vulnerable, crearás relaciones más sólidas y significativas, y obtendrás claridad de propósito, tanto en tu ser interior, como con el mundo en general. Ignorar estas emociones podría resultar en un sentido de estar perdido o desconectado—vagando sin rumbo. Al balancear tus búsquedas intelectuales con la profundidad emocional, crearás un estado más estable en cuanto a tu sentido de hogar y de pertenecer, tanto dentro como fuera.

Monisha Holmes © Mother Tongue Ink 2025

♄♄♄ subota

♈

Sábado
21

☽☍♀ 4:10 pm
☽△♃ 7:58 pm
☉→♐ 11:23 pm
☽△♂ 11:38 pm v/c

☉→♐

Sol en ♐ Sagitario 11:23 pm PST

☉☉☉ nedjelja

♈
♉

Domingo
22

☽→♉ 2:09 am
☽□♇ 7:51 am
☽☍☿ 9:27 pm

Noviembre
Kartik

☽☽☽ sombar

♉ Lunes 23

☉△♆ 4:07 pm
☽□♃ 9:29 pm

Canción didáctica de la lun
Honra el cambio,
siempre es el cambio.
Baila con el cambio,
Convertirse, convertirse en
lo que sea que venga despué
fragmento ¤ Susa Silvermarie 2024

♂♂♂ mongolbar

♉ ♊ Martes 24

☽□♂ 2:09 am v/c
☽→♊ 3:09 am
☽✶♆ 5:53 am
☉☍☽ 6:53 am
☽△♇ 8:39 am
☽☌♅ 9:06 am
☽✶♄ 4:10 pm

Luna llena en ♊ Géminis 6:53 am PST

☿☿☿ budhbar

♊ Miércoles 25

☉✶♇ 9:27 am
☽PrG 1:13 pm
♅PrG 2:33 pm
☉☍♅ 2:41 pm
♂→♍ 3:37 pm
☽△♀ 7:51 pm
☽✶♃ 9:23 pm v/c

♃♃♃ brihospotibar

♊ ♋ Jueves 26

☽→♋ 2:51 am
☽✶♂ 3:09 am
☽□♆ 5:33 am
☽□♄ 3:48 pm

♀♀♀ sukrobar

♋ Viernes 27

☽△☿ 6:31 am
☽□♀ 9:40 pm v/c

Niña estrella

Tu fuiste hecha de
los sacrificios y las oraciones
de tus ancestres
tienes polvo de
estrellas, cometas, planetas
sistemas solares hace mucho olvidados
corriendo en tus venas,
profundo en tus huesos.
así que por supuesto, tú eres magia,
fuiste hecha por ella.

© Alia Alsaif Spiers 2024

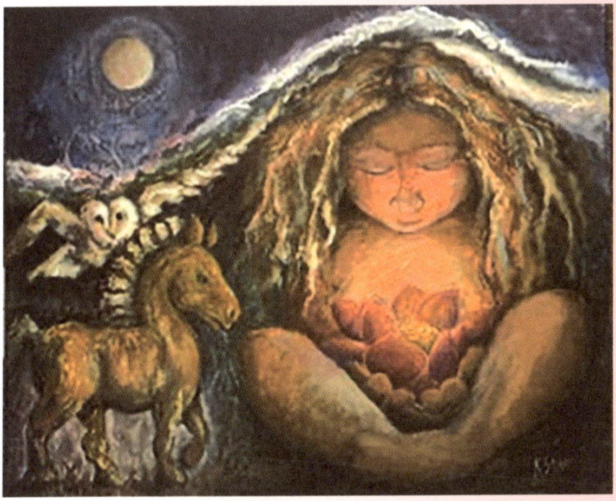

Illuminate
(Illuminar)
© Kym Stine 2023

♄♄♄ sonibar

♋ ♌

Sábado
28

☽→♌ 3:21 am
♀⚹♃ 4:05 am
☽△♆ 6:06 am
☽☍♇ 9:09 am
☽⚹♅ 9:14 am
☉△☽ 2:28 pm
♀☍⚷ 4:17 pm
☽△♄ 4:44 pm

☉☉☉ robibar

♌

Domingo
29

♅△♇ 3:21 am
☽□☿ 1:44 pm
☉△♄ 10:05 pm
♂⚻♆ 10:20 pm

Noviembre / Diciembre

Mí na Samhna / Mí na Nollag

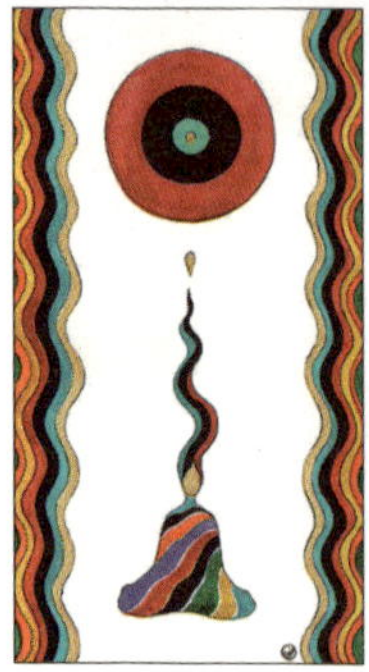

Aspiration *(Aspiración)*

☽☽☽ Dé Luain

♌ ♍

Lunes 30

☽☌♃ 12:35 am
☽✶♀ 2:10 am v/c
☽→♍ 6:13 am
☽☌♂ 9:25 am
☽□♅ 12:17 pm
☉□☽ 10:08 pm

Luna cuarto menguante en ♍ Virgo 10:08 pm PST

♂♂♂ Dé Máirt

♍

Martes 1

Diciembre

♃△⚷ 9:20 pm

☿☿☿ Dé Céadaoin

♍ ♎

Miércoles 2

☽✶☿ 1:11 am v/c
☽→♎ 12:04 pm
☽☍♆ 3:05 pm
☽△♅ 6:18 pm
☽△♇ 6:43 pm

♃♃♃ Dé Ardaoin

♎

Jueves 3

☽☍♄ 2:52 am
☉✶☽ 9:34 am
☿⊼⚷ 9:01 pm
☿□♃ 11:02 pm

♀♀♀ Dé Haoine

♎ ♏

Viernes 4

♀→♏ 12:12 am
♂□♅ 11:28 am
☽✶♃ 2:40 pm v/c
☽→♏ 8:35 pm
☽☌♀ 9:41 pm

Muchas mitades

No todo es shanti shanti
mientras las paredes caen a mi alrededor
mis sueños se alejan patinando,
como en el hielo
no todo son besos y suaves murmullos.
Cuando empiezan los gritos,
las lágrimas fluyen
y el dolor se atasca en mi garganta
no todo es mirar la respiración
y deslizar las cuentas entre los dedos
mientras estoy hasta los codos en
espuma de jabón
y el gato orina en el suelo . . .
Tengo en mis manos
una vida de muchas mitades
y las uno como al rezar
y sonrío
y me maravillo
ante la belleza del todo

¤ *Deborah Thomas 2022*

♄♄♄ Dé Sathairn

♏ ●

Sábado
5

☽✶♂ 3:23 am
☽□♇ 3:37 am
♂⊼♇ 12:24 pm

☉☉☉ Dé Domhnaigh

♏ ●

Domingo
6

☿→♐ 12:33 am
♀⊼♆ 11:05 am

Historias Geológicas

Mira aquí, en las profundidades
un núcleo de recuerdos fosilizados
de la antigüedad esperan para hablar
girando como un círculo de historias
alrededor de una antigua hoguera
guardando para la humanidad
todas las respuestas que buscamos

estas historias pueden mover
las placas tectónicas de la injusticia
las historias de la equidad
duraderas como la pizarra
las historias de la integridad
brillantes como la mica
las historias de la santidad femenina
exquisitas como la arenisca
con vetas ocres.
nuestros planos originales
para vivir
rituales y ceremonias conservadas
aún claros tras milenios
de presión insoportable
de edades de hielo,
inundaciones, impactos de asteroides
siguen hablando a pesar
la amnesia selectiva
de la humanidad.

las antiguas historias
de armonía
que reconocen el
lenguaje del amor
enterrado en el ADN
de cada ser humano
tan real como los petroglifos
y las pirámides
nos dice que aún estamos
a tiempo
para ser íntegros y bellos
para pulirnos
para la bondad
y sostener en lo que
nos hemos convertido
a la luz e irradiar
como cristales de cuarzo
felices en el lecho de un río
cantando sus historias
a través de los continentes.

¤ *Stephanie A. Sellers 2024*

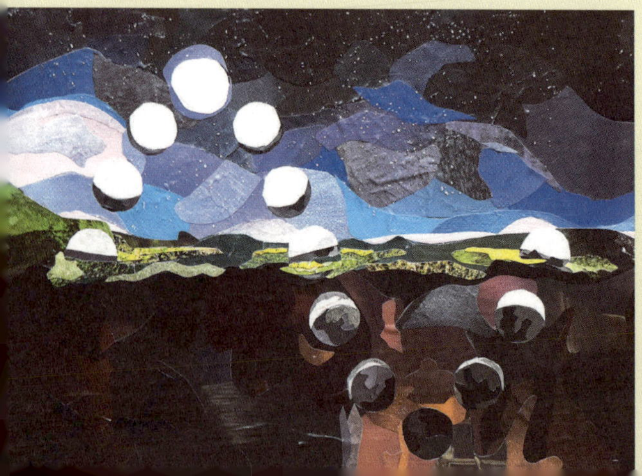

Sine of the Moon
(Seno de la Luna)
© *Pi Luna 2023*

XIII. CAMINO DE LA LUNA

diciembre 8–enero 7

Luna nueva en ♐ Sagitario dic. 8; Sol en ♑ Capricornio dic. 21; Luna llena en ♋ Cáncer dic. 23

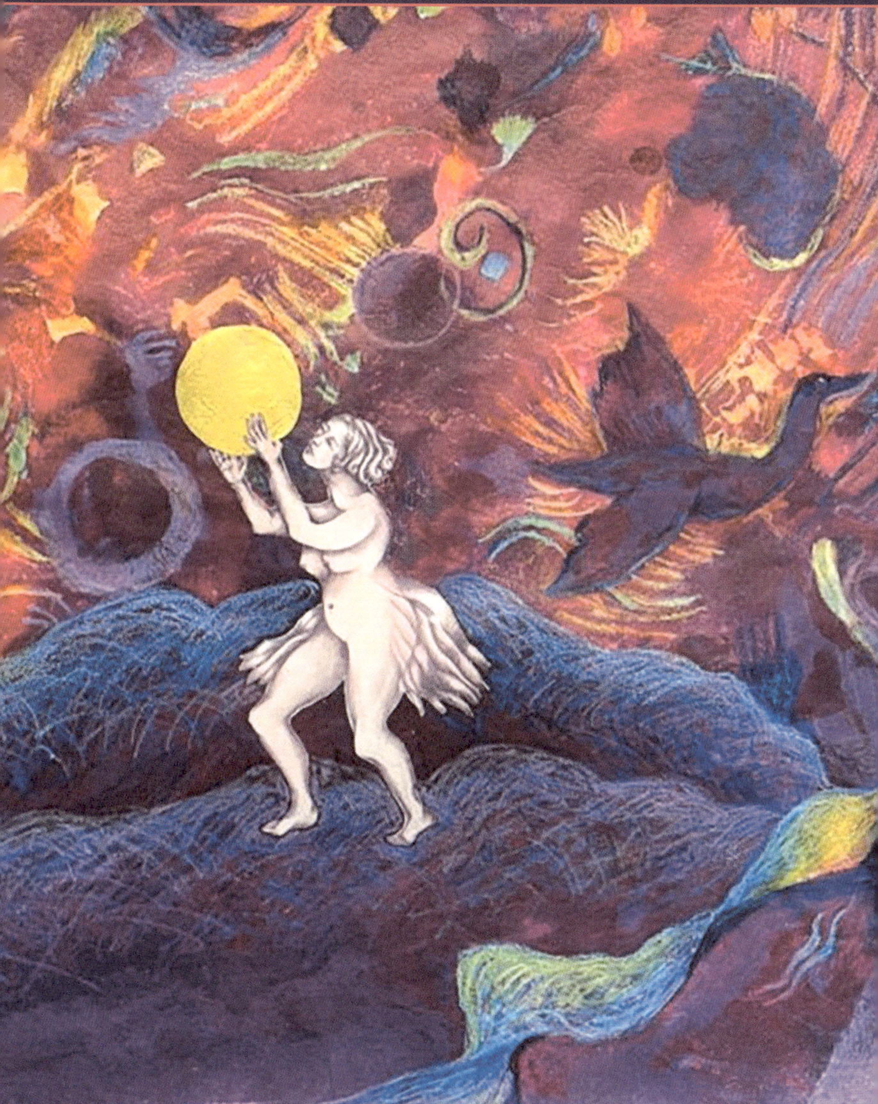

Don't Worry About the Dark,
the Dawn is Coming Soon

(No te preocupes cuando el cielo parezca oscuro,
pronto amanecerá)

Diciembre
December

☽☽☽ Monday

♏ ♐

Lunes 7

☽□♃ 1:07 am v/c
☿△♆ 2:15 am
☽→♐ 7:06 am
☽△♆ 10:19 am
☽☌☿ 11:28 am
☽☍♅ 1:24 pm
☽⚹♇ 2:27 pm
☽□♂ 3:47 pm
☽△♄ 10:52 pm

♂♂♂ Tuesday

♐

Martes 8

☿☍♅ 2:29 am
☿⚹♇ 11:32 am
♀⚻♅ 2:27 pm
☉☌☽ 4:52 pm

Luna nueva en ♐ Sagitario 4:52 pm PST

☿☿☿ Wednesday

♐ ♑

Miércoles 9

☿□♂ 5:40 am
♀□♇ 10:38 am
☽△♃ 1:06 pm v/c
☽→♑ 7:08 pm
☽□♆ 10:24 pm

♃♃♃ Thursday

♑

Jueves 10

☽⚹♀ 3:49 am
☽△♂ 5:40 am
☽□♄ 11:12 am v/c
♄D 3:31 pm
☽ApG 10:46 pm

♀♀♀ Friday

♑

Viernes 11

☿△♄ 5:25 am

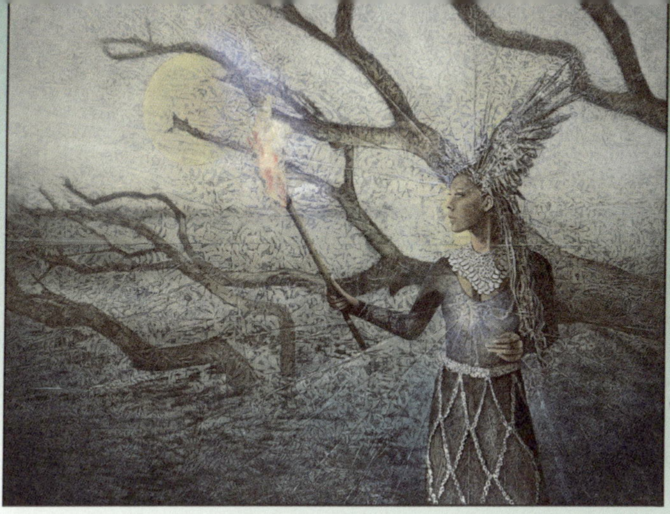

Promethian Fire *(Fuego prometeico)*
© *Kimberly Webber 2024*

Luna salvaje

La luna, ella me habla. Su canción, puedo sentirla agitar mi sangre. Ella me guía por el camino. Luz llevada en recuerdos de estrellas caídas.

Justo aquí, bajo esta luna, llena de historias aún no contadas, me encuentro en el bosque de mi alma, con la sangre agitada por su brillante voz, recordando que lo que soy es un camino cantado vivo a través de mi cuerpo. Oscuridad líquida entrelazada con luz, encuentro que el peso se desliza de mis hombros, el plomo se filtra de mis huesos y descubro que me muevo en círculos cantados despiertos por la naturaleza salvaje de la luna. Justo aquí, en el claro de mi corazón, descubro que he cerrado el círculo.

fragmento © Ina Jain 2024

♄♄♄ Saturday

♑ ♒

Sábado
12

♀✶♂	1:15 am	♆D	2:18 pm
☽→♒	8:05 am	☽☌♇	3:53 pm
☽✶♆	11:22 am	♃R	4:56 pm
☽△♅	2:09 pm	☽□♀	9:06 pm

☉☉☉ Sunday

♒

Domingo
13

☽✶♄	12:13 am
☽✶☿	6:36 am

Diciembre
prosinac

☽☽☽ ponedjeljak

♒ ♓

Lunes 14

☉⚹☽ 5:46 am
☽☍♃ 2:39 pm v/c
♀⊼♄ 6:58 pm
☽→♓ 8:35 pm

♂♂♂ utorak

♓

Martes 15

☽□♅ 2:18 am
☽☍♂ 9:49 am
☽△♀ 1:32 pm

☿☿☿ srijeda

♓

Miércoles 16

☽□☿ 2:57 am
☉□☽ 9:42 pm v/c

♃♃♃ četvrtak

Luna cuarto creciente en ♓ Piscis 9:42 pm PST

♓ ♈

Jueves 17

☽→♈ 6:34 am
☽☌♆ 9:35 am
☽⚹♅ 11:46 am
☽⚹♇ 1:56 pm
☽☌♄ 9:20 pm

♀♀♀ petak

♈

Viernes 18

☉△⚷ 12:49 am
☉△♃ 1:21 pm
☽△☿ 6:14 pm

La llegada

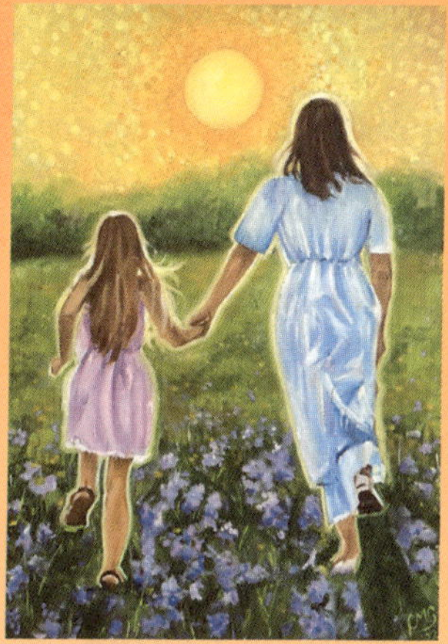

Not Without my Mother
(No sin mi madre)
¤ Catherine McGagh 2022

Una madre nace en la oscuridad, resquebrajada y habiendo atravesado el fuego, está cruda al llegar, con los ojos abiertos por lo tierna que es esta existencia, lo delicadas que son estas manos diminutas.

Al llegar, una madre es sacudida repentinamente fuera de la bolsa, aterriza en un nuevo camino, un sendero pedregoso. Se embarca en un viaje de perdón por todo lo que aún no conoce, y los fantasmas de todas sus madres y abuelas van detrás de ella, persiguiéndola con el perdón que nunca se ofrecieron a sí mismas, y con todo lo que no aprendieron a tiempo. Llora, con los puños llenos de tierra agrietada, hasta poder dejarlos descansar.

Dibujando círculos a su alrededor, en señal de protección, una madre se sienta bajo la luna, en la tranquilidad, con amigos, acurrucada en el bosque, compartiendo sabiduría -o chocando con las olas en furia-, agradecida de que su camino la haya llevado a esta comunión, compartiendo rabia, compartiendo protección, compartiendo amor.

Cuando una madre nace, aprende primero a ser madre de sí misma. Aprende a honrar a todas sus madres. Está llamada a sí misma cada día, a través de sus hijos, a través del cuidado y el servicio sin fin. Está llamada a curar las heridas del pasado y del presente, como está llamada al amor sin límites.

fragmento ¤ Shea Marie Bodine 2019

♄♄♄ subota

♈ ♉

Sábado
19

☽△♃ 7:13 am
☉△☽ 8:40 am v/c
☽→♉ 12:29 pm
☽□♇ 7:23 pm

☉☉☉ nedjelja

♉

Domingo
20

☽△♂ 1:54 am
☽☍♀ 10:13 am
♂⚻♄ 8:13 pm

Solsticio Invierno

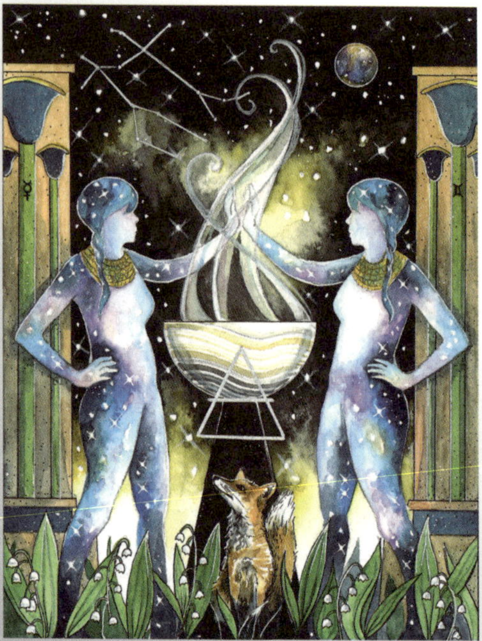

Gemini (*Géminis*) © *Dana*

Tuve que entrar en la oscuridad. Alabar.
Invitar. Alimentar lo real. La sangre,
el vientre afligido, los fantasmas
en mis venas me necesitaban.
Ahora se cantan, ahora se bailan,
ahora se han ido, satisfechos, alimentados, con los ojos húmedos,
tambaleándose a casa y apoyándose unes en otres:
viejes amigues al final de una larga noche,
la noche más larga, esta noche más larga aquí mismo,
ahora mismo. Solsticio: aquí por la luz.
Ahora mi cuerpo está maduro y espacioso,
mis huesos se acomodan unos a otros y vengo
con la boca abierta al campo al amanecer
para alabar la luz naciente. Inclino la cabeza hacia atrás
al amanecer y la invito a fluir por mi garganta.
Alegre, alegre. Mi necesario y doloroso traqueteo
en los rincones sombríos de la psique dio paso
finalmente, a la luz, me dio un lugar
en la luz.

¤ *Emily Kedar 2022*

Recorremos el camino

¿Tenemos ojos para ver? ¿Estamos dispuestas a caminar por los senderos que se bifurcan y se arrastran hacia delante, donde los fantasmas que necesitan testigos pueden ponerse de puntillas y susurrar su gran sufrimiento? Un camino antiguo. El camino de las estrellas. Este grupo de viajeras, nosotras las mujeres, somos así caminantes de las estrellas, pisando ligero, caminando el tiempo. Caminantes del tiempo. El camino por delante, golpeando, golpeando, golpeando nuestros hombros presentes de algo que aún no ha quedado atrás: una maraña de bosques y campos donde las mujeres encontraron destinos dolorosos. Quemadas, golpeadas, ahogadas. Los ecos rebotan entre los árboles, las rocas y las colinas.

Estamos aquí para recordar. Estamos aquí para sanar. Estamos aquí para honrar. Estamos aquí para *volver*. Estamos aquí para nacer.

Respira.

Iremos; recorreremos este viejo camino.

Respira.

Hemos vuelto por ti, hermana. Traemos un manto rojo para que podamos levantarte de la tierra donde yaces, nuestras muchas manos haciendo trabajo de luz. Te sacamos de este bosque sombrío y nos rescatamos a nosotras mismas.

Recorremos el camino.

Comadronas mágicas que desenrollan la telaraña pegajosa, *ahora* estamos tejiendo algo *nuevo*— hilos de Luz, transmutación, renovación. Montamos en el péndulo inverso—¡suban a *este* carro, hermanas! Y aceleremos la oscilación mientras avanzamos por el camino . . . el camino de las mujeres . . . hacia el amanecer del *nuevo* camino.

© Patricia Rose 2023

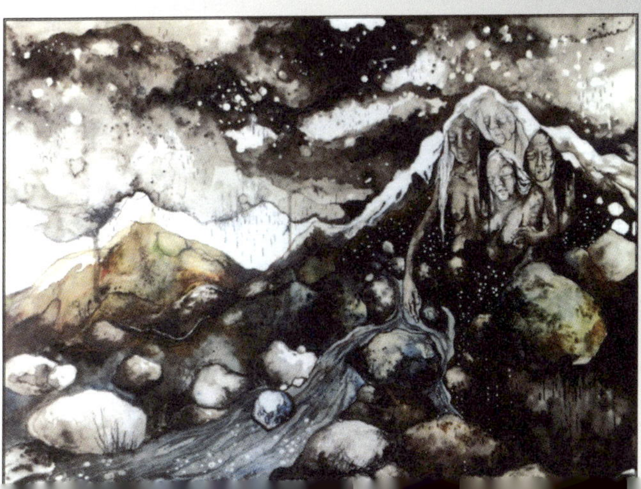

Grandmothers of the Headwaters

(Abuelas de las cabeceras de ríos)

© amara hollow bones 2020

Diciembre
Poush

☽☽☽ sombar

♉ ♊

Lunes 21

☽□♃ 9:26 am v/c
☉→♑ 12:50 pm
☽→♊ 2:27 pm
☽⚹♆ 5:05 pm
☽☌♅ 6:41 pm
☽△♇ 9:00 pm

Solsticio invierno

☉→♑

Sol en ♑ Capricornio 12:50 pm

♂♂♂ mongolbar

♊

Martes 22

☽⚹♄ 3:21 am
☽□♂ 3:46 am

☿☿☿ budhbar

♊ ♋

Miércoles 23

☿△⚷ 2:43 am
☉□♆ 3:37 am
☽☍☿ 8:54 am
☽⚹♃ 9:01 am v/c
☿△♃ 10:03 am
☽→♋ 1:58 pm
☽□♆ 4:33 pm
☉☍☽ 5:28 pm

Luna llena en ♋ Cáncer 5:28 pm PST

♃♃♃ brihospotibar

♋

Jueves 24

☽PrG 12:26 am
☉⚻♅ 12:58 am
☽□♄ 2:39 am
☽⚹♂ 3:37 am
☽△♀ 4:09 pm v/c

♀♀♀ sukrobar

♋ ♌

Viernes 25

☿→♑ 10:22 am
☽→♌ 1:12 pm
☽△♆ 3:51 pm
☽⚹♅ 5:11 pm
☽☍♇ 7:53 pm

Año 2026: Una mirada para ♑ Capricornio (dic. 21–enero 19)

En el 2026, Plutón en Acuario te impulsará a reevaluar tus ideas relativa al éxito, la dinámica de familia y aspectos sobre cómo realizarte. Eres una persona que valora el trabajo duro y los logros, pero este año comenzarás a ver cuánto de ese impulso ha sido moldeado por tu crianza. Plutón te ayudará a darte cuenta de que algunos de los valores que has internalizado sobre tu familia pueden ya no estar alineados con la persona en la que te has convertido, especialmente en lo que respecta al amor y el éxito.

Es posible que reflexiones sobre tu infancia y reconozcas que hay ciertos deseos o rasgos sobre ti que no fueron reconocidos o recompensados, y estos serán en realidad clave para tu crecimiento personal. Esta autorreflexión te ayudará a sanar heridas de la infancia, muchas de las cuales ni siquiera sabías que existían. A medida que sanas, toma nota de cómo estos patrones familiares han influido en tus relaciones románticas y amistades cercanas. Usa lo que has aprendido para ayudar a romper ciclos que ya no te sirven.

También habrá un giro para dejar de perseguir el éxito material basando en la validación externa. Si bien es posible que alguna vez hayas sentido atracción por el símbolo de estatus, en el 2026 sentirás más conexión con lo que realmente se relaciona con tus valores. Ya sea que apoyes marcas ambientalmente sustentables o adoptes el lujo silencioso, encontrarás más satisfacción al vivir en sintonía con tu propia ética, y no con lo que los demás esperan. Este es un año de profunda autorreflexión y crecimiento, que te permitirá dar un paso hacia una vida verdaderamente auténtica.

Monisha Holmes © Mother Tongue Ink 2025

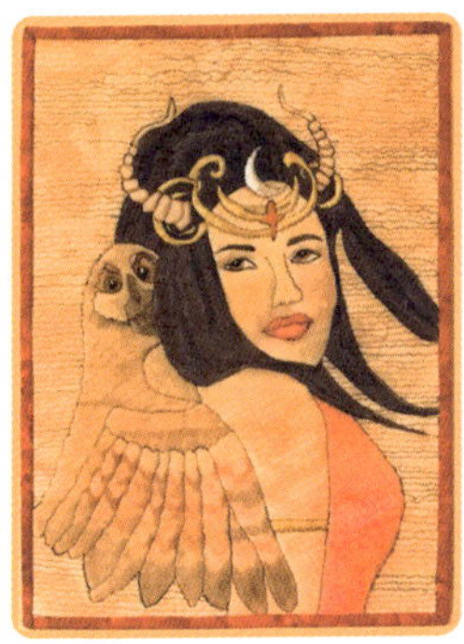

Lilith *© Jamie Graham 2019*

♄♄♄ sonibar

♌ Sábado 26

☽△♄ 2:16 am
☿□♆ 11:47 am
☽□♀ 7:29 pm
☿⊼♅ 11:40 pm

☉☉☉ robibar

♌ ♍ Domingo 27

☽☌♃ 8:38 am v/c
☽→♍ 2:13 pm
☽□♅ 6:18 pm
☽△☿ 8:42 pm

Dic. 2026 / Enero 2027

Mí na Nollag / Mí Eanair

mientras que la roca
es esencial,
la lista de lo que
el agua sabe hacer
es interminable
el milagro que da
a este planeta su título: az

fragmento © Cathy Casper 20

☽☽☽ Dé Luain

♍

Lunes 28

☉△☽ 1:28 am
☿ApH 3:24 am
☽☌♂ 6:13 am

♂♂♂ Dé Máirt

♍ ♎

Martes 29

☽⚹♀ 2:18 am v/c
☉□♄ 3:28 pm
☽→♎ 6:26 pm
☽☍♆ 9:31 pm
☽△♅ 10:42 pm

☿☿☿ Dé Céadaoin

♎

Miércoles 30

☽△♇ 2:14 am
☽□☿ 8:39 am
☽☍♄ 9:31 am
☉□☽ 10:59 am
☿□♄ 3:54 pm

♃♃♃ Dé Ardaoin

Luna cuarto menguante en ♎ Libra 10:59 am PST

♎

Jueves 31

☉△♂ 4:03 am
☿△♂ 3:30 pm
☽⚹♃ 7:27 pm v/c

♀♀♀ Dé Haoine

♎ ♏

Viernes 1

Enero 2027

☽→♏ 2:16 am
☉☌☿ 9:07 am
☽□♇ 10:40 am
☽⚹♂ 9:34 pm

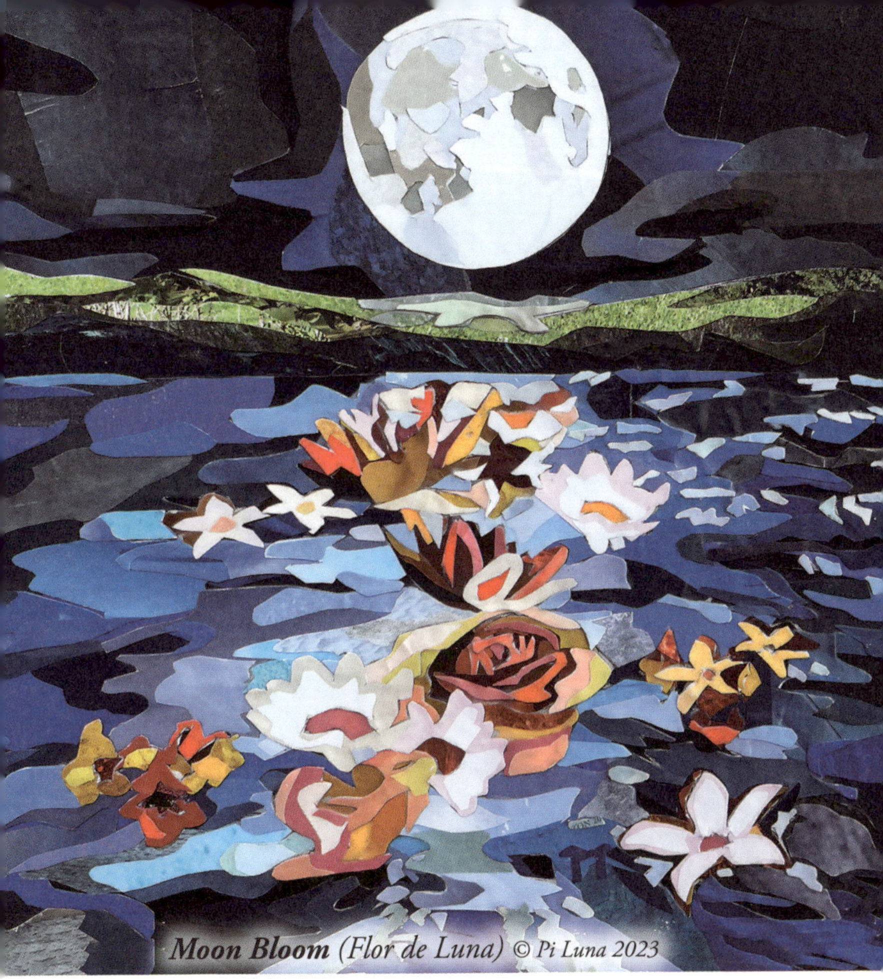

Moon Bloom (Flor de Luna) © Pi Luna 2023

♄♄♄ Dé Sathairn

♏

Sábado
2

☉⚹☽ 12:54 am
☽⚹☿ 1:47 am

☉☉☉ Dé Domhnaigh

♏
♐

Domingo
3

☽☌♀ 5:07 am
☽□♃ 5:33 am v/c
♃△⚷ 8:30 am
♀□♃ 9:55 am
♀⚻⚷ 10:01 am
☽→♐ 12:57 pm
☽△♆ 4:26 pm
☽☍♅ 5:21 pm
☽⚹♇ 9:49 pm

Enero 2027

January

☽☽☽ Monday

♐

Lunes
4

☽△♄ 5:53 am
☽□♂ 9:22 am

♂♂♂ Tuesday

♐

Martes
5

☽△♃ 5:23 pm v/c

☿☿☿ Wednesday

♐
♑

Miércoles
6

☽→♑ 1:17 am
⚷D 1:24 am
☽□♆ 4:54 am
☽□♄ 6:43 pm
☽△♂ 10:18 pm

♃♃♃ Thursday

♑

Jueves
7

☽ApG 12:10 am
♀→♐ 12:53 am
☉☌☽ 12:24 pm
☽☌☿ 9:11 pm v/c

♀♀♀ Friday

Luna nueva en ♑ Capricornio 12:24 pm PST

♑
♒

Viernes
8

☽→♒ 2:11 pm
☽⚹♀ 5:48 pm
☽⚹♆ 5:53 pm
☽△♅ 6:23 pm
♀△♆ 6:44 pm
☽☌♇ 11:31 pm

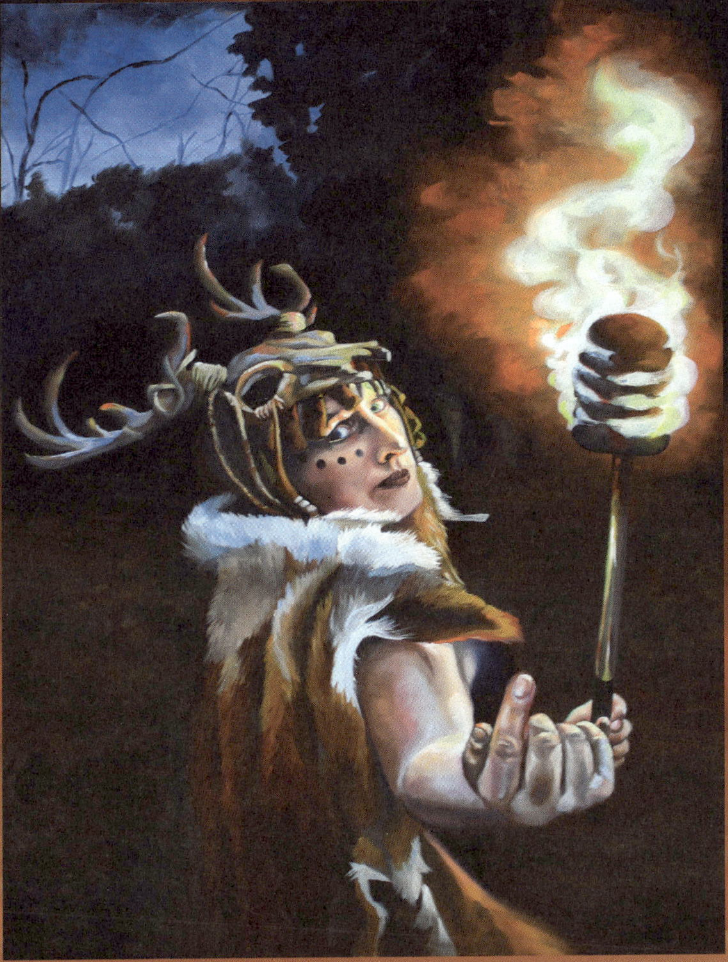

Elen of the Ways (*Elen de los caminos*) © *Melissa Stratton Pandina 2022*

Cartógrafa del imperio

Llevo seis décadas
cartografiando el terreno
llámame
cartógrafo del imperio
porque he encontrado una salida
Ven, ahora, al profundo pozo
lleno de luz de luna
al borde de la Tierra
trae tus esqueletos
y reúnete conmigo allí.

fragmento © Ann Filemyr 2023

¡Nuestro equipo de traducción al español!

¡Un agradecimiento especial a nuestro equipo de traducción al español! ¡Mi agradecimiento especial al estupendo equipo que ha colaborado desde la primera edición en español de We'Moon! Ha sido un gozo trabajar con cada persona ya que nos ha ayudado a perfeccionar nuestro trabajo. Hemos aprendido mucho en el proceso y esperamos con ilusión aprender más en las futuras ediciones de We'Moon. ¡Gracias de verdad desde el fondo de nuestros corazones! ¡Este ha sido uno de nuestros sueños durante años!

Alina Jiménez: Amante de mi familia, la música, la astrología y otras artes. He hecho estudios en psicología, musicoterapia, y actualmente trabajo en el área de la traducción, interpretación y la enseñanza de idiomas. Doy gracias por las travesías, lecciones y bendiciones que la vida me ha ofrecido. ¡Luz y sanación para la Pachamama y todos los seres que habitamos en ella!

Maya Guirao: Traductora, asesora en educación bilingüe y amante de la música y la naturaleza, en particular el folk y el bosque. Me he formado individual y profesionalmente a caballo entre España y Estados Unidos y es en este 'entremundos' donde me siento más en casa. Me hago cargo de mi yo cultural, pero creo en nuestra aptitud nata para soltar conceptos socioculturales limitantes a través de un compromiso consciente con el aprendizaje y la práctica constantes, guiados—eso sí—por nuestro estado siempre-cambiante de concientización.

Migdalia Reyes: Crecí en la isla Puerto Rico, sumada por el control de la iglesia católica sobre la gente pobre, el patriarcado, y la lesbofobia, los cuales pavimentaron mi camino como activista. Mis bendiciones provienen de las mujeres fuertes en mi vida, que como mi abuela y madre, me han llevado a reclamar mi hembrismo, y el Espiritismo y la Santería. msregarc@gmail.com

Natalia Fernández: traductora, asesora en educación, herbolaria, madre de dos hijos. Obtuve el doctorado en literatura española de la Universidad de Barcelona sobre los místicos españoles. Viví muchos años en el Pirineo catalán y ahora en el campo en la zona de Girona. Una de las cosas que más valoro es vivir en comunión con la naturaleza y traspasar ese valor a mis hijos. Para compartir esto con ellos en casa tenemos un huerto, gallinas y un pequeño estanque con peces y ranas. ¡Para dar vida dentro de nuestra casa de campo, tocamos el piano, cocinamos en el fuego, cantamos y bailamos! fernandeznat@yahoo.com

Rosa Nurjamila Blanco: madre, sacerdotisa del Templo de la Vida, terapeuta y odontóloga holística integrativa con énfasis en terapia neural, sintergética y psiconeuro odontología. Fundadora del Método YOGAia para el desarrollo del potencial humano, a través de la fusión entre las raíces védicas del Yoga y la conexión intuitiva y chamánica con la Madre Tierra. Colecciona y comparte cantos de medicina, facilita retiros en la naturaleza, ritos de paso y Círculos de Mujeres en Costa Rica. Emprendedora junto a una de sus hermanas de www.glanzcare.com. Conecta y encuentra más sobre ella en instagram: @rosa_nurjamila

Verónica Iglesias: Nació en la Ciudad de México, creció en una familia que siempre ha honrado la Tierra, a las plantas y a todos los seres vivos. Fue iniciada a los 9 años como sahumadora, portadora del sagrado sahumador. También fue iniciada en el conocimiento sagrado del chamanismo mesoamericano y se ha convertido en portadora de la palabra de la tradición antigua. Practica la sanación con gemas, plantas y cristales. Es sacerdotisa de Ix'Cheel la diosa maya de la medicina. Practica la medicina prehispánica ancestral, ritos de pasaje femeninos, chamanismo y enseña como vivir con los arquetipos de las diosas mesoamericanas. mujerjade@gmail.com

Agradecimiento al equipo

Muchas gracias a nuestro increíble equipo por haber creado otra luminosa edición de We'Moon. La creación de este año es un testimonio de su dedicación, creatividad y esfuerzo colectivo.

En el equipo de Creatrix, rendimos homenaje a Bethroot, nuestra perspicaz editora especial, cuya atenta orientación da forma a cada edición. Ashley, nuestra dinámica asistente de promoción, relaciones con el cliente y producción, sigue conectando We'Moon con un público más amplio mientras mantiene todo fluyendo sin problemas. Sue, nuestra brillante gestora financiera y contable, se encarga de que nuestros cimientos se mantengan sólidos, y Sequoia, nuestra talentosa diseñadora gráfica, da vida a cada página.

En el departamento de envíos, nuestro agradecimiento se dirige a Susie, nuestra firme coordinadora de envíos, cuya fiabilidad y positividad hacen que las operaciones sean fluidas, y a Lindsay, nuestra encantadora nueva asistente de envíos, cuya brillante energía ha sido una maravillosa incorporación al equipo.

Extendemos nuestra más profunda gratitud a los increíbles artistas y escritores cuyo trabajo adorna las páginas de We'Moon cada año. Su creatividad, valentía y visión son el corazón de esta publicación. Es un regalo y es un honor compartir su trabajo con el mundo. Gracias por ser una parte esencial de esta ofrenda de colaboración, ayudando a We'Moon a brillar como un faro de inspiración, aspiración y sabiduría año tras año.

Gracias por su pasión y dedicación: ¡es nuestra magia colectiva la que hace posible esta obra de arte e inspiración!

Barbara Dickinson ¤ Mother Tongue Ink 2025

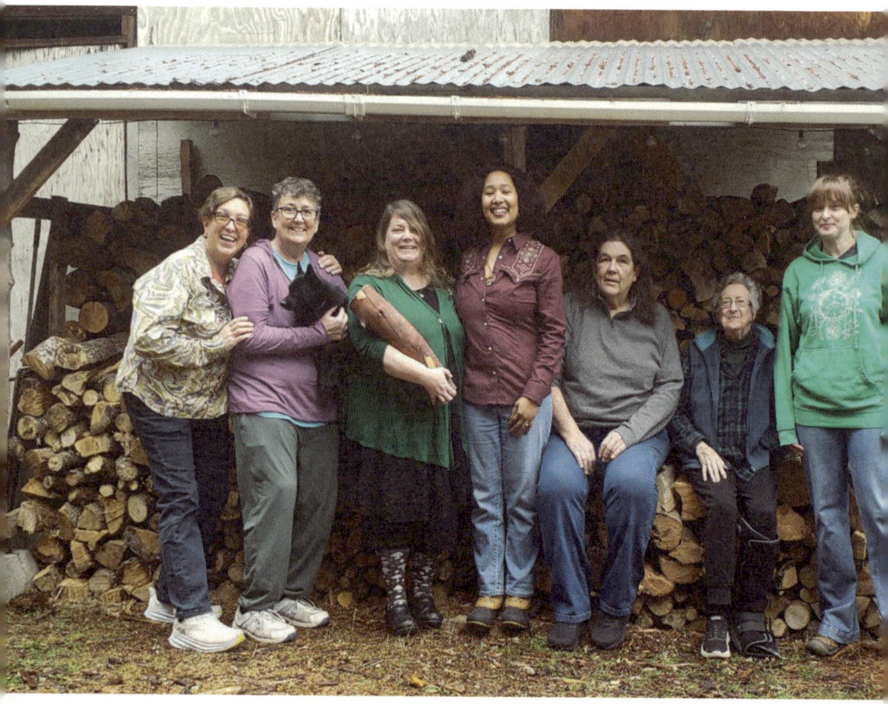

De izquierda a derecha: *Barb, Susie, Sue, Ashley, Sequoia, Bethroot, and Lindsay*

Antepasadas We'Moon

Honramos a las mujeres wemoon que se han ido al entre mundo; de la vida y la muerte recientemente, amadas contribuidoras de la cultura wemoon que continúan bendiciéndonos desde el otro lado. Agradecemos que se nos informara de su fallecimiento.

Ardis Macaulay (1948–2024) Ardis, una talentosa e intuitiva artista visual prolífica y colaboradora de We'Moon, la cual encontró un gran placer en trabajar en todos los medios. También le encantaba escribir y era una poeta consumada. Como persona adiestrada como terapeuta de arte, Ardis fue convocada para trabajar con estudiantes de secundaria. Le encantaba sumergirse en la belleza del mundo natural, conectarse con las muchas maravillas de especies de insectos, árboles, animales y flores.

Bernice Johnson Reagon (1942–2024) llevó el poder de la canción al trabajo revolucionario por la justicia social. Criada en iglesias afroamericanas con música ligada al alma y la voz, fue una vigorosa activista de los movimientos feminista y de derechos civiles. Interpretó, grabó, compuso, estudió y enseñó música como aspecto de transformación cultural. Muy conocida entre las feministas, como fundadora del grupo de acapella de mujeres negras *Sweet Honey in the Rock*, fue además una distinguida catedrática y comisionada de la tradición musical afroamericana.

Caryatis Cardea (1951–2023) Fue una artista radiante, talentosa, desafiada y desafiante, y con sus primeros escritos de poesía y teoría política frecuentemente publicados, contribuyó a la cultura de mujeres y lesbianas. Como alguien que durante mucho tiempo era sobreviviente de una lesión accidental, estaba profundamente en sintonía con problemas sobre acceso, clase y discapacidad. Aún cuando las limitaciones físicas afectaron sus años de vejez, su yo cantante luchó y se convirtió en directora musical de los *Threshold Singers*, compuesto de personas que le cantan a quienes están por morir.

Cathy Merrick (1961–2024) alias Kameekosit Ispokanee Iskwew, nació en la Nación Cree Pimicikamak en Manitoba, Canadá. Creció y se convirtió en una persona decidida y poderosa abogando por su pueblo; comprometida incansablemente con la lucha por los derechos indígenas en Canadá. En el 2022, se convirtió en la primera mujer elegida Gran Jefa de la Asociación de Jefes de Manitoba. Lideró la iniciativa para rectificar décadas de practicas que obligaban a los niños indígenas a asistir a escuelas donde existía el abuso, y hasta el día de su muerte, trabajó apasionadamente por poner fin a la violencia contra las mujeres indígenas.

Dorothy Allison (1949–2024), escritora lesbiana galardonada, la cual abordó temas como la pobreza y el abuso sexual. Dorothy editó la revista feminista *Amazing Grace*, fundó la librería feminista Herstore y publicó muchas novelas y libros de poesías y ensayos. Su libro autobiográfico, *Bastard Out of Carolina*, fue prohibido en muchas escuelas y bibliotecas

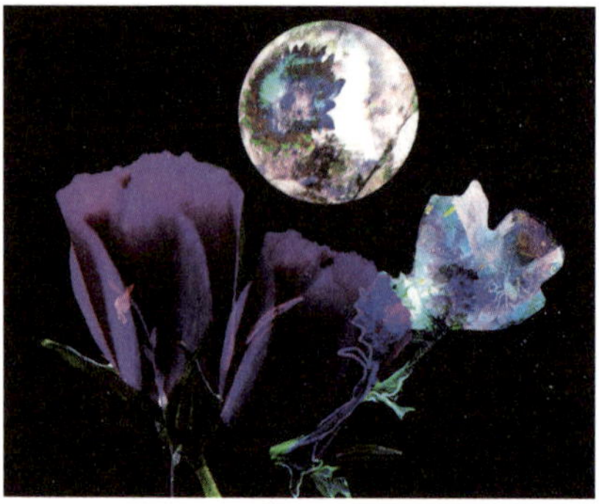

Songs to the Moon Part 2
© Emily Vera Michelle 2020

del sur, y además fue hecha en una película premiada. Ella y su pareja, la música Alix Layman, estuvieron juntas durante 30 años y tuvieron un hijo.

Edwina Lee Tyler (1944–2024) Edwina, legendaria baterista, profesora, bailarina, artista, actriz, cantante y madre, fue pionera en el uso de instrumentos de percusión tradicionales africanos, por parte de las mujeres. Maestra del djembé de África occidental y conocida internacionalmente por su inspirado espíritu percusionista, Edwina colaboró con muchos grupos, entre ellos *Urban Bush Women*, Merian Soto y *Prowess Dance Arts Collective*. También se desempeñó como directora de estudios de percusión en el Teatro de Baile de Harlem y fundó *A Piece of the World*, un conjunto de percusión y danza de mujeres afroamericanas.

Gwendolyn Endicott (1935–2022) fue una mujer de cuarta generación, oriunda de Oregón, maestra, narradora y mitóloga. A sus 60 años, creó Wanderland, una reserva de selva tropical en la costa de Oregón, donde organizó reuniones de We'Moon durante 20 años. Impartió clases universitarias durante más de 40 años, especializándose en Mitología, Literatura Nativoamericana, Estudios de la Mujer y Escrituras. Durante los últimos veinte años, impartió talleres sobre Diosas y mitología personal. Su amor por el lugar y su preocupación por nuestra relación con la Tierra se reflejan profundamente en su trabajo.

June Leaf (1929–2024) fue una artista extraordinariamente inventiva que trascendió las normas estilísticas y materiales. Su obra combinaba la escultura, la pintura y la ingeniería con un diseño fantástico, a menudo macabro, que desafiaba las convenciones artísticas y sociales. Sus creaciones cinéticas a menudo se movían, literalmente. Ruedas, poleas y piezas de maquinaria se integraban con pluma, tinta y pintura. Uno de sus temas más frecuentes era la forma femenina, la mujer oprimida, asediada por una misoginia grotesca y salvaje, y a veces triunfante sobre ella. Aportó una imaginación extraordinaria y única a la sensibilidad feminista.

Karen Kane (1952–2024) rompió barreras para las mujeres en las profesiones del audio, convirtiéndose en una aclamada ingeniera musical y técnica de sonido. Fue una de las primeras ingenieras de grabación independientes de éxito y, con el tiempo, abrió su propio estudio musical. Era perfecta para el mundo en evolución de la música femenina, y se sumergió en él con entusiasmo. Durante 19 años fue la ingeniera de sonido del escenario acústico del *Michigan Women's Music Festival*. Produjo álbumes galardonados y grabó a muchas heroínas de la cultura musical femenina.

Mama Donna Henes Urban Shaman (1945–2024) nació judía en Cleveland y se trasladó a Nueva York para cursar estudios de posgrado. A principios de los años 70, Mama Donna empezó a dirigir grandes celebraciones de días santos al aire libre, como el popular ritual *Eggs on End* y el desfile de *Halloween* de Greenwich Village en 2007. Escribió numerosos libros y una revista mensual, y apareció en varias ediciones de We'Moon. Con su pareja desde hace 47 años, Daile Kaplan, Mama Donna formó parte del grupo femenino de actuación *Disband*. Ha recibido numerosas becas y premios, entre ellos del *National Endowment for the Arts*. La creación del centro cultural *Mama Donna's Tea Garden and Healing Haven* fue uno de sus mayores logros.

Nancy Louise (1941–2024) era muy conocida y querida entre las feministas lesbianas de Oregón. En la década de 1970, fue una pionera mecánica y contable en el *Women's Auto Collective* de Eugene. Sus esperanzas posteriores de establecerse en El Salvador se vieron truncadas por un accidente de equitación que le cambió la vida. Pero su resistencia y determinación persistieron, y la llevaron en 2011—con su familia de perro-gato-caballo—a ser una infatigable cuidadora durante 11 años en *OWL Farm*, una tierra fuera de la red comprometida con la protección ecológica y el acceso de las mujeres.

Nikki Giovanni (1943–2024) fue una radiante, iconoclasta y talentosa poeta, educadora y activista afroamericana. Tomó conciencia política durante los movimientos de Derechos Civiles y de las Artes Negras de los años sesenta en Estados Unidos. Llamada *Poeta de la Revolución Negra*, escribió y publicó libros infantiles, dos docenas de poemarios, álbumes de poesía hablada y fue comentarista y productora habitual de programas de televisión y tertulias sobre el arte y la cultura negros. Fue una distinguida e inspiradora profesora en *Virginia Tech* durante 35 años, y una crítica social afectuosa pero decidida. Fue madre soltera de un hijo y compartió la vida en pareja con Virginia Fowler durante más de 30 años.

Sierra Rae Parker (1988–2022) Aventurera y artista, Sierra vivió cerca de la naturaleza en Alaska. Tras mudarse a San Francisco cuando era adolescente, sus pasiones artísticas explotaron. Fundó *Spade Heart Arts*, una empresa de diseño gráfico e ilustración con clientes en todo el mundo. El trabajo de Sierra ha aparecido en *Whirling Rainbow Foundation's Global Art Collective*, *We'Moon* y *Muze Magazine*. Su estilo es atrevido, mágico y caprichoso, repleto de profundos mensajes ocultos que nos animan a desarrollar nuestros superpoderes.

© Derechos de autor y contacto con los contribuyentes

Los derechos de autor para la mayoría de obras publicadas en We'Moon pertenecen a cada contribuyente individual. Por favor honren los derechos de autor: ©: no reproduzcan sin el permiso expreso de la artista, autora, editora, o Mother Tongue Ink, dependiendo del nombre que sigue el signo de derecho de autor. Algunas mujeres de wemoon prefieren liberar los derechos de autor de sus obras: ¤: estas obras se pueden compartir entre mujeres que desean reproducirlas "en el espíritu de We'Moon". En todos los casos, hay que dar crédito la autora/artista y a We'Moon, y enviarle a una copia si la artista ha dado permiso, We'Moon puede compartir la información de contacto. Contacten a mothertongue@wemoon.ws o a las contribuyentes directamente.

Biografías e índice

Consulte la página 236 para obtener información sobre cómo ¡puedes convertirte en artista o escritora para We'Moon!

Adria Khemia Morningstar (Manzanita, OR) es poeta, sacerdotisa y madre en la costa norte de Oregón. Ofrece esencias de gemas, facilita reuniones ceremoniales y oficia bodas personalizadas. artandchannel.com **p. 57**

Alane Brown (Albuquerque, NM) es sacerdotisa pagana, cantautora, autora y poeta. Alane es la curadora del blog *Pagan Song: Music for Your Magic* pagansong.com. Ella comparte su trabajo creativo en patreon.com /AlaneBrown **p. 65,121**

Alexis Finemyn (San Anselmo, CA) es observadora y artista. Sostiene que el cambio climático es un síntoma, no la causa, y cree en el poder transformador del sentido de humor, el juego y la creatividad. afineman@wesleyan.edu, alexisfinemyn.weebly.com **p. 24**

Alia Alsaif Spiers (Erie, CO) es una alquimista espiritual saudí queer, lectora de oráculos, poeta y filósofa apasionada por la evolución divina y la sanación a través del autodescubrimiento, la vida cíclica y la descolonización. IG: @alchemicvigor **p. 125,161**

AlyXandra Deptula (Summertown, TN) es una joven artista que todavía se está encontrando a sí misma. Creciendo en una comunidad-intencional basada en la naturaleza, sigue inspirando su creatividad. Mira lo que hace en IG: @Alyxandras.art **p. 9**

Amara Hollow Bones (Somes Bar, CA) Los dibujos de amara surgen de experiencias vividas en lugares salvajes, cantando canciones de reverencia, dolor y asombro por la tierra. Son plegarias por el retorno de la magia, la resistencia de lo salvaje, por recordar a nuestros antepasados y nuestro hogar. amarahollowbones.com **p. 171**

Amuri Morris (Richmond, VA) Puedes encontrar más de mi trabajo o ponerte en contacto conmigo en murisart.com, amurisart@gmail.com, IG: @miss.muri **p. 147**

Amy Allen—Mandalamy Arts (Topeka, KS) es artista visual, madre educadora-en-casa y fue psicóloga clínica. Incorpora a su arte el sentido de la maravilla, la conexión, la sanación interior y el empoderamiento. mandalamy_arts.square.site, FB & IG: Mandalamy Arts **p. 3, 232**

Amy L. Alley (Greenwood, SC) es madre y creadora, y trabaja como artista, escritora independiente, columnista, autora, educadora y profesora de yoga. Su obra creativa se inspira en la naturaleza y en historias personales y puede verse en panpanstudios.com **p. 1**

Amy Wray Irish (Lakewood, CO) ha ganado dos concursos de poesía: *Down to the Bone* (2023) y *Breathing Fire* (2020). Venera la luna desde las estribaciones de Colorado. amywrayirish.com, IG: amywrayirish, FB: amy.irish.52 **p. 81**

Ann Filemyr (Santa Fe, NM) es fundadora y directora del Doctorado en Práctica Visionaria y Liderazgo Regenerativo de Southwestern College en Santa Fe. Ha publicado seis libros de poesía y vive en el bosque de montaña con sus seres queridos (animales, plantas, ancestros y humanos). **p. 177**

Anna Lindberg Art (Haiku, HI) Soy una artista sueca profesional que trabaja en mi estudio de Hawái. A menudo utilizo el Divino Femenino como fuente de inspiración, representando Diosas de muchas culturas y utilizando diferentes técnicas en mis obras de arte. Deseo inspirar y empoderar a las mujeres de todo el mundo a través de mi arte. Annalindbergart.com, IG: @anna.lindberg.art **p. 89**

Annika Gemlau aSombrasDelSur (Berlin, Germany) Artista, ilustradora y conferenciante en talleres sobre vulnerabilidad y sanación a través de las artes y el empoderamiento político. asombrasdelsur.com, IG: @asombrasdelsur **p. 26,83**

Anomalie Glade (Eugene, OR) Artista multimedia, músico, poeta, fotógrafa. Tiene una discapacitación; casi siempre confinada en casa, crea arte corporal desde la cama del hospital, se queda de pie brevemente para autorretratarse. Crea consciencia sobre discapacidad, igualdad, cambio climático, etc. FB, IG, YT y tienda Redbubble: @anomalieglade. Álbum en Bandlab "Fragile but Ferocious". **p. 101**

Antonia Matthew (Bloomington, IN) Su infancia en Inglaterra durante la Segunda Guerra Mundial, influye en gran medida en su poesía y sus recuerdos. Su obra de radio *Antonia's Homefront*, se basa en cartas que recibió de su padre antes de que muriera combatiendo en Birmania. *Journeys*, explora la lucha de su madre contra el Alzheimer. La jardinería, la alimentación de los pájaros y la relación con su gato, Pepper, la mantienen escribiendo durante momentos difíciles. **p. 151**

Autumn Skye (Powell River, BC) Para tu viaje, te ofrezco esta obra de arte—un regalo del espíritu—a través de mi corazón y mis manos. Que estas reflexiones inspiren tu propio conocimiento interior, tu creatividad auténtica y tu espíritu resistente. autumnskyeart.comIG & FB: @Autumn Skye ART **p. 55, 117, 119**

B.G. Craig (Germantown, MD) Poeta, dramaturga, cuentista. BGCraig.com IG: @bri.and.her.books **p. 157**

Barb Levine (Corvallis, OR) Llevo una vida tranquila en busca de sentido y conexión a través de la naturaleza y las relaciones, la pintura, la jardinería, los mandalas y la familia. Al igual que las mujeres de todo el mundo, espero ser una pequeña chispa que permita que el amor, la belleza y la sanación entren en el mundo. **p. 134**

Barbara Dickinson (Sunny Valley, OR) navega por los sinuosos caminos de la vida con un corazón lleno de asombro y un espíritu siempre abierto a la aventura. A cada paso, busca la sabiduría, acepta el cambio y el desafío, y celebra la fugaz belleza de cada momento. Que todos podamos beber profundamente del pozo de la maravilla y el asombro. **p. 4, 179**

Barbara Landis (San Francisco, CA) es una fotógrafa de bellas artes que crea imágenes a nivel local y en el extranjero. Desde 1968, practica el budismo Nichiren Shoshu y pertenece al templo Myoshinji. También es miembro de S.F. Women Artists&ArtSpanSF. IG: @barbara_landis_photography, barbara-landis.com **p. 44**

Beate Metz (Berlin, Alemania) fue astróloga, feminista, traductora y pilar de la edición alemana de We'Moon, así como de la comunidad astrológica europea. **p. 207**

Bee Love (N. California/nómada) es cantautora, poeta y sanadora, ella además atiende la Tierra y es herborista folclórica. Para ella, la creatividad es una forma de canalizar lo divino, de ser la voz de la Tierra y de sanarnos nosotres mismes. IG: @beelovehealingarts **p. 41**

Beki Test (Columbus, OH) es educadora, poeta y compositora. Puedes encontrar sus palabras y su música en Patreon. Paz. **p. 145**

Belinda Edwards (Santa Fe, NM) es una escritora afroamericana, recientemente nominada al Premio Pushcart. Es facilitadora del grupo de escritores y artistas Amherst Writers and Artists Group y ofrece grupos de escritura. belinda2edwards.com **p. 118**

Bethany Perron (Canton, NC) es una fotógrafa y artista digital que crea retratos de fantasía que empoderan a sus sujetos. Cuando no está creando, se le puede encontrar vagando por el bosque, bailando y practicando tiro con arco. bethanyperronfineart.myportfolio.com, IG: @bethanyperronfineart **p. 131**

Bethroot Gwynn (Myrtle Creek, OR) 29 años como editora especial de We'Moon y 49 en la tierra de mujeres Fly Away Home, cultivando alimentos, teatro y rituales. Para información sobre reuniones espirituales y visitas en el verano, envía un SASE a POB 593, Myrtle Creek, OR 97457. Para información sobre su libro de poesía y teatro, *PreacherWoman for the Goddess*, ver p. 233. **p. 18, 21, 23**

Bettina W. (Berkeley, CA) se deja llevar por la curiosidad y la belleza en cualquier momento y lugar. Crear arte visual es el proceso de materializar ese entusiasmo. Puedes ver más obras suyas en gazegalliantly.weebly.com. **p. 113**

Betty Edwards (Minneapolis, MN) disfruta de la vida con su pareja y su perro. Desde hace más de 25 años, es profesora y estudiante de astrología. En 1994, comenzó su afición por la pintura con acuarelas. **p. 47**

Betty LaDuke (Ashland, OR) "Tus creaciones están llenas de alegría, deleite y esperanza, todo lo que necesitamos desesperadamente en este momento". — Gobernadora Kate Brown, 2020. bettyladuke.com **p. 115**

Carol Dovi O'Dwyer (Denver, CO) El camino poco convencional de Carol, la ha llevado a la cima del Monte Sinaí y a un concierto de enseñanza mientras navegaba por el Mar de Japón. Sin embargo, su mayor aventura ha sido aprender a confiar en sí misma. alignmentcoach17@gmail.com **p. 78**

Carolyn Sato (Cave Creek, AZ) crea esculturas que celebran la vida; transmiten mensajes significativos; levantan el espíritu; y traen novedad, conexión y la voz femenina al mundo del bronce. soulartbycarolynsato.com **p. 103**

Carrie Wachter-Martínez (Gainesville, FL) es una pintora apasionada y muralista, madre de adolescentes, amante de la naturaleza, jardinera y apicultora, sanadora, intuitiva, lectora de tarot, mujer sabia que celebra la maravillosa magia de sus años de anciana . . . ¡y se siente honrada de compartir este círculo We'Moon mientras conjuramos una Tierra pacífica y próspera! @carrievisionary **p. 87**

Catherine McGagh (Co. Leitrim, Irlanda) es una profesora de yoga y artista visual autodidacta del noroeste de Irlanda. Se inspira en la naturaleza y los temas espirituales catherinemcgaghartyoga.com, IG: @cmcgaghart **p. 143, 169**

Cathy Casper (Arvada, CO) celebra la vida frente a las Montañas Rocosas. La Tierra es la fuente de su inspiración y su amor. **p. 174**

Cathy McClelland (Kings Beach, CA) pinta desde su corazón e imaginación. Su inspiración proviene de la naturaleza, temas míticos interculturales, lugares mágicos y de miedo y simbolismo. Todo alimenta su alma creativa. cathymcclelland.com, IG: @cathrynmcclelland **p. 13. 135**

Cherie Irwin (Christchurch, Nueva Zelanda) cherieirwinarts.nz **p. 65**

Christine Irving (Denton, TX) Christine es una poeta, novelista, sacerdotisa, ritualista y feminista apasionada por descubrir conexiones. Su escritura es ecléctica y tiende a mezclar referencias al mito y al folklore con hechos, imaginación y un énfasis en la vida y los caminos de las mujeres. christineirving.com **p. 85.141**

Christine Lowther (Tofino, BC) Mi último libro es mi cuarta colección de poesía *Hazard, Home* publicada por Caitlin Press. También publicarán mi próximo libro actualmente en curso, en memoria de los bloqueos de los años 90 para detener la tala de los antiguos bosques templados de la costa oeste. christinelowther.blogspot.com, FB: ChristineLowtherAuthor **p. 53**

Cindy M. Starry (Chicago, IL) co-crea en asociación con los ritmos de la naturaleza, proporcionando arte y meditaciones para los cuidadores. A medida que nos reunimos y compartimos la sabiduría de nuestro conocimiento interior, la verdad se ilumina y la libertad es posible. En gran gratitud a Lindsay Carron y a los de cuatro patas. Conéctate en Livingart.io y cindy@livingart.io **p.37**

Colleen Clifford (Arcata, CA) diseña y crea vitrales en las dunas costeras del norte de California. colleencliffordart.com; FB: ColleenCliffordStainedGlass, IG: @ ColleenClifford_stained_glass **p. 25**

Corinne "Bee Bop" Trujillo (Denver, CO) Me gusta explorar emociones complejas mientras agrego temas de astrología y cuerpos celestes. La mitad de Koco Collab. kococollab.com **p. 31**

Cory Blair (Berlín, Alemania) está experimentando y siempre tiene curiosidad por crear parámetros para explorar los medios de la pintura y la creación de música. IG: @coryblairart **p. 121**

Dana Lynn (Indianápolis, IN) es una artista del medio oeste que se inspira en las complejidades y la belleza de la naturaleza, la herbolaria y la astrología. Puedes seguir sus esfuerzos artísticos en IG y FB: @danalynnartistry y Etsy: DanaLynnArtistry **p. 20, 90, 170**

Deborah Thomas (Merstham, Surrey) Bailando en los años con un bolígrafo en una mano y un café en la otra **p. 163**

Debra Hall (Dumfriesshire, Scotland) Soy poeta, artista y una creadora de almas. Mis meditaciones de audio para mujeres se pueden encontrar en InsightTimer.

com en la página de mi maestra. Me gusta colaborar y escuchar a las mujeres de We'Moon. Herwholenature.com, IG: @her_whole_nature **p. 71, 113**

Denise Kester (Ashland, OR) es una artista, escritora y profesora. Es autora de *Drawing On The Dream*, un libro sobre su proceso artístico único y grabado. Regístrese en Art Lifts and Musings para nuevo arte, eventos y clases. drawingonthedream.com IG: @DeniseKester **p. 84**

Diane Perazzo (Ottawa, ON) es escritora, editora, poeta, bruja ecológica (Reclaiming), aliada creativa para las plantas y los seres con alas. dianeperazzo.com **p. 130**

Dorrie Joy (Somerset, Reino Unido) es una artista y artesana, poeta, oradora internacional y líder ceremonial. Ella organiza talleres como espacios sagrados que centran la creatividad como una práctica intencional de la reparación del alma y el sentido de pertenencia. Impresiones, originales, encargos, tambores, cartas de amor . . . dorriejoy.co.uk, IG: @dorrie.joy, FB: DorrieJoyArtist **p. 39**

Elspeth McLean (Cobble Hill, BC) crea pinturas vívidas y vibrantes completamente con puntos. Cada punto es como una estrella en el universo. elspethmclean.com, y encuéntrala en FB, IG, YT y Etsy **p. 70**

Emily Kedar (Ontario, ON) es una poeta y terapeuta, que se basa en las propiedades curativas inherentes de la creatividad, la conexión, el movimiento y el mundo natural vivo. Te invita a ponerte en contacto con ella en emilykedar.com **p. 98, 170**

Emily Vera Michelle (Buda, TX) artista y fundadora de *Emily Michelle Art* y cofundadora de Aphrodite Alchemy. Mi obra de arte y poesía explora temas de soledad, transformación y alquimia interior. emilyveramichelle.shop **p. 182**

Emma Marie Whelan (Woodside, CA) Como artista visionaria y partera guardián del nacimiento, mi misión es retejer nuestra conexión innata con la Tierra, el nacimiento, el camino de la belleza y los orígenes prósperos. Ofrezco estas visiones como un recuerdo de nuestra interconexión, con gratitud por la preciosidad de la vida. emmamarieartistry.com, IG: @emmamarie.artistry **p. 49,91**

Erin Robertson (Louisville, CO) ofrece clases de escritura de sobre la naturaleza al aire libre. Su poesía ha sido publicada en *North American Review, Cold Mountain Review, Poet Lore, Deep Wild* y otros lugares. Vive con su renombrado marido, sus dos hijos, su periquito y su cachorro. erinrobertson.org, IG: @bocowildwriters **p. 103**

Freda Karpf (Neptune, NJ) Mis obras creativas comparten el misterio de la relación que siento con el mundo natural, especialmente cómo mis alegrías y mis penas, y mi profundo deseo de pertenencia, están alineados con nuestro mundo; con sus estaciones, problemas ambientales y belleza. Link Tree: fredakarpf **p. 79**

Gabriela Sepulveda Ortiz (Springfield, MA) sootnsprinkles.com, IG y Pin: @ TheIvoryBunny **p. 85**

Gabrielle Wildheart (Vashon, WA) es una artista, profesora y guía que vive en una isla en el Mar de Salish con su marido y un equipo de amiges peludes. Descubre más de sobre su trabajo en GabrielleWildheart.com, IG: @GabrielleWildheart **p. 41**

Gaia Orion (Sebright, ON) es una exitosa artista internacional. Con su arte imagina un mundo pacífico y próspero. Únete a sus reuniones mensuales de *New Moon Zoom,* un lugar para que los artistas se apoyen mutuamente, se conecten, aprendan y florezcan con nuestra carrera. gaiaorion.com, FB e IG: @gaiaorionart **p. 162**

Genevieve Scholl (Cascade Locks, OR) Hay un concepto relacionado con la no dualidad que sugiere que la conciencia es recíproca. Si soy consciente de algo, también es consciente de mí. Pienso en esto cada vez que camino por el bosque. genevievescholl.com, IG y FB: @genevievescholl art **p. 94.128**

Haley Nedderman (Torrington, CT) IG: @lemniscatory_story **p. 62**

Heather Esterline (Walloon Lake, MI) Soy una bruja de la cocina que vive una vida de simplicidad voluntaria en una villa pequeña al norte de Michigan. Benditas sean. **p. 133**

Heather Roan Robbins M.Th. (Ronan, MT) es una astróloga práctica, intuitiva creyente en la libre elección y autora de *Starcodes-Choice-Based Astrology, Starcodes AstroOracle Deck, Wise Tree Oracle*, el pronóstico semanal astrológico códigos estelares y los libros Starcodes, *Moon Wisdom* y *Everyday Palmistry*. Ella organiza La árboleda de las montañas brillantes para la Órden de los bardos, ovantes y druidas, y tiene una práctica en línea global. roanrobbins.com **p. 8, 204, 205**

Helen Hill (Ringwood, NJ) escribe para buscar los espacios que hacen eco con el mundo natural. Ella está actualmente trabajando en el libro *Stronger than Ever*, un libro de poesía y consejos prácticos sobre como curarse de un accidente de esquí. HelenHillYoga.com, IG or SS: @HelenHillYoga **p. 63, 92**

Helen Seay Art (Tetonia, ID) Artista visionaria que crea en tetones con intención, espíritu y amor. Crear arte es medicina, y espero alentar la estimulación de la espiritualidad a través del reconocimiento de la energía cósmica dentro de todos los seres y la unidad dentro del universo. helenseayart.com **p. 33**

Ina Jain (Alfter, North Rhine Westphalia) IG: @createinresonance, inajain.com, **p. 154, 167**

Jaine Rose (Gloucestershire, England) es una bruja y atípica, que baila en los caminos sagrados de la Madre Negra. Una tejedora dedicada a viajar siempre profundo en el tiempo de Marea, desenrollando el patriarcado por donde vaya. Es artista y creadora de rituales de mujeres e historia. jainerose.com, IG: @ jaineroseart **p. 127**

Jakki Moore (Tawneymoyle, Co Leitrim) vive en una antigua casa de campo en el indómito oeste de Irlanda con sus dos gatos. Pintando, esculpiendo, y escribiendo, acepta comisiones y, de tiempo en tiempo, lleva a cabo talleres a medida y tours personalizados a sitios sagrados para grupos pequeños e individuales. Es cocreadora de las cartas The Sheela Cards. jakkimooreart@yahoo.com, jakkiart.com **p. 77, 81, 133**

Jamie Graham (Waco, TX) jamiegrahamart.com, intentionallyyoursbycraftyaries.com, IG: @CraftyAries_IntentionallyYours, @textileartistjamie **p. 173**

Jane Campbell (Wales, UK) janecampbellpoetrywixsite.com/mysite, IG: jane_campbell_poet **p. 89**

Janet Lucy (Santa Barbara, CA) ha estado facilitando círculos de mujeres escritoras y retiros internacionales por más de 25 años basada en su fórmula mágica, "*Divine Ink.*" (Tinta divina). Ofrece formación para facilitadores del círculo de escritura "*Divine Ink.*" con certificación, y más en divine-ink.com, IG: @janetlucyink, FB: Janet Lucy **p. 58**

Jeanette M. French (Gresham, OR) Inspirando relaciones con el Espíritu a través de portales de luz, amor, belleza, alegría, esperanza y gratitud. jeanette-french.pixels.com **p. 63, 114**

Jennifer Pratt-Walter (Vancouver, WA) es una humildemente orgullosa bruja que se maravilla ante los pequeños milagros diarios a nuestro alrededor. Activa en poesía y fotografía digital, es música profesional del arpa. Jennifer tiene tres hijes mayores, un esposo y una pequeña finca en Vancouver. fearnopoetry.blogspot.com **p. 77**

Jessica da Costa (Wenatchee, WA) Criada en el bosque por una familia de artistas, poetas y músicos, Jess deriva su habilidad creativa mayormente de su crianza. Esculpe en cobre y su naturaleza clarividente llena de una intención de amor apoya la magia de su arte. coppermaiden.com **p. 158**

Jil McGurn (Durango, CO) Aficionada a los paisajes desérticos y montañosos, Jil ama la magia de la luz. Es esta impresionista estética, fascinación con la tierra, la gente y las cosas que hacen cada tema convincente y abierto a la interpretación. . . . y todo comienza con un punto de luz. **p. 156**

Jill Althouse-Wood (Wilmington, DE) Es una autora/artista que vive y trabaja en la colonia artística de Arden, Delaware. Para más información sobre su arte y escritura, visita jillalthousewood.com **p. 78**

Joan Zehnder (Louisville, KY) Checa mi página artística de facebook @ joanzehnderstudio y la página Saatchi saatchiart.com/joanzehnder. **p. 137**

JoAnne Dodgson (Santa Fe, NM) Es guía de ceremonias, retiros, y reuniones comunitarias para apoyar la sanación personal y colectiva según construimos el puente hacia una forma de vida centrada en el corazón. Por favor visita: joannedodgson.com **p. 106**

Joanne M. Clarkson (Port Townsend, WA) Lectora de la mano y el tarot que también escribe poesía. Su 6ta colección *Hospice House*, fue publicada por MoonPath Press en 2023. Retirada, trabajó por muchos años como enfermera de hospital paliativo. Mira más en joannethepsychic.com **p. 16, 109, 114**

Jules Ostara (Morganton, GA) thrivetrue.com **p. 54**

Julieanne Palmer (North Canton, CT) ashamansway.com **p. 79**

Justina Petrichor (Bat Cave, NC) **p. 43**

Kamini Gupta (Newton Abbot, Devon) La mía es una búsqueda intuitiva, explorando el punto de quietud y la danza para conectar con el pulso de la Tierra, un peregrinaje a la fuente, una plegaria a la belleza de la creación y a la medicina del alma. creatingspace.info **p. 44, 122**

Karen L. Culpepper (DC, Maryland, área tri-estatal de Virginia) es una mamá creativa, soñadora, herbolaria y practicante. Ama la profundidad en sus relaciones, la luz del sol, estar en agua salada y las risas. Conéctate a: IG: @rhythmicbotanicals, rhythmicbotanicals@gmail.com **p. 20**

Katharyn Howd Machan (Ithaca, NY) Escribiendo y publicando por más de 50 años, Katharyn vive y enseña en Ithaca con su amado esposo y compañero poeta Machan Howd. Dirige el Taller de escritura de mujeres feministas, sirviendo como la primera poeta laureada del condado de Tompkins—y practica el baile del vientre. faculty.ithaca.edu/machan/ **p. 27, 129**

Kathy Stanley (Portland, OR) es una artista visionaria y una educadora de ecosicología. Sus pinturas de acrílico y arte de medios mixtos reflejan viajes meditativos internos de exploración del ser ecológico y el elevado espíritu femenino. Cree en la equivalencia del el arte y la naturaleza con la alegría y la resiliencia. sacredartjourneys.com, IG: @kstanleyart **p. 142**

Kersten Christianson (Sitka, AK) Obtiene inspiración de lo salvaje, paseos, y viajes por carretera. Autora de *Curating the House of Nostalgia* (Sheila-Na-Gig, 2020). Kersten vive cerca al mar donde observa las mareas, compra a Old Harbor Books, y acumula esferos de tinta suave. kerstenchristianson.com, @kerstenak **p. 99, 135**

Kiley Saunders (Las Vegas, NV) ha sido una escritora desde que pudo sostener un bolígrafo de gel. Ama escribir sobre la naturaleza, la hermandad, y la conexión. **p. 94**

Kimberly Kirk (Princeville, HI) es una artista de naturaleza de Kauai, agricultora de permacultura, surfista de bodyboard de olas grandes y mamá soltera, especializada en capturar momentos íntimos en la naturaleza que ofrecen consuelo y un sentido de pertenencia. IG, FB, TT, Pin: @kimkirkart, kimkirkartkauai.com **p. 57**

Kimberly Webber (Taos, NM) Pintora simbolista contemporánea de arquetipos, medicina, animales y pájaros totémicos. Creaciones alquimistas al servicio del despertar de la humanidad y la belleza de la Tierra. Sacerdotisa del Espíritu Santo y cuidadora de abejas, flores y espacios liminales de los sueños. kimberlywebber.com, @kimberlywebberart **p. 167**

Kirstin Olsen (Calgary, AB) encuentra magia en lo mundano; obtiene inspiración de sus sueños nocturnos; obtiene significado del fondo de su profunda experiencia de vida; y encarna su resplandor como una creativa, mística, yogi, y devota de una vida sensual e inteligente. kirstinolsen.ca **p. 82**

Kitty Riordan (Albuquerque, NM) es poeta y artista visual oriunda de Nuevo México y artista visual que hace uso del proceso creativo para continuar en el camino que permite caminar en la honestidad del corazón, manteniéndose presente con una misma, la tierra y el espíritu. kittyriordan@hotmail.com **p. 150**

KT InfiniteArt (Freeport, NY) Creadora, artista, escritora, inspirada por la sensualidad y el espíritu. Checa más su obra artística. Impresiones y mercancía disponibles en: InfiniteArtWorld.com, IG: @KTinfiniteArt **p. 51**

Kym Stine (Shrewsbury, PA) **p. 161**

Lacy Chenault (Marshall, MI) Soy una madre, esposa, artista y fotógrafa. Me inspiro en la naturaleza y sus muchos ciclos. Puedes encontrar mi arte en lacychenault.com, IG: lacylabyrinth **p. 100, 130**

Leah Marie Dorion (Prince Albert, Saskatchewan) es una artista visual francomesitza de la Nación Métis. Su trabajo es vibrante y lleno de la cultura métis. Las pinturas de Leah honran la fortaleza espiritual de la mujer aborigen, y lo sagrado femenino. Ella cree que las mujeres juegan un rol importante en transmitir un conocimiento vital para toda la humanidad, lo que se encuentra profundamente reflejado en su práctica artística. Visítale en leahdorion.ca **p. front cover, 23**

Lena Moon (Earlton, NY) es astróloga, practicante de esencias florales, bailarina, poeta, narradora de cuentos, captadora de canciones ceremoniales, modelo de arte y artista visual y de actuación. Su canción "*Wise In Her Ways*" es un clásico de vanguardia, cantado en todo el mundo en honor a las mujeres. lenamoon.com **p. 144**

Les James (Montgomery, IL) mallessa.com, IG, FB, LI: @mallessa **p. 31**

Lilith Lynn Rogers (Sebastopol, CA) es una jardinera de larga trayectoria, escritora, pacifista y amante de We'Moons. Actor de *Rachel Carson Returns*, disponible en YouTube. Conecta: Lilithrogers1@gmail.com **p. 59**

Lindsay Carron (Topanga, CA) es una artista, muralista y educadora que vive y trabaja en el sur de California. Sus proyectos de arte público han ayudado a comunidades de todo el mundo. La conexión con el mundo natural es el tema central y el propósito de su trabajo. lindsaycarron.com **p. 37, 45**

Lisa Linh Hau (Powell River, BC) lisahau.com, IG @lisa.hau.art **p. 61, 105**

Lisa Stoorza (Gunnison, CO) vive rodeada de montañas y flores que la inspiran. IG: @coldweathercrafts **p. 101**

Lucy H. Pearce (County Cork, Ireland) es autora de 12 libros no-ficción, incluyendo los premiados por el Premio Nautilus: *Medicine Woman, Burning Woman,* y *Creatrix*, y los bestsellers #1 en Amazon, *Crow Moon* y *Moon Time*. Es la fundadora de Womancraft Publishing y anfitriona del podcast, *Creative Magic*. lucyhpearce.com, IG: @lucyhpearce **p. 91**

Lyndia Radice (Magdalena, NM) lyndiaradice.myportfolio.com **p. 153**

Maasa (Nelson, BC) Mi lienzo refleja mi terreno interior y cada capa expresa intención y emoción, ofreciendo oportunidades para la aceptación y sanación. Mi creación se convierte en un artefacto de elegida confianza y aceptación del amor que me une al Espíritu. maasa.ca, FB: Maasa-Visionary Artist **p. 58**

Mahada Thomas (Penticton, BC) es una artista sanadora, maestra espiritual y sacerdotisa ceremonial. Es escritora, cantante de almas, bailarina espiritual y guardiana de la tierra. Le encanta mantener el espacio sagrado y comparte su viaje de sanación para inspirar a otres. Visítela en mahadathomas.com, YT: Mahada Thomas Healing Arts **p. 139**

Marla Faith (Nashville, TN) Inspiradores, coloridos y estimulantes collages, pinturas, dibujos y arte en tela en técnica mixta. marlafaith.com, IG: @marla.faith **p. 165**

Marnie Recker (Tofino, BC) Fotógrafa, pintora, ceramista y guardadora del faro de la costa noroeste del Pacífico. Crea arte para honrar la maravillosa belleza de la naturaleza, el espíritu de la creatividad y la interconexión de toda Vida. marnierecker.ca **p. 93, 95**

Meegan Simpson-Cooke (Victoria, BC) Soy poeta y escritora de no-ficción; actualmente estoy lanzando *The Art of Mental Health*, un negocio de escritura y creación artística que fomenta la sanación a través de las artes terapéuticas. artofmentalhealth.blog, FB: meegan.simpsoncooke **p. 93**

mega (Joshua Tree, CA) viviendo al ritmo del deleite. reflector reflejándolo todo, aquí para ser la encarnación del amor de estar viva. mandalas a mano alzada y creaciones de todo tipo. teje la red junto a mí: rhythmicdelights.com & IG: @ rhythmicdelights **p. 202**

Melissa Harris (West Hurley, NY) Artista, autora, intuitiva. Lleva a cabo retiros sobre el arte & espíritu en las montañas Catskill, Irlanda, Escocia, Maine y Nuevo México. Autora de las barajas *100 Keys to a Creative Life* (Amazon): *Anything is Possible* y *Goddess on the Go*. melissaharris.com, mharrisfineart.com, FB: Melissa Harris Art IG: @Melissaharrisart **p. 43, 111**

Melissa Kae Mason, "MoonCat!" "PAGEmason" (EARTH) Astróloga viajera, artista, DJ de radio, fotógrafa, creadora de joyas, remitente de postcard, inventora de barajas de la diosa, vidente de patrones, aventurera y buscadora del hogar. Visítame en la web: lifemapastrology.com y envíame un email a: LifeMapAstrology@gmail.com **p. 206**

Melissa Stratton Pandina (Westborough, MA) es una artista cuyo trabajo ha sido publicado y vendido internacionalmente. Una enfermedad la llevó al animismo. Su trabajo se centra en dar vida al folclore. Trabaja principalmente con óleo, pluma y tinta y acuarela. deshria.com, @deshriastudio **p. 69, 149, 177**

Meridian Azura (New Boston, NH) es una artista de medios mixtos y bruja que trabaja con la divinidad femenina. Puedes encontrar su trabajo en IG:@meridian. azura o en su website: meridianazura.com **p. 157**

Mimi Foyle (Portland, OR) vive dedicada a proteger, regenerar y celebrar la diversidad ambiental y cultural salvaje del Ecuador con espíritus afines en todas partes. guaycuyacu@gmail.com **p. 108**

Mindi Meltz (Hendersonville, NC) es autor de varias novelas míticas para adultos, centradas en la divinidad femenina y la sanación de la tierra— la más reciente es la trilogía *After Ever After*. Ella además crea las barajas *Animal Wisdom Card* con varios temas. mindimeltz.com **p. 36**

Molly Remer MSW, D. Min (Rolla, MO) es sacerdotisa, mística y poeta. Es autora de numerosos libros, incluyendo *365 Days of Goddess*, y es la creadora de *Story Goddesses* en Brigid's Grove y de la experiencia devocional #30DaysofGoddess. 30daysofgoddess.com, @brigidsgrove **p. 149**

Monica Heartwood (Ripton, VT) es herbolaria, mamá, cuidadora de niñes, hija del bosque y defensora de la soberanía de todos los seres. La Tierra es su diosa y musa. Dar a luz la trajo de regreso al Espíritu de una manera que ninguna otra cosa jamás lo hubiese hecho. @wildmoon_mama **p. 47**

Monisha Holmes (Fort Myers, FL) (ella) es una modelo y escritora con múltiples talentos, dedicada a promover el bienestar mental y explorar la espiritualidad para el crecimiento personal. Con una maestría en ciencias en trabajo social de la Universidad de Columbia, Monisha aborda los complejos desafíos de la sociedad actual. Su perspectiva refrescante sobre el bienestar, puede encontrarse en publicaciones como *Cosmopolitan Magazine, TeenVogue, ShondaLand,* y *Bustle*. Con una base en psicología humanista, inspira el autocuidado y el desarrollo personal a través de una perspectiva mágica. La dinámica trayectoria de Monisha y su compromiso con el crecimiento holístico, la convierten en una voz poderosa para vivir una vida auténtica. **p. 11, 39, 53, 65, 75, 89, 101, 113, 125, 139, 151, 163, 173**

Musawa (Estacada, OR and Tesuque, NM) La Tierra de We'Moon es una de las primeras comunidades de mujeres en este país. ¡Habiéndola comenzado en 1973, cuando yo tenía 20 años; ahora tengo 70, estoy buscando nuevas generaciones de mujeres, que siguiendo el espíritu de We'Moon, deseen apoyar la continuidad de esta comunidad intergeneracional de lesbianas—durante los próximos 50 años! FFI: wemoonland@gmail.com **p. 6, 198**

Myrna Cleghorn (Cozumel, Mexico) Artista visual y escritora puertorriqueña, ha participado en numerosas exposiciones colectivas en todo México y Puerto Rico, obteniendo elogios y reconocimientos. Su libro, *Ese Gusto por la Vida*, está disponible en Amazon.com. FB & IG: @myrnacleghornart, myrnacleghorn.com **p. 35, 152**

Nina George (Todmorden, West Yorkshire) breathingfireintowhoweare.wordpress.com **p. 29**

Olivia Morgan (North Saanich, BC) es tejedora de amor y cuidadora de la vida. sacredpathsoflove.com **p. 16**

P. G. Macias (Loveland, CO) La pasión de Pamela radica en la ilustración a mano representativo del surrealismo pop femenino y la naturaleza mística. Debido a que el lenguaje de señas americano es su primera lengua, tiene una apreciación visual y perceptiva de la vida. pgmacias.com, @pgmaciasworks **p. 155**

Patricia Anne Soper (Patchogue, NY) Inspirada por lo místico y la estación de la naturaleza y la vida. **p. 33, 67**

Patricia Rose (Seattle, WA) es maestra, escritora y viajera. Patricia está escuchando y respondiendo a un llamado a ser parte del movimiento que devolverá la mística femenina y la hermandad sagrada a su lugar legítimo. **p. 68, 171**

Patti Sinclair (Edmonton, AB) En un estilo lírico y devocional, la poesía de Patti intenta fundamentar algunos impulsos feroces y bellos de momentos privados y rituales colectivos. Para ver y escuchar más: IG: @locatingthebeauty, poet-at-large.blogspirit.com **p. 24**

Pi Luna (Santa Fe, NM) Sus obras están hechas con trocitos de papel recortados de revistas recicladas. Para ver un vídeo que muestra su proceso, visite su sitio web en pilunaart.com, @pilunaart **p. 164, 175**

Rebekah Myers (Springville, UT) Es la fundadora y facilitadora de *Sacred Sisters Full Moon Circle*, una página en línea de facebook e instagram abierta a todos, y un grupo privado que se reúne localmente y en línea para mujeres. Nos centramos en el empoderamiento de la mujer, la sabiduría de la mujer, la espiritualidad de la diosa, las fases lunares, la tienda roja, lo sagrado femenino, las artes sagradas, la tradición popular, la rueda del año . . . **p. 134**

Renée Hummel (Boulder, CO) Las plantas perennes del jardín de esta vida incluyen un profundo aprecio por la naturaleza, una espiritualidad ecléctica arraigada en un momento de gracia de la infancia y la alegría de recibir palabras e inspiraciones que a veces se convierten en poemas. renee.hummel@yahoo.com **p. 70**

Rohmana D'Arezzo (San Rafael, CA) Me encanta sintetizar ideas antiguas/futuras, de mitos estudiados y modelos imaginarios de percepción. Me inspira crear expresiones de naturaleza curativa donde mis recuerdos y mi intuición se entremezclan, donde el lenguaje simbólico se convierte en representación visual, donde puedo soñar. Goddessarts.com **p. 66**

Sandra Pastorius (Ashland, OR) es astróloga desde 1979 y escritora destacada de We'Moon desde 1990. Busque su recopilación de ensayos We'Moon, *Galactic Musings* en recursos en wemoon.ws. Con el Sol en Géminis, se deleita mezclando lo lúdico y lo profundo. Sandra ofrece cartas astrales individuales y de pareja, lecturas y actualizaciones de tránsitos en persona o por teléfono. Envíale un correo electrónico sobre clases de astrología a: sandrapastorius@gmail.com, y para leer más artículos vayan aquí: wemoon.ws/blogs/sandras-cosmic-trip. ¡Paz! **p. 12, 14, 208**

Sandra Stanton (Farmington, ME) Continuamos explorando las conexiones empáticas entre las personas, otras especies y la Madre Tierra. Las Diosas del Mundo y la tradición de los árboles se combinan en *The Green World Oracle*, con Kathleen Jenks, publicado por Schiffer. goddessmyths.com, sandrastanton.art **p. 29, 151**

Sandra Ure Griffin (St. Louis, MO) es grabadora, autora/ilustradora y educadora. Es madre de cuatro hijos, abuela de seis y hermana de todas. sandraugriffin.com, IG: @sandraugriffin **p. 138**

ScharCbear Freeman (Eleele, HI) Como artista, fotógrafa y poeta, vive sus sueños en Kaua'i. Se inspira en su cultura nativa americana y en la hawaiana. Las mujeres son un tema constante, así como la luna, los gatos, el mar, las palmeras y las flores. artpal.com/scharart, IG: @Schar Freeman, FB: ScharArt **p. 99**

Shanti Bennett (Gresham, WI) es una artista de técnicas mixtas que vive en la zona rural de Wisconsin. Le encanta facilitar talleres de arte que ayudan a las personas a ver su propia creatividad. Su estilo siempre está evolucionando y es colorido, caprichoso, espiritual, y tiene energía curativa y edificante. FB: Art by shanti **p. 129**

Shayla Paradise (Hotchkiss, CO) es una caminante de la Tierra que cree plenamente en la llegada de la sabiduría del corazón para elevar a la humanidad. Sigue su música en bandcamp: shaylaparadeis, sus escritos en Substack, o visita su sitio web: atkiddo.com **p. 75**

Shea Marie Bodine (Silverton, OR) @moon.side.poetry **p. 169**

Shelley Irish (Seattle, WA) Soy artista, instructora y entrenadora certificada en Artes Terapéuticas para la Vida. Mi arte explora el entramado de la psicología, la espiritualidad y el mundo natural. Mis clases guían a las personas en el dominio artístico y la curación a través del arte. Conéctate, regístrate y compra en shelleyirish.com, @holistic.artistic.shelley **p. back cover**

Sheri Howe (Hardwick, VT) Artista y maestra. Mi trabajo es un momento de contemplación, una ofrenda, una oración. Refleja mi experiencia con todo lo que hay de antiguo, misterioso, poderoso, sostenible y bello en el mundo y en nuestra interconexión. sherihowe.com, Etsy: sherihoweart **p. 62**

Sierra Rae Parker (Homer, AK) fue una artista multimedia, escritora, actriz y fotógrafa cuyo arte es mágico, caprichoso, lleno de mensajes y significados ocultos, y nos invita a todos a aprovechar nuestros superpoderes y nuestro yo multidimensional. sierraraeparker.com **p. 73**

Sivani Howe (Ta Ta Creek, BC) obtuvo un Certificado de Posgrado en Escritura Creativa en el *Humber College of Creative Writing* y ha publicado sus memorias, *The Yoga of Remembrance* (en Amazon). También publicará su primera novela, *Land's Breath*, en otoño de 2024. solaceandshine.ca, @solace_and_shine **p. 69**

Sophia Rosenberg (LaSqueti Island, BC) Gracias, We'Moon creatrixes, por ayudarnos a llevar la cuenta de los días y las lunas de nuestras vidas, así como por inspirar y apoyar la creatividad de las mujeres durante décadas. sophiarosenberg.com, Etsy: BluebeetleStudio **p. 80**

Stephanie A. Sellers (Fayetteville, PA) Estoy muy contento de seguir compartiendo mis poemas con la comunidad We'Moon desde hace 10 años. Gracias a todos. Echa un vistazo a mi libro *Daughters Healing from Family Mobbing*. sednasdaughters.com **p. 127, 164**

Sue Davis (Fort Wayne, IN) vachonarts.com, IG, FB & Pin: @davisvachon **p. 27, 125**

Susa Silvermarie (Ajijic, Mexico) En esta cúspide de evolucionar o perecer, las mujeres nos estamos levantando. Mi nueva colección, *Who Will Board the Silver Boat, Poems for Evolving* ya está disponible. Visite susasilvermarie.com o contáctenme en ssilvermarie@gmail.com **p. 160**

Susan Baylies (Durham, NC) vende sus fases lunares en forma de tarjetas, gráficos de mayor tamaño y carteles en snakeandsnake.com, o envíele un correo electrónico a: sbaylies@gmail.com **p. 228**

Susan Ellenton (Victoria, BC) es una cautivadora música, escritora, naturalista y artista visual. singfornoreason.com **p. 126**

Susan Levitt (San Francisco, CA) es astróloga, tarotista y consultora de feng shui desde 1986. Entre sus libros destacan *Taoist Astrology* e *Introduction to Tarot*. También es cocinera, estudia medicina china y le encantan los animales, especialmente los pájaros. Sigue el boletín de astrología lunar de Susan para actualizaciones sobre la Luna nueva y la Luna llena en su sitio web. susanlevitt.com **p. 13, 198**

Susan Topf (San Francisco, CA) Profesora de yoga, mentora y estilista de vida ecológica. Vive a través del lente del cuerpo integral en ritmo con los rituales femeninos de la naturaleza. Humildemente y agradecidamente comparto esta sabiduría concreada desde mi interior. Encuéntrame en: susanyoga.com ó en IG & FB: @susantopf **p. 117**

Suzanne Grace Michell (Sacramento, CA) Me encanta y sobrecoge la interacción entre lo Divino, la humanidad, el mundo natural y la creatividad. Estas conexiones inspiran mi vida y mi arte. Es un placer compartir mi trabajo con ustedes. RockMama.com **p. 102**

Tamara Phillips (Vancouver, BC) es una artista de la acuarela inspirada por la belleza cruda del mundo natural y nuestra conexión con él. Explora la profundidad entre el mito, el sueño, la intuición y la realidad. Vea más obras suyas en tamaraphillips.ca, @tamaraphillipsart **p. 97, 98, 109, 145**

Tamu Mosley (Oakland, CA) es madre, ceremonialista, alquimista de cocina, fabricante de medicinas, facilitadora de bienestar y practicante de esencias florales en oración y práctica diaria para invitar al espíritu femenino a volver al equilibrio sagrado. wholisticshine.com, @wholistic _ shine **p. 48**

Tasha Zigerelli (Kamuela, HI) Ceremonialista, madre, escritora, trabajadora del duelo y la muerte, Tasha teje palabras en los portales del nacimiento + la muerte. Su primer poemario, The Blood of Roses, se publicó en otoño de 2024. Vive en la tierra alquímica de Pele, la isla de Hawai, con su familia. tendinggrief.com, @tashazigerelli **p. 142**

Taylor Wilson (Asheville, NC) es una entrenadora espiritual y profesora de meditación que ayuda a sus clientes a encontrar su yo más radiante y poderoso. Es poeta, romántica empedernida y devota del amor. IG: @thetaylored_spirit y en tayloralagna.com **p. 104**

Tiffany Giasson (Poland, ME) se inspira en la belleza de la naturaleza y en el cambio de las estaciones. Como escritora, artista, jardinera y creadora visual, canaliza su creatividad en palabras e imágenes que reflejan su profunda conexión con la Tierra . . . IG: @toffeeleigh_ **p. 34**

Toni Truesdale (Biddeford, ME) (1948–2021) Artista, muralista, profesora e ilustradora, Toni era una defensora de la mujer, el entorno natural y la diversidad de las culturas del mundo. Más información en tonitruesdale.com **p. 52, 75, 107**

Wendy Page (Victoria, BC) Dimensional Travel Series # 4 sólo es una de las series de diez. Desde las profundidades de la oscuridad surge mi conexión con la fuente, cada nivel es una curación. Mi trabajo es una invitación a ir hacia dentro . . . a darse cuenta de que HAY más . . . y de no dejar nunca de buscar . . . sark_53@telus.net **p. 4**

Xelena González (San Antonio, TX) madre de Yemaya Xol, manifestó la baraja de oráculos Lotería Remedios. Sus libros ilustrados incluyen: *All Around Us, Where Wonder Grows, Remembering,* y *Of the Sun*. Practica la narración encarnada para la alegría y la curación. Conecten en: xelena.space, IG: @xfactor.live **p. 140**

Errors/Corrections

Tenemos que informar algunos errores que se imprimieron en los productos We'Moon 2025: Anotamos incorrectamente la fecha del Año Nuevo chino en la lista de días festivos convencionales en el apéndice (página 130 de la agenda y dentro de la contraportada del calendario de pared). La fecha debería haberse marcado como el 29 de enero, ya que el año nuevo lunar chino siempre cae en la segunda luna nueva después del solsticio de invierno. Además, hicimos una anotación incorrecta de la Luna vacía del rumbo el 8 de agosto. No hay Luna Vacía ese día, e indicamos incorrectamente que la Luna estuvo en Leo los días 27 y 28 de mayo, cuando en realidad la Luna permaneció en Géminis hasta su tránsito a Cáncer el día 28.

Agradecemos todos los comentarios que recibimos, así que háganos saber si encuentra algún problema. Visite nuestra página web "Errors and Corrections" cerca del comienzo del año para ver las correcciones publicadas para esta edición de We'Moon.

Teoría We'Moon

Ritmos de Gaia: mostramos los ciclos naturales de la Luna, el Sol, los planetas y las estrellas en su relación a la Tierra. Al fijarnos en nuestras actividades, poniéndolas en relación con esos cuerpos celestes, si es que tenemos alguna, podremos darnos cuenta de la conexión que tenemos. La Tierra gira sobre su eje en un día; la Luna orbita alrededor de la Tierra en un mes (29 días y medio); la Tierra orbita alrededor del Sol en un año. Experimentamos cada uno de esos ciclos en los ritmos alternos del día y la noche, de la luna creciente y decreciente o del verano y el invierno. La Tierra, la Luna y el Sol son el círculo del que formamos parte dentro del universo. En todo momento sabemos dónde estamos en relación a ellos gracias a la danza de luces y sombras que se produce cuando van girando unos alrededor de otros.

Los ojos del cielo: Los ojos del cielo: vistos desde la Tierra, la Luna y el Sol tienen el mismo tamaño; según la astrología de la India son "el ojo derecho e izquierdo del cielo". A diferencia de los calendarios solares del patriarcado cristiano (occidental), We'Moon aborda nuestra experiencia mirando a través de ambos ojos por igual. **El ojo lunar** del cielo se ve cada día en las fases de la Luna, ya que ella es tanto un reflector, como una sombra, recorriendo su camino de 29 días y medio alrededor de la Tierra en un mes lunar (de cada luna nueva a la siguiente, 13 veces en un año lunar). Como la Tierra está al mismo tiempo orbitando alrededor del Sol, a la Luna le cuesta 27 días y un tercio recorrer todos los signos del zodíaco (un mes sideral). **El ojo solar** del cielo se hace visible en los puntos de inflexión del ciclo solar. El año empieza con el solsticio de invierno (en el hemisferio norte), el oscuro momento de la renovación, y viaja a través del ciclo completo de estaciones y de los puntos de equilibrio (solsticios, equinoccios y los cuatro días a mitad entre solsticios y equinoccios). **El tercer ojo del cielo** podrían ser las estrellas. La astrología mide los ciclos en relación con el Sol, la Luna y el resto de planetas de nuestro universo, con los signos de las constelaciones (el zodíaco) como trasfondo. Así, ayudándonos a situarnos dentro de los más amplios ciclos del universo.

Midiendo el tiempo y el espacio: La Tierra es el centro desde donde vemos nuestro universo. El Sol, la Luna y los planetas son como las manos del reloj. Cada una tiene su propio ritmo de movimiento a lo largo del ciclo. La eclíptica, línea de cielo alrededor de la Tierra a 17º, en ella se encuentran las órbitas de todos los planetas y la zona más externa del reloj, aquella en que se encuentran los números. Las estrellas se agrupan a lo largo de la eclíptica en constelaciones que forman los signos del zodíaco (los doce signos son como los doce números del reloj). Estos marcan los movimientos de los planetas a lo largo del círculo de 360 grados del cielo, el reloj del espacio y del tiempo.

Perspectiva de toda la Tierra: es importante destacar que todos los ciclos naturales tienen una imagen simétrica cuando adoptamos una perspectiva de toda la Tierra (las estaciones se dan en momentos opuestos en los hemisferios norte y sur y el día y la noche se dan en momentos opuestos en lados opuestos de la Tierra. También la Luna participa de este juego (una luna creciente en Australia mira hacia la derecha (☾), mientras que en América del Norte mira

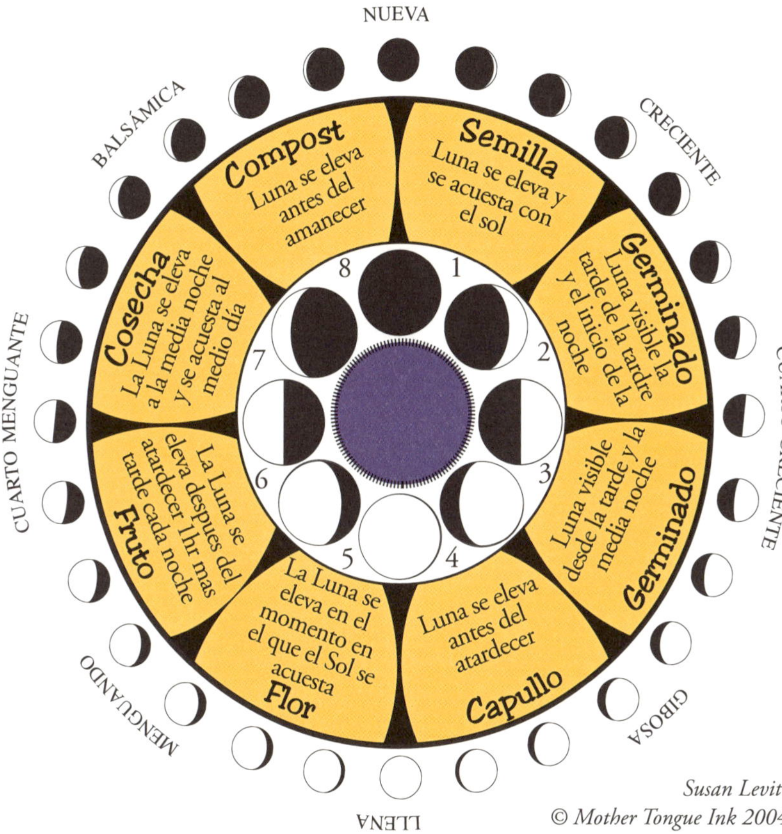

Susan Levitt
© Mother Tongue Ink 2004

hacia la izquierda(☽). We'Moon utiliza una perspectiva del hemisferio norte por lo que respecta al tiempo, los días festivos, las estaciones y las fases lunares. Las mujeres wemoon que viven en el hemisferio sur, deberían transformar las descripciones de los días festivos para que cuadren con las estaciones de su zona. Honramos una perspectiva cultural de toda la Tierra al incluir cuatro lenguajes de diferentes lugares del mundo para los días de la semana.

Perspectiva de todo el cielo: también resulta importante destacar que por toda la Tierra existen diversidad de culturas y de épocas que han interactuado con la cúpula celeste de innumerables maneras. El zodíaco del que hablamos no es más que una de las muchas maneras en que la humanidad ha dibujado y relacionado con las estrellas. En este calendario utilizamos el zodíaco del trópico en el que el punto del equinoccio vernal se mantiene a cero grados en Aries. La astrología occidental utiliza básicamente este sistema. La astrología védica u oriental utiliza el zodíaco sideral, que basa las posiciones de los signos en las estrellas fijas y en qué tiempo el equinoccio vernal se ha desplazado unos 24º más allá de los cero grados de Aries.

Musawa © Mother Tongue Ink 2008

Conocimientos básicos astrológicos

Planetas: Los planetas son como los chakras de nuestro sistema solar, permiten que diferentes frecuencias o tipos de energías se expresen. Ver el artículo por Page Mason "Laika Pyrate" (p. 204) para los atributos planetarios.

Signos: Los doce signos del zodíaco son un mandala en el cielo, marcando segmentos de 30° en el círculo de 360° alrededor de la Tierra. Los signos muestran cambios importantes en la energía planetaria mediante sus ciclos.

Glifos son los símbolos que se usan para representar planetas y signos. Ver "Signos y símbolos a simple vista" (p. 201).

Signo solar: El Sol entra en un nuevo signo una vez al mes (alrededor del 21 de cada mes), y completa el ciclo entero del zodíaco en un año. El signo solar refleja las cualidades del ser externo luminoso.

Signo lunar: La Luna cambia signos aproximadamente cada 2 días a $2^{1}/_{2}$ días, pasando por los doce signos del zodíaco cada $27^{1}/_{3}$ días (el mes sidéreo). El signo lunar refleja las cualidades del fondo del ser interior.

Fase lunar: Cada día del calendario está marcado con un gráfico que representa la fase de la Luna. En los cuatro puntos de cuarto del ciclo lunar (nueva, creciente, llena y menguante), indicamos la fase, signo y hora exacta para cada uno. Estos puntos marcan la "semana lunar".

Día de la semana: Cada día se asocia con un planeta cuyo símbolo aparece en la línea por encima (por ej.: ☽☽☽ es para la Luna: Moonday, Monday, Luna Day, lundi, lunes).

Eclipses: El tiempo dado es para el ápice del eclipse, que está cerca de, pero no a la hora exacta de la conjunción (☉☌☽) u oposición (☉☍☽). Las ubicaciones de donde son visibles los eclipses también se dan. Ver "Eclipses" (p. 12).

Aspectos (□△☍☌✶⊼): Éstos muestran el ángulo de relación entre los diferentes planetas. Los aspectos diarios proporcionan algo como el pronóstico del tiempo astrológico, indicando qué energías trabajan juntas fácilmente y qué combinaciones son más desafiantes.

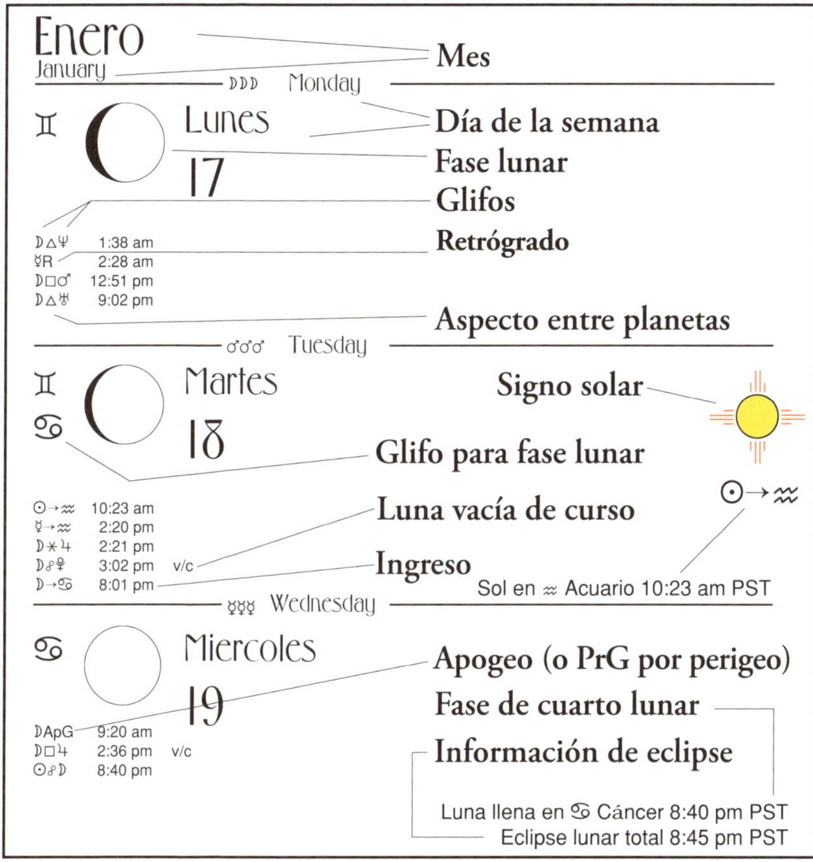

Ejemplo de página de calendario para referencia solamente

Ingresos (→): Cuando el Sol, la Luna o un planeta se mueve de un signo del zodíaco a un nuevo signo.

Super Luna es una luna nueva o llena que ocurre cuando la Luna está en o dentro de 90% de su perigeo, su aproximación más cercana a la Tierra. Como promedio, hay de cuatro a seis super lunas cada año. Las super lunas llenas podrían aparecer visualmente más cerca y luminosas, y promover corrientes más fuertes. A nivel personal, podríamos usar la mayor proximidad de las super lunas para iluminar nuestros horizontes interiores y profundizar en nuestras auto-reflexiones y meditaciones.

Apogeo (ApG): El punto en la órbita de la Luna o un planeta que está más *lejos* de la Tierra. En este momento, los efectos de los tránsitos (cuando los planetas pasan a través del paso de otro planeta) podrían ser menos evidentes inmediatamente, pero podrían aparecer más tarde.

Perigeo (PrG): El punto en la órbita de la Luna o un planeta que está más *cerca* de la Tierra. Los tránsitos con los planetas o la Luna, cuando están en perihelio serán más intensos.

Nodos lunares son los puntos más al norte y al sur del ciclo mensual de la Luna cuando cruza la eclíptica del Sol o la trayectoria anual, ofreciendo integrar las direcciones pasadas (sur) y futuras (norte) en la vida.

Directo o Retrógrado (D o R): Estos son momentos cuando un planeta se mueve hacia delante (D) o hacia atrás (R) mediante los signos del zodíaco (una ilusión óptica, como cuando un tren en movimiento pasa un tren más lento parece ir hacia atrás). Cuando un planeta está en un movimiento directo, las energías planetarias son más directas; en retrógrado, las energías planetarias vuelven en sí mismas y son más involutas. Ver "Mercurio Retrógrado" (p. 12).

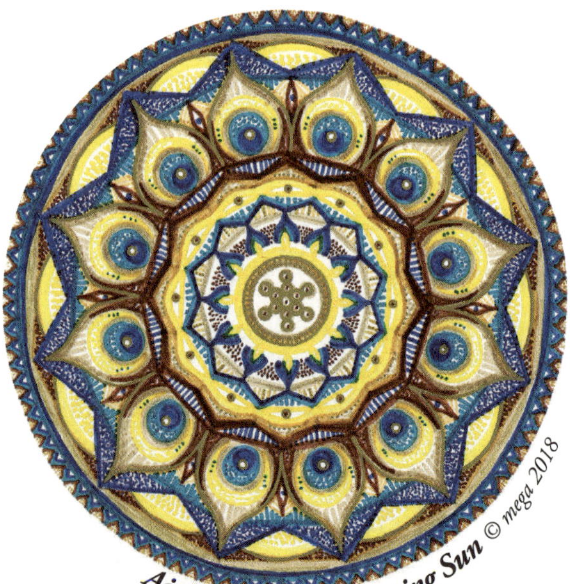

Air Temple of the Resting Sun © mega 2018

Una Mirada a los Signos y Símbolos

Planetas

<u>Los planetas personales</u> son los más cercanos a la Tierra.
☉ **Sol:** auto radiante hacia afuera, carácter, ego.
☽ **Luna:** yo reflexive, emociones, psique.
☿ **Mercurio:** comunicación, viajes, pensamiento.
♀ **Venus:** relaciones, amor, sentido de belleza, empatía.
♂ **Marte**: deseo de acción, iniciativa, ambición.

<u>Los asteroides</u> están entre Marte y Júpiter y reflejan el despertar de los centros energéticos femeninos en la conciencia humana. Ver "planetas de la Diosa" (p. 207).

<u>Los planetas sociales</u> están entre los planetas personales y los externos.
♃ **Júpiter:** expansión, oportunidades, liderazgo.
♄ **Saturno:** límites, estructura, disciplina.
⚷ **Quirón:** es un pequeño cuerpo planetario entre Saturno y Urano que representa al curandero herido.

<u>Los planetas transpersonales</u> son los planetas externos.
♅ **Urano:** consciencia cósmica, cambio revolucionario .
♆ **Neptuno:** despertar espiritual, amor cósmico, todo uno.
♇ **Plutón:** muerte y renacimiento, cambio profundo.

Zodíaco

♈ Aries
♉ Tauro
♊ Géminis
♋ Cáncer
♌ Leo
♍ Virgo
♎ Libra
♏ Escorpio
♐ Sagitario
♑ Capricornio
♒ Acuario
♓ Piscis

Aspectos

Los aspectos muestran el ángulo entre planetas, éste determina qué influencia ejercen entre sí y hacia nosotras. We'Moon sólo enumera los aspectos más significativos:

☌ CONJUNCIÓN (los planetas están a 0–5°) unidos, la energía de los Planetas con este aspecto se potencia mútuamente.
☍ OPOSICIÓN (los planetas están a 180°) polarizadas o complementarias, Sus energías son diametralmente opuestas.
△ TRÍGONO (los planetas están a 120°) en armonía, las energías de este Aspecto están en el mismo elemento.
□ CUADRATURA (los planetas están a 90°) desafiantes, las energías de Este aspecto son diferentes entre sí.
⚹ SEXTIL (los planetas están a 60°) cooperativas, las energías de este Aspecto se llevan bien.
⚻ QUINCUNCIO (los planetas están a 150°) variables, las energías de Este aspecto combinan elementos contrarios.

Otros Símbolos

☽ **v/c**–La Luna está "fuera de curso" cuando abandona el aspecto anterior y hasta que entra en el nuevo signo.

ApG–Apogeo: punto en que la Luna está más alejada de la Tierra.

PrG–Perigeo: punto en que la Luna está más cerca de la Tierra.

D o R–Directo o retrógrado: describe cuándo un planeta se mueve hacia delante. (D) en el zodíaco o parece moverse hacia atrás (R).

Constelaciones del Zodíaco

Estas estaciones del zodiaco fueron nombradas hace miles de años por las constelaciones que estuvieron detrás de ellas en ese momento. Los signos del zodíaco actúan como un filtro leve, coloreando las cualidades de la fuerza de vida. Mientras el Sol, la Luna y otros planetas se mueven a través del zodíaco, sus energías tienen las siguientes influencias:

♒ **Acuario (Aire):** Comunidad, ingenuidad, colaboración, idealismo. Es tiempo de honrar la filosofía del amor y el poder de la comunidad.

♓ **Piscis (Agua):** Introspección, imaginación, sensibilidad e intuición. Procesamos y gestamos nuestros sueños.

♈ **Aries (Fuego):** Valiente, directa, rebelde, enérgetica. Nuestra adolescente interna cobra vida; nuestro ser adulto necesita dirigir la energía sabiamente.

♉ **Tauro (Tierra):** Sensual, enraizada, nutritiva, manifestación material. Vamos más despacio, aterrizamos, despertamos nuestros sentidos, iniciamos una forma de construcción, raíces y fuerza obstinada.

♊ **Géminis (Aire):** Comunicación, enlaces, curiosidad, ingenio. Conectamos con mentes afines y construimos redes de entendimiento.

♋ **Cáncer (Agua):** Familia, hogar, conciencia emocional, alimento. Necesitamos tiempo en nuestra concha y con nuestros familiares.

♌ **Leo (Fuego):** Creatividad, carisma, calidez y entusiasmo. Reúnete con otres para celebrar y compartir generosidad.

♍ **Virgo (Tierra):** Mercuriana, curiosa, crítica y comprometida. La actitud afina nuestras mentes y nervios y nos manda de regreso a trabajar.

♎ **Libra (Aire):** Belleza, igualdad, igualitarismo, cooperación. Crecemos más amistosamente, orientadas hacia las relaciones indignadas por la injusticia.

♏ **Escorpio (Agua):** Enfoque nítido, perceptiva, empoderada, misteriosa. La actitud es ahumada, primitiva, oculta y curiosa; aguas tranquilas corren profundo.

♐ **Sagitario (Fuego):** Curiosidad, honestidad, exploración, juego. Nos volvemos más curiosas sobre lo que no nos es familiar.

♑ **Capricornio (Tierra):** Familia, historia, sueños, tradiciones. Necesitamos montañas para escalar y problemas para resolver.

Adaptado de Signos y tránsitos solares *de Heather Roan Robbins © Mother Tongue Ink 2016*

Tránsitos lunares

La Luna cambia de signo cada 2 días y medio. El signo que la luna transita, es el que establece el tono anímico del día.

♒ Luna en Acuario nos llama al círculo y a alejarnos de las preocupaciones personales; nos recuerda lo sagrado de la colaboración y colectividad. Es tiempo de buscar nuevas alianzas, conexiones, y vivir nuestra filosofía.

♓ Luna en Piscis nos hace más conscientes, a veces de una manera dolorosa, de nuestras emociones. Realza la compasión, intuición. Tal vez tengamos que fortalecer los límites. Explora el templo de la imaginación.

♈ Luna en Aries abre paso a nuestro fuego; temperamento, impaciencia y pasión. Sentimos una urgencia de enfocarnos, pero podemos perder nuestra empatía. Es tiempo de hacer lo que realmente nos hace sentir con vida, iniciar proyectos y establecer límites.

♉ La Luna en Tauro nos desacelera; raíces crecen profundamente en este obstinado, creativo y sensual período. Es tiempo de cultivar nuestros recursos terrenales: jardín, hogar y cuerpo. Siembra semillas en suelo fértil, escucha la magia de la Tierra.

♊ La luna en Géminis acelera nuestros pensamientos y nervios. Es tiempo de entretejer las palabras: hablar, escuchar, reír, cantar y escribir. Conéctate, negocia, reorganiza; haz malabares con las posibilidades; sólo no abarques demasiado al mismo tiempo.

♋ La Luna en Cáncer nos reconecta con nuestras emociones. Podemos sentir agobio y estar a la defensiva, o podemos auto-nutrirnos y reconectarnos con nuestros sentimientos más genuinos. Agua es sanación, limpia, hidrata, haz sopa.

♌ La Luna en Leo nos lleva al centro de la acción. Es tiempo de brillar, expresarse y apreciar las historias únicas de los demás. Celebra, ritualiza, dramatiza. Comparte con genuina generosidad Leonina.

♍ La Luna en Virgo agudiza nuestra mente y nervios. Nos ayuda a digerir la información y evaluar la situación. Invoca la compasión virgoniana y su técnica brillante de resolución de problemas. Limpia, organiza, edita, deshierba y cura.

♎ La Luna en Libra calienta nuestro corazón y realza nuestro sentido estético. Belleza, justicia y balance nos alimenta. Queremos que la gente se lleve bien, y nos volvemos alérgicas a la discordia cultural y entre los que amamos.

♏ La Luna en Escorpio nos vuelve hacia nuestro interior, profundiza nuestra curiosidad y enfoque, pero nos da una cierta actitud. Necesitamos privacidad, ya que el ánimo se vuelve quisquilloso. Retira la madera seca del alma y el jardín. Busca una más profunda y revitalizada contemplación.

♐ La Luna en Sagitario nos pone en movimiento alrededor del mundo, o en nuestra mente. Nos presta una fresca (a veces sin tino) honestidad, una chispa aventurera, una perspectiva filosófica y un mejor entendimiento con el mundo natural.

♑ La Luna en Capricornio afila nuestra ambición y pone a prueba nuestro sentido del humor. Es tiempo de ponerle manos a la obra para lograr nuestros sueños; organiza, construye, manifiesta. Establece claros objetivos a corto plazo y siente la felicidad de lograrlos.

Adaptado de Signos y tránsitos lunares *de Heather Roan Robbins © Mother Tongue Ink 2020*

Conócete a ti misma—Mapa de Aspectos Planetarios

La mayoría de las personas, cuando consideran consultar los beneficios de la astrología, se familiarizan sólo con su signo solar. Sin embargo, cada uno de los planetas dentro de nuestro sistema solar desempeñan un rol específico en el conocimiento completo de "El Ser".

Esta es una revisión rápida de los efectos astrológicos de nuestros planetas:

☉ **El Sol** representa el propósito de nuestra alma. Habla del por qué estamos aquí en la Tierra, lo que nos toca hacer o cumplir, y nos informa de nuestro avance en esta tarea. Responde a la vieja pregunta: ¿Por qué estoy aquí?

☽ **La Luna** representa nuestra capacidad para sentir y tener empatía con aquellos alrededor de nosotras así como con nuestra propia alma. Despierta nuestra intuición y el cuerpo emocional.

☿ **Mercurio** es "el pensador", e involucra nuestras habilidades de comunicación: lo que decimos, nuestras palabras, nuestra voz y nuestros pensamientos, incluyendo los roles de maestra/estudiante y maestra/aprendiz. Mercurio afecta cómo nos conectamos con todas las herramientas de comunicación mediática—nuestras computadoras, teléfonos, e incluso la comunicación con correo tradicional, e incluso ¡los sistemas de publicación y grabación!

♀ **Venus** es nuestro reconocimiento del amor, arte y belleza. Venus es armonía como forma de expresión, así como compasión, bendición y aceptación.

♂ **Marte** es quien dice "levántate y ve". Es la capacidad de tomar acción y hacer; representa el inicio del movimiento. Puede también afectar nuestro temperamento.

♃ **Júpiter** es nuestra búsqueda de la verdad, el vivir de acuerdo a nuestro sistema de creencias y andar nuestro camino con lo que estas creencias dicen acerca de nosotras. Involucra un deseo en expasión constante de educar al "Ser" a través conocimientos que hablan de la ley superior. Es la aventura y la oportunidad de estar en el camino—algunas veces literalmente se relaciona con viajes, culturas foráneas o internacionales, lenguajes y costumbres.

♄ **Saturno** es el maestro de las tareas, está activo cuando establecemos una meta o un plan para luego trabajar fuerte y diligentemente y cumplir lo que dijimos que haríamos. Saturno toma la vida muy en serio a lo largo del camino y puede ser bastante severo, eligiendo poner carga extra en su responsabilidad y esfuerzo.

⚷ **Quirón** es "el sanador herido". Se relaciona con lo que hemos traído a esta vida para arreglar o perfeccionar, y nos invita a hacerlo de la mejor manera posible. Es cuando competimos con nosotras mismas para mejorar nuestro resultados previos. Está también relacionado con la salud física y nutricional de nuestro cuerpo.

♅ **Urano** es nuestra capacidad para experimentar "la revolución", es la libertad para hacer las cosas a nuestra manera, exponiendo nuestra expresión individual, incluso con cierta picardía, mientras nos lanzamos hacia una visión colectiva del futuro. Urano inspira el deseo personal de "déjame ser" y conecta con un oceáno humano (un grupo de gente) que está haciendo lo mismo.

♆ **Neptuno** es el velo espiritual, nuestra conexión con nuestra psicología interna y la conciencia que dirige nuestra experiencia del alma. También la presencia psíquica y las capacidades de medium están influenciadas por Neptuno.

♇ **Plutón** es la transformación, la energía de muerte/renacimiento—a nivel extremo. Para que la mariposa emerja, la oruga que una vez fue debe dar su vida completamente. No hay retorno, es quemar el puente, es la explosión volcánica del poder propio. Es estar parada en la cima de la montaña y agarrar el rayo del relámpago con tu mano.

Además de todo lo anterior debe ser considerado nuestro **ascendente**. Este signo se calcula usando la hora del día en que naciste en relación con la rotación de la tierra, describe como nos relacionamos con el mundo exterior y cómo éste se relaciona con nosotras—nuestra apariencia, cómo nos ven los demás y cómo nos vemos a nosotras mismas. ¡Es la combinación de todos los otros elementos planetarios lo que nos hace únicas entre todas las otras personas que están vivas!

Por eso tener tu signo solar no es suficiente para ubicarte en una categoría específica. Ésta es nuestra forma de entender las cosas. ¡Conócete a ti misma!

Melissa Kae Mason, "MoonCat!" PAGEmason © Mother Tongue Ink 2011

Planetas de las diosas: Ceres, Pallas, Juno and Vesta

Los "asteroides" son pequeños planetas situados entre los planetas personales interiores (Sol a Marte), los cuales se mueven más rápidamente a través del zodíaco, y los exteriores son planetas sociales y colectivos (Júpiter a Plutón) y tienen movimientos más lentos y marcan los cambios generacionales. Ceres, Pallas, Juno y Vesta son los rostros de la Gran Diosa, los cuales despiertan nuestra conciencia, y aceleran aquellas habilidades nuestras, tan urgentemente necesarias para resolver nuestros muchos problemas personales, sociales, ecológicos y políticos.

⚳ **Ceres** (Diosa de los granos y la cosecha) simboliza la capacidad de nutrirnos a nosotras mismas, y a los demás, de manera sustancial y metafóricamente. Así como en la mitología griega de Deméter y Perséfone, ella nos ayuda a dejar ir y simbólicamente morir, a entender las dinámicas madre-hija, a ser madre de nosotras mismas, y a educar por medio del uso de nuestros sentidos..

⚵ **Juno** (Reina de los Dioses y de las relaciones) nos muestra qué tipo de relación de compromiso anhelamos, y nuestra propia manera de encontrar satisfacción personal y profesional. Mas, ésta anhela que las socias trabajen en equipo, con igualdad de derechos y responsabilidades.

⚴ **Palas** (Atenas) es un símbolo de nuestra inteligencia creativa y a menudo hace insinuaciones relacionadas al sacrificio de la creatividad de la mujer o la falta de respeto a la creatividad de la fémina. Ella trae a colación cuestiones relativas a relaciones entre padre e hija, y señala dificultades en cuanto a la vinculación entre cabeza, corazón y útero.

⚶ **Vesta** (Virgen Vestal/Sacerdotisa del Fuego) nos recuerda en primer lugar y más que todo, que nos permanezcamos a nosotras mismas ¡y estamos autorizadas a hacerlo! Ella nos enseña cómo regenerarnos, a activar nuestra pasión y cómo velar cuidadosamente de nuestro fuego interior durante las tormentas de la vida cotidiana.

fragmento Beate Metz © Mother Tongue Ink 2009

Mira a pág. 215 por Ephemérides Asteroides

Efemérides 101

Las efemérides planetarias consisten en un listado de las posiciones diarias de los cuerpos celestes en nuestro sistema solar.

Aunque nos referimos a ellos como "errantes" los planetas cuentan con órbitas individuales y predecibles. Esta regularidad resulta útil para la navegación, la observación del cielo y la elaboración de mapas para una fecha concreta.

Los primeros astrólogos desarrollaron y utilizaron tablas de efemérides para elaborar cartas astrales individuales o para acontecimientos concretos. Crearon mapas circulares en los que marcaban las posiciones de los planetas en un "estado del sistema solar" simbólico para utilizarlo como representación permanente o mandala. Las efemérides se podían consultar para ver cuándo los planetas en tránsito ocupaban el mismo símbolo y en el mismo ángulo que los planetas del mapa, y la relación que adoptaban con los planetas natales. Esta referencia permite la exploración de las tendencias y las dinámicas que pueden tener una correspondencia con la vida de una persona, o para utilizar el enfoque "así en la Tierra como en el cielo".

Las efemérides nos dan la posición de los planetas y el signo en el que se encuentra cada uno, así como el Sol, la Luna y sus nodos para ese día. El cuadro de la parte de abajo nos ofrece un resumen de datos, entre ellos, el cambio de signo de los planetas, los aspectos de los planetas más alejados y sus cambios de dirección o sus periodos retrógrados. Los cuadros del medio muestran las fases de la luna y en qué días entra en cada una de ellas, las fechas de los eclipses lunares o solares y las fechas en que la luna no está alineada con ningún otro cuerpo celeste. CG nos da la posición del centro de la galaxia para cada mes.

Utiliza la sección "Una mirada a los signos y simbolos" de la página 201 para conocer los símbolos o imágenes que corresponden a planetas, signos y aspectos.

Sandra Pastorius © Mother Tongue Ink 2018

Nota: La sección de las efemerides planetarias se encuentran en inglés. Por lo tanto, necesitan ser traducidos del inglés al español.

Luna: O hr = medianoche y mediodía = 12 p.m.

Planeta gifos (p. 206)

Ingreso: 1 de enero el sol se mueve en 10° Capricornio

R = Planeta retrógrado se muestra en la gris

Day	Sid.Time	☉	0 hr ☽	Noon ☽	True ☊	☿
1 Tu	6 41 26	10♑15 21	12♏21 35	18♏49 44	26♋52.2	23♐51.2
2 W	6 45 22	11 16 31	25 14 11	1♐35 10	26R 50.0	25 19.2
3 Th	6 49 19	12 17 42	7♐52 52	14 07 28	26 47.6	26 47.7
4 F	6 53 15	13 18 52	20 19 08	26 28 04	26 45.5	28 16.7
5 Sa	6 57 12	14 20 03	2♑34 27	8♑38 27	26 43.9	29 46.2
6 Su	7 01 08	15 21 14	14 40 17	20 40 08	26 42.9	1♑16.2
7 M	7 05 05	16 22 25	26 38 13	2♒34 48	26D 42.6	2 46.7
8 Tu	7 09 01	17 23 36	8♒30 08	14 24 32	26 42.9	4 17.6

Aries de ingreso de Marte 1 de enero a las 2:21 p.m.

Astro Data	Dy Hr Mn	Planet Ingress	Dy Hr Mn	Last Aspe[ct] Dy Hr Mn
♂0N	2 0:5[illegible]	♂ ♈	1 2:21	1 22:27 ♀
♅ D	6 20:28	☿ ♑	5 3:41	4 17:43 ☿
☊ D	7 0:06	♀ ♐	7 11:19	7 6:21 ♀

2026 Efemérides Planetarias

LONGITUDE — Enero 2026

Day	Sid.Time	☉	0 hr ☽	Noon ☽	True ☊	☿	♀	♂	⚳	♃	♄	♅	♆	♇
1 Th	6 42 39	10♑34 04	6♊42 13	14♊12 48	10♓57.6	28♐39.0	9♑12.3	12♑41.3	7♈04.2	21♋21.5	26♓10.0	27♉57.0	29♓30.4	2♒43.1
2 F	6 46 35	11 35 12	21 44 29	29 16 03	10R 48.3	0♑10.7	10 27.8	13 27.3	7 17.0	21R 13.6	26 13.6	27R 55.3	29 31.2	2 44.9
3 Sa	6 50 32	12 36 20	6♋46 15	14♋13 49	10 38.8	1 42.8	11 43.3	14 13.3	7 30.1	21 05.7	26 17.2	27 53.7	29 32.0	2 46.8
4 Su	6 54 29	13 37 28	21 37 38	28 56 41	10 30.2	3 15.2	12 58.8	14 59.4	7 43.4	20 57.7	26 20.9	27 52.2	29 32.8	2 48.6
5 M	6 58 25	14 38 36	6♌10 05	13♌17 13	10 23.5	4 48.0	14 14.3	15 45.5	7 56.9	20 49.8	26 24.8	27 50.7	29 33.7	2 50.4
6 Tu	7 02 22	15 39 43	20 17 37	27 11 01	10 19.2	6 21.1	15 29.8	16 31.7	8 10.7	20 41.7	26 28.7	27 49.2	29 34.6	2 52.3
7 W	7 06 18	16 40 51	3♍57 22	10♍36 46	10D 17.3	7 54.6	16 45.3	17 17.8	8 24.6	20 33.7	26 32.7	27 47.8	29 35.5	2 54.1
8 Th	7 10 15	17 41 59	17 09 28	23 35 50	10 17.3	9 28.5	18 00.7	18 04.1	8 38.8	20 25.6	26 36.7	27 46.4	29 36.4	2 56.0
9 F	7 14 11	18 43 07	29 56 22	6♎11 35	10 18.4	11 02.8	19 16.2	18 50.4	8 53.2	20 17.5	26 40.9	27 45.1	29 37.4	2 57.9
10 Sa	7 18 08	19 44 15	12♎22 05	18 28 30	10R 19.5	12 37.5	20 31.7	19 36.7	9 07.8	20 09.4	26 45.2	27 43.8	29 38.4	2 59.7
11 Su	7 22 04	20 45 23	24 31 29	0♏31 41	10 19.7	14 12.7	21 47.2	20 23.0	9 22.7	20 01.3	26 49.5	27 42.6	29 39.5	3 01.6
12 M	7 26 01	21 46 31	6♏29 44	12 26 15	10 18.2	15 48.3	23 02.6	21 09.4	9 37.7	19 53.2	26 53.9	27 41.4	29 40.6	3 03.5
13 Tu	7 29 58	22 47 40	18 21 49	24 17 02	10 14.7	17 24.3	24 18.1	21 55.8	9 52.9	19 45.1	26 58.4	27 40.2	29 41.7	3 05.4
14 W	7 33 54	23 48 48	0♐12 22	6♐08 19	10 09.1	19 00.8	25 33.6	22 42.3	10 08.4	19 37.1	27 03.0	27 39.1	29 42.8	3 07.3
15 Th	7 37 51	24 49 56	12 05 18	18 03 41	10 01.8	20 37.8	26 49.0	23 28.8	10 24.0	19 29.0	27 07.7	27 38.1	29 44.0	3 09.2
16 F	7 41 47	25 51 03	24 03 48	0♑05 54	9 53.3	22 15.2	28 04.5	24 15.3	10 39.8	19 21.0	27 12.4	27 37.1	29 45.2	3 11.1
17 Sa	7 45 44	26 52 11	6♑10 14	12 16 58	9 44.5	23 53.2	29 19.9	25 01.9	10 55.9	19 13.0	27 17.3	27 36.1	29 46.5	3 13.0
18 Su	7 49 40	27 53 18	18 26 13	24 38 06	9 36.3	25 31.7	0♒35.4	25 48.5	11 12.1	19 05.1	27 22.2	27 35.2	29 47.7	3 15.0
19 M	7 53 37	28 54 24	0♒52 40	7♒09 58	9 29.5	27 10.8	1 50.8	26 35.1	11 28.5	18 57.2	27 27.2	27 34.3	29 49.0	3 16.9
20 Tu	7 57 33	29 55 30	13 30 03	19 52 56	9 24.5	28 50.4	3 06.3	27 21.8	11 45.0	18 49.4	27 32.2	27 33.5	29 50.4	3 18.8
21 W	8 01 30	0♒56 35	26 18 39	2♓47 13	9 21.7	0♒30.5	4 21.7	28 08.4	12 01.8	18 41.6	27 37.4	27 32.8	29 51.7	3 20.7
22 Th	8 05 27	1 57 39	9♓18 43	15 53 12	9D 20.8	2 11.2	5 37.1	28 55.1	12 18.7	18 33.9	27 42.6	27 32.1	29 53.1	3 22.6
23 F	8 09 23	2 58 43	22 30 45	29 11 27	9 21.5	3 52.5	6 52.5	29 41.9	12 35.8	18 26.2	27 47.8	27 31.4	29 54.5	3 24.6
24 Sa	8 13 20	3 59 45	5♈55 25	12♈42 44	9 23.0	5 34.3	8 07.9	0♒28.7	12 53.1	18 18.7	27 53.2	27 30.8	29 55.9	3 26.5
25 Su	8 17 16	5 00 47	19 33 30	26 27 47	9 24.5	7 16.8	9 23.3	1 15.4	13 10.5	18 11.2	27 58.6	27 30.2	29 57.4	3 28.4
26 M	8 21 13	6 01 47	3♉25 35	10♉26 53	9R 25.3	8 59.8	10 38.6	2 02.3	13 28.1	18 03.8	28 04.1	27 29.7	29 58.9	3 30.3
27 Tu	8 25 09	7 02 46	17 31 35	24 39 28	9 24.9	10 43.3	11 54.0	2 49.1	13 45.8	17 56.5	28 09.7	27 29.3	0♈00.4	3 32.2
28 W	8 29 06	8 03 45	1♊50 15	9♊03 33	9 23.0	12 27.4	13 09.3	3 36.0	14 03.7	17 49.3	28 15.3	27 28.9	0 02.0	3 34.2
29 Th	8 33 02	9 04 42	16 18 52	23 35 34	9 19.7	14 12.0	14 24.7	4 22.8	14 21.8	17 42.2	28 21.0	27 28.6	0 03.5	3 36.1
30 F	8 36 59	10 05 38	0♋52 59	8♋10 21	9 15.6	15 57.0	15 40.0	5 09.8	14 40.0	17 35.3	28 26.7	27 28.3	0 05.1	3 38.0
31 Sa	8 40 56	11 06 32	15 26 50	22 41 39	9 11.2	17 42.5	16 55.3	5 56.7	14 58.3	17 28.4	28 32.6	27 28.0	0 06.7	3 39.9

LONGITUDE — Febrero 2026

Day	Sid.Time	☉	0 hr ☽	Noon ☽	True ☊	☿	♀	♂	⚳	♃	♄	♅	♆	♇
1 Su	8 44 52	12♒07 26	29♋53 58	7♌03 01	9♓07.2	19♒28.3	18♒10.6	6♒43.6	15♈16.8	17♋21.6	28♓38.4	27♉27.8	0♈08.4	3♒41.8
2 M	8 48 49	13 08 18	14♌08 06	21 08 39	9R 04.2	21 14.5	19 25.9	7 30.6	15 35.4	17R 15.0	28 44.4	27R 27.7	0 10.1	3 43.7
3 Tu	8 52 45	14 09 10	28 04 10	4♍54 17	9D 02.5	23 00.8	20 41.1	8 17.6	15 54.2	17 08.5	28 50.4	27 27.6	0 11.8	3 45.6
4 W	8 56 42	15 10 00	11♍38 48	18 17 37	9 02.1	24 47.2	21 56.4	9 04.6	16 13.1	17 02.1	28 56.4	27D 27.6	0 13.5	3 47.5
5 Th	9 00 38	16 10 49	24 50 44	1♎18 19	9 02.9	26 33.5	23 11.6	9 51.6	16 32.2	16 55.9	29 02.5	27 27.6	0 15.2	3 49.4
6 F	9 04 35	17 11 38	7♎40 37	13 57 56	9 04.3	28 19.6	24 26.9	10 38.7	16 51.3	16 49.8	29 08.7	27 27.7	0 17.0	3 51.3
7 Sa	9 08 31	18 12 25	20 10 42	26 19 24	9 06.0	0♓05.2	25 42.1	11 25.8	17 10.6	16 43.8	29 14.9	27 27.8	0 18.7	3 53.2
8 Su	9 12 28	19 13 11	2♏24 31	8♏26 38	9 07.4	1 50.1	26 57.3	12 12.8	17 30.1	16 38.0	29 21.2	27 28.0	0 20.5	3 55.0
9 M	9 16 25	20 13 57	14 26 21	20 24 14	9R 08.2	3 34.1	28 12.5	13 00.0	17 49.6	16 32.4	29 27.5	27 28.2	0 22.4	3 56.9
10 Tu	9 20 21	21 14 41	26 20 54	2♐16 57	9 08.3	5 16.8	29 27.6	13 47.1	18 09.3	16 26.9	29 33.9	27 28.5	0 24.2	3 58.8
11 W	9 24 18	22 15 24	8♐12 59	14 09 35	9 07.5	6 57.8	0♓42.8	14 34.2	18 29.1	16 21.5	29 40.3	27 28.9	0 26.1	4 00.6
12 Th	9 28 14	23 16 07	20 07 16	26 06 35	9 05.9	8 36.7	1 58.0	15 21.4	18 49.0	16 16.3	29 46.8	27 29.2	0 28.0	4 02.4
13 F	9 32 11	24 16 48	2♑07 59	8♑11 55	9 03.9	10 13.0	3 13.1	16 08.6	19 09.1	16 11.3	29 53.4	27 29.7	0 29.9	4 04.3
14 Sa	9 36 07	25 17 28	14 18 46	20 28 52	9 01.7	11 46.3	4 28.2	16 55.8	19 29.2	16 06.5	29 59.9	27 30.2	0 31.8	4 06.1
15 Su	9 40 04	26 18 07	26 42 29	2♒59 49	8 59.7	13 15.8	5 43.3	17 43.0	19 49.5	16 01.8	0♈06.6	27 30.8	0 33.8	4 07.9
16 M	9 44 01	27 18 45	9♒21 02	15 46 12	8 58.0	14 41.1	6 58.4	18 30.2	20 09.9	15 57.3	0 13.2	27 31.4	0 35.7	4 09.7
17 Tu	9 47 57	28 19 21	22 15 22	28 48 28	8 57.0	16 01.4	8 13.5	19 17.4	20 30.4	15 52.9	0 20.0	27 32.0	0 37.7	4 11.5
18 W	9 51 54	29 19 55	5♓25 26	12♓06 07	8D 56.5	17 16.0	9 28.6	20 04.6	20 51.0	15 48.8	0 26.7	27 32.7	0 39.7	4 13.3
19 Th	9 55 50	0♓20 28	18 50 20	25 37 53	8 56.7	18 24.3	10 43.6	20 51.9	21 11.7	15 44.8	0 33.5	27 33.5	0 41.7	4 15.1
20 F	9 59 47	1 21 00	2♈28 30	9♈21 55	8 57.1	19 25.6	11 58.6	21 39.1	21 32.5	15 41.0	0 40.3	27 34.3	0 43.7	4 16.8
21 Sa	10 03 43	2 21 29	16 17 54	23 16 07	8 57.8	20 19.2	13 13.6	22 26.4	21 53.4	15 37.4	0 47.2	27 35.2	0 45.8	4 18.6
22 Su	10 07 40	3 21 57	0♉16 19	7♉18 13	8 58.4	21 04.5	14 28.6	23 13.7	22 14.4	15 34.0	0 54.1	27 36.1	0 47.8	4 20.3
23 M	10 11 36	4 22 23	14 21 32	21 25 58	8 58.8	21 41.0	15 43.6	24 00.9	22 35.5	15 30.7	1 01.1	27 37.1	0 49.9	4 22.0
24 Tu	10 15 33	5 22 47	28 31 16	5♊37 10	8R 59.0	22 08.2	16 58.5	24 48.2	22 56.7	15 27.7	1 08.0	27 38.1	0 52.0	4 23.7
25 W	10 19 29	6 23 10	12♊43 21	19 49 33	8 59.0	22 25.8	18 13.4	25 35.5	23 18.0	15 24.8	1 15.1	27 39.1	0 54.1	4 25.4
26 Th	10 23 26	7 23 30	26 55 28	4♋00 46	8 58.9	22R 33.5	19 28.3	26 22.8	23 39.4	15 22.2	1 22.1	27 40.3	0 56.2	4 27.1
27 F	10 27 23	8 23 48	11♋05 08	18 08 14	8D 58.8	22 31.4	20 43.2	27 10.0	24 00.8	15 19.7	1 29.2	27 41.4	0 58.3	4 28.7
28 Sa	10 31 19	9 24 05	25 09 43	2♌09 12	8 58.8	22 19.6	21 58.0	27 57.3	24 22.4	15 17.4	1 36.3	27 42.7	1 00.5	4 30.4

Astro Data	Dy Hr Mn
☊ D	7 11:25
☽ 0S	8 17:46
☊ R	10 15:59
♄✶♅	20 5:21
☊ D	22 0:04
☽ 0N	23 7:07
☊ R	26 4:41
☊ D	3 19:21
⚳0N	4 1:58
♅ D	4 2:34
☽ 0S	5 2:51
☊ R	9 12:59
☊ D	18 6:25
☽ 0N	19 13:15
♄☌♆	20 16:54

Planet Ingress		Dy Hr Mn
☿	♑	1 21:12
♀	♒	17 12:45
☉	♒	20 1:46
☿	♒	20 16:42
♂	♒	23 9:18
♆	♈	26 17:38
☿	♓	6 22:49
♀	♓	10 10:20
♄	♈	14 0:13
☉	♓	18 15:53
☊ R24 13:16		
☿ R26 6:49		
☊ D27 13:22		

Last Aspect Dy Hr Mn		☽ Ingress	Dy Hr Mn
2 12:25	♆ □	♋	2 13:10
4 13:01	♆ △	♌	4 13:45
6 13:06	♅ □	♍	6 16:58
8 23:24	♆ ☍	♎	9 0:07
10 17:55	♀ □	♏	11 10:56
13 23:00	♆ △	♐	13 23:35
16 11:20	♆ □	♑	16 11:48
18 21:58	♆ ✶	♒	18 22:19
21 2:18	♅ □	♓	21 6:51
23 13:18	♆ ☌	♈	23 13:27
24 21:37	♃ □	♉	25 18:06
27 17:59	♄ ✶	♊	27 20:56
29 19:58	♄ □	♋	29 22:33

Last Aspect Dy Hr Mn		☽ Ingress	Dy Hr Mn
31 21:53	♄ △	♌	1 0:10
2 22:56	♅ □	♍	3 3:22
5 7:50	♄ ☍	♎	5 9:34
7 12:01	♀ △	♏	7 19:14
10 7:02	♀ □	♐	10 7:23
12 19:30	♄ □	♑	12 19:46
15 1:33	♅ △	♒	15 6:18
17 12:02	☉ ☌	♓	17 14:10
19 15:24	♅ ✶	♈	19 19:40
21 11:13	♂ ✶	♉	21 23:32
23 22:30	♅ ☌	♊	24 2:30
25 23:01	♂ △	♋	26 5:12
28 4:22	♅ ✶	♌	28 8:18

☽ Phases & Eclipses Dy Hr Mn	
3 10:04	○ 13♋02
10 15:50	☾ 20♎25
18 19:53	● 28♑44
26 4:49	☽ 6♉14
1 22:10	○ 13♌04
9 12:44	☾ 20♏46
17 12:02	● 28♒50
17 12:13:04	● A 02'20"
24 12:29	☽ 5♊54

Astro Data

1 January 2026
Julian Day # 46022
SVP 4♓53'42"
GC 27♐12.1 ⚴ 22♒35.3
Eris 24♈38.0R ⚵ 0♑51.7
⚷ 22♈36.0R ⚶ 24♑17.1
☽ Mean ☊ 12♓10.1

1 February 2026
Julian Day # 46053
SVP 4♓53'36"
GC 27♐12.2 ⚴ 2♓14.1
Eris 24♈39.6 ⚵ 11♑55.8
⚷ 22♈59.9 ⚶ 10♒33.3
☽ Mean ☊ 10♓31.7

* Posiciones de los planetas diariamente al medianoche, en LONGITUD Greenwich Mean Time (UT) El período retrógrado de cada planeta está sombreado en gris.

2026 Efemérides Planetarias

Marzo 2026

LONGITUDE

Day	Sid.Time	☉	0 hr ☽	Noon ☽	True☊	☿	♀	♂	⚳	♃	♄	♅	♆	♇
1 Su	10 35 16	10♓24 19	9♌06 21	16♌00 49	8♓58.9	21♓58.4	23♓12.8	28♒44.6	24♈44.0	15♋15.3	1♈43.4	27♉43.9	1♈02.6	4♒32.0
2 M	10 39 12	11 24 31	22 52 15	29 40 21	8 59.1	21R 28.5	24 27.6	29 31.9	25 05.8	15R 13.4	1 50.6	27 45.3	1 04.8	4 33.6
3 Tu	10 43 09	12 24 41	6♍24 50	13♍05 30	8R 59.2	20 50.5	25 42.3	0♓19.1	25 27.6	15 11.8	1 57.8	27 46.6	1 07.0	4 35.2
4 W	10 47 05	13 24 50	19 42 08	26 14 38	8 59.1	20 05.5	26 57.1	1 06.4	25 49.4	15 10.3	2 05.0	27 48.0	1 09.1	4 36.8
5 Th	10 51 02	14 24 57	2♎42 56	9♎07 03	8 58.8	19 14.6	28 11.8	1 53.7	26 11.4	15 08.9	2 12.2	27 49.5	1 11.3	4 38.4
6 F	10 54 58	15 25 02	15 27 03	21 43 05	8 58.1	18 19.1	29 26.5	2 41.0	26 33.4	15 07.8	2 19.5	27 51.0	1 13.5	4 39.9
7 Sa	10 58 55	16 25 05	27 55 22	4♏04 09	8 57.1	17 20.4	0♈41.1	3 28.2	26 55.5	15 06.9	2 26.8	27 52.6	1 15.7	4 41.4
8 Su	11 02 52	17 25 07	10♏09 47	16 12 38	8 56.0	16 20.0	1 55.7	4 15.5	27 17.7	15 06.2	2 34.1	27 54.2	1 18.0	4 43.0
9 M	11 06 48	18 25 07	22 13 10	28 11 51	8 54.9	15 19.2	3 10.4	5 02.8	27 40.0	15 05.7	2 41.4	27 55.8	1 20.2	4 44.4
10 Tu	11 10 45	19 25 05	4♐09 11	10♐05 44	8 54.0	14 19.5	4 24.9	5 50.0	28 02.3	15 05.4	2 48.8	27 57.5	1 22.4	4 45.9
11 W	11 14 41	20 25 02	16 02 03	21 58 44	8D 53.5	13 22.0	5 39.5	6 37.3	28 24.7	15D 05.2	2 56.1	27 59.3	1 24.7	4 47.4
12 Th	11 18 38	21 24 57	27 56 21	3♑55 31	8 53.6	12 27.9	6 54.0	7 24.5	28 47.2	15 05.3	3 03.5	28 01.1	1 26.9	4 48.8
13 F	11 22 34	22 24 51	9♑56 49	16 00 48	8 54.2	11 38.1	8 08.5	8 11.8	29 09.7	15 05.6	3 10.9	28 02.9	1 29.1	4 50.2
14 Sa	11 26 31	23 24 42	22 08 02	28 19 00	8 55.3	10 53.4	9 23.0	8 59.0	29 32.3	15 06.0	3 18.3	28 04.8	1 31.4	4 51.6
15 Su	11 30 27	24 24 33	4♒34 11	10♒53 58	8 56.7	10 14.3	10 37.5	9 46.3	29 55.0	15 06.7	3 25.8	28 06.7	1 33.7	4 53.0
16 M	11 34 24	25 24 21	17 18 41	23 48 36	8 57.9	9 41.1	11 51.9	10 33.5	0♉17.7	15 07.5	3 33.2	28 08.7	1 35.9	4 54.4
17 Tu	11 38 21	26 24 07	0♓23 52	7♓04 32	8R 58.8	9 14.2	13 06.3	11 20.7	0 40.5	15 08.6	3 40.6	28 10.7	1 38.2	4 55.7
18 W	11 42 17	27 23 52	13 50 34	20 41 46	8 58.9	8 53.6	14 20.7	12 07.9	1 03.4	15 09.8	3 48.1	28 12.7	1 40.5	4 57.0
19 Th	11 46 14	28 23 35	27 37 52	4♈38 29	8 58.1	8 39.4	15 35.0	12 55.1	1 26.3	15 11.2	3 55.6	28 14.8	1 42.7	4 58.3
20 F	11 50 10	29 23 15	11♈43 06	18 51 09	8 56.2	8D 31.4	16 49.3	13 42.3	1 49.3	15 12.9	4 03.0	28 17.0	1 45.0	4 59.6
21 Sa	11 54 07	0♈22 54	26 01 58	3♉14 51	8 53.5	8 29.5	18 03.6	14 29.5	2 12.3	15 14.7	4 10.5	28 19.1	1 47.3	5 00.8
22 Su	11 58 03	1 22 30	10♉29 04	17 43 53	8 50.4	8 33.5	19 17.9	15 16.6	2 35.4	15 16.7	4 18.0	28 21.4	1 49.6	5 02.0
23 M	12 02 00	2 22 05	24 58 37	2♊12 36	8 47.3	8 43.2	20 32.1	16 03.7	2 58.6	15 18.9	4 25.5	28 23.6	1 51.8	5 03.2
24 Tu	12 05 56	3 21 37	9♊25 16	16 36 07	8 44.8	8 58.3	21 46.3	16 50.9	3 21.8	15 21.2	4 33.0	28 25.9	1 54.1	5 04.4
25 W	12 09 53	4 21 07	23 44 41	0♋50 41	8D 43.3	9 18.4	23 00.4	17 37.9	3 45.0	15 23.8	4 40.5	28 28.3	1 56.4	5 05.6
26 Th	12 13 50	5 20 34	7♋53 51	14 53 59	8 42.9	9 43.5	24 14.5	18 25.0	4 08.3	15 26.6	4 48.0	28 30.6	1 58.7	5 06.7
27 F	12 17 46	6 20 00	21 51 01	28 44 51	8 43.6	10 13.1	25 28.6	19 12.1	4 31.7	15 29.5	4 55.5	28 33.1	2 00.9	5 07.8
28 Sa	12 21 43	7 19 22	5♌35 29	12♌22 56	8 45.1	10 47.1	26 42.6	19 59.1	4 55.1	15 32.6	5 02.9	28 35.5	2 03.2	5 08.9
29 Su	12 25 39	8 18 43	19 07 13	25 48 22	8 46.6	11 25.2	27 56.6	20 46.1	5 18.5	15 35.9	5 10.4	28 38.0	2 05.5	5 10.0
30 M	12 29 36	9 18 01	2♍26 26	9♍01 26	8R 47.7	12 07.2	29 10.6	21 33.1	5 42.0	15 39.4	5 17.9	28 40.5	2 07.7	5 11.0
31 Tu	12 33 32	10 17 17	15 33 24	22 02 21	8 47.6	12 52.8	0♉24.5	22 20.1	6 05.5	15 43.0	5 25.4	28 43.1	2 10.0	5 12.0

Abril 2026

LONGITUDE

Day	Sid.Time	☉	0 hr ☽	Noon ☽	True☊	☿	♀	♂	⚳	♃	♄	♅	♆	♇
1 W	12 37 29	11♈16 31	28♍28 18	4♎51 15	8♓46.1	13♓41.8	1♉38.4	23♓07.0	6♉29.1	15♋46.8	5♈32.9	28♉45.6	2♈12.2	5♒13.0
2 Th	12 41 25	12 15 42	11♎11 14	17 28 18	8R 42.8	14 34.1	2 52.3	23 54.0	6 52.7	15 50.8	5 40.3	28 48.3	2 14.5	5 13.9
3 F	12 45 22	13 14 52	23 42 28	29 53 50	8 37.9	15 29.5	4 06.1	24 40.9	7 16.3	15 55.0	5 47.8	28 50.9	2 16.7	5 14.9
4 Sa	12 49 19	14 13 59	6♏02 29	12♏08 35	8 31.9	16 27.8	5 19.9	25 27.7	7 40.0	15 59.3	5 55.2	28 53.6	2 19.0	5 15.8
5 Su	12 53 15	15 13 05	18 12 19	24 13 54	8 25.2	17 28.9	6 33.6	26 14.6	8 03.7	16 03.8	6 02.6	28 56.3	2 21.2	5 16.7
6 M	12 57 12	16 12 09	0♐13 37	6♐11 48	8 18.5	18 32.6	7 47.3	27 01.4	8 27.5	16 08.5	6 10.1	28 59.1	2 23.4	5 17.5
7 Tu	13 01 08	17 11 11	12 08 48	18 05 05	8 12.7	19 38.8	9 01.0	27 48.2	8 51.3	16 13.4	6 17.5	29 01.9	2 25.7	5 18.4
8 W	13 05 05	18 10 11	24 01 04	29 57 17	8 08.1	20 47.5	10 14.6	28 35.0	9 15.2	16 18.4	6 24.9	29 04.7	2 27.9	5 19.2
9 Th	13 09 01	19 09 10	5♑54 17	11♑52 37	8 05.3	21 58.4	11 28.2	29 21.8	9 39.1	16 23.5	6 32.3	29 07.5	2 30.1	5 19.9
10 F	13 12 58	20 08 07	17 52 53	23 55 43	8D 04.2	23 11.6	12 41.8	0♈08.5	10 03.0	16 28.9	6 39.6	29 10.4	2 32.3	5 20.7
11 Sa	13 16 54	21 07 02	0♒01 43	6♒11 30	8 04.6	24 26.9	13 55.3	0 55.2	10 26.9	16 34.3	6 47.0	29 13.3	2 34.5	5 21.4
12 Su	13 20 51	22 05 55	12 25 42	18 44 50	8 05.8	25 44.3	15 08.8	1 41.9	10 50.9	16 40.0	6 54.3	29 16.3	2 36.6	5 22.1
13 M	13 24 48	23 04 46	25 09 27	1♓40 00	8R 07.2	27 03.6	16 22.2	2 28.6	11 14.9	16 45.8	7 01.6	29 19.2	2 38.8	5 22.8
14 Tu	13 28 44	24 03 36	8♓16 51	15 00 14	8 07.8	28 24.9	17 35.7	3 15.2	11 39.0	16 51.7	7 08.9	29 22.2	2 41.0	5 23.4
15 W	13 32 41	25 02 24	21 50 17	28 46 57	8 06.9	29 48.1	18 49.0	4 01.8	12 03.1	16 57.8	7 16.2	29 25.2	2 43.1	5 24.1
16 Th	13 36 37	26 01 10	5♈50 04	12♈59 14	8 04.0	1♈13.2	20 02.4	4 48.3	12 27.2	17 04.1	7 23.4	29 28.2	2 45.2	5 24.6
17 F	13 40 34	26 59 54	20 13 53	27 33 17	7 59.0	2 40.1	21 15.7	5 34.9	12 51.3	17 10.5	7 30.7	29 31.3	2 47.3	5 25.2
18 Sa	13 44 30	27 58 36	4♉56 33	12♉22 39	7 52.2	4 08.7	22 28.9	6 21.4	13 15.5	17 17.1	7 37.9	29 34.4	2 49.5	5 25.7
19 Su	13 48 27	28 57 17	19 50 29	27 18 54	7 44.3	5 39.1	23 42.1	7 07.8	13 39.7	17 23.8	7 45.1	29 37.5	2 51.6	5 26.2
20 M	13 52 23	29 55 55	4♊46 47	12♊13 01	7 36.4	7 11.3	24 55.3	7 54.2	14 03.9	17 30.6	7 52.2	29 40.6	2 53.6	5 26.7
21 Tu	13 56 20	0♉54 32	19 36 41	26 56 54	7 29.6	8 45.1	26 08.5	8 40.6	14 28.2	17 37.6	7 59.3	29 43.8	2 55.7	5 27.2
22 W	14 00 17	1 53 06	4♋13 01	11♋24 30	7 24.5	10 20.7	27 21.6	9 27.0	14 52.4	17 44.7	8 06.4	29 47.0	2 57.8	5 27.6
23 Th	14 04 13	2 51 38	18 31 02	25 32 26	7 21.6	11 58.0	28 34.6	10 13.3	15 16.7	17 52.0	8 13.5	29 50.2	2 59.8	5 28.0
24 F	14 08 10	3 50 08	2♌28 37	9♌19 41	7D 20.6	13 37.0	29 47.6	10 59.6	15 41.0	17 59.4	8 20.5	29 53.4	3 01.8	5 28.4
25 Sa	14 12 06	4 48 35	16 05 47	22 47 09	7 21.0	15 17.8	1♊00.6	11 45.8	16 05.4	18 06.9	8 27.5	29 56.6	3 03.8	5 28.7
26 Su	14 16 03	5 47 01	29 24 03	5♍56 49	7R 21.8	17 00.2	2 13.5	12 32.0	16 29.7	18 14.6	8 34.5	29 59.9	3 05.8	5 29.1
27 M	14 19 59	6 45 24	12♍25 44	18 51 08	7 21.9	18 44.3	3 26.3	13 18.2	16 54.1	18 22.4	8 41.4	0♊03.2	3 07.8	5 29.3
28 Tu	14 23 56	7 43 45	25 13 18	1♎32 29	7 20.3	20 30.2	4 39.1	14 04.3	17 18.5	18 30.3	8 48.3	0 06.4	3 09.8	5 29.5
29 W	14 27 52	8 42 04	7♎48 56	14 02 53	7 16.4	22 17.8	5 51.9	14 50.3	17 42.9	18 38.4	8 55.2	0 09.7	3 11.7	5 29.8
30 Th	14 31 49	9 40 21	20 14 29	26 23 55	7 09.9	24 07.2	7 04.6	15 36.4	18 07.3	18 46.6	9 02.0	0 13.1	3 13.6	5 30.0

Astro Data	Dy Hr Mn
☊R	3 4:22
☽0S	4 12:12
♀0N	8 16:43
♃D	11 3:31
☊D	11 9:40
☊R	17 15:20
☽0N	18 21:49
☉0N	20 14:47
☿D	20 19:34
☊D	25 19:05
♄0N	26 21:27
♄⚹♇	28 22:14
☊R	30 11:33
☽0S	31 20:04
☊D	10 5:03

Planet Ingress	Dy Hr Mn
♂ ♓	2 14:17
♀ ♈	6 10:47
⚳ ♉	15 5:17
☉ ♈	20 14:47
♀ ♉	30 16:02
♂ ♈	9 19:37
☿ ♈	15 3:23
☉ ♉	20 1:40
♀ ♊	24 4:05
♅ ♊	26 0:51

Last Aspect Dy Hr Mn		☽ Ingress	Dy Hr Mn
2 12:29	♂ ☍	♍	2 12:35
4 14:54	♅ △	♎	4 18:57
5 23:23	♃ □	♏	7 4:03
9 11:29	♅ ☍	♐	9 15:38
11 9:40	☉ □	♑	12 4:08
14 11:34	♅ △	♒	14 15:15
16 19:58	♅ □	♓	16 23:17
19 1:25	☉ ☌	♈	19 4:04
20 9:24	♀ ☌	♉	21 6:36
23 5:41	♅ ☌	♊	23 8:20
24 22:38	♀ ⚹	♋	25 10:34
27 11:41	♅ ⚹	♌	27 14:11
29 17:29	♀ △	♍	29 19:34

Last Aspect Dy Hr Mn		☽ Ingress	Dy Hr Mn
1 0:33	♅ △	♎	1 2:52
2 8:56	♃ □	♏	3 12:12
5 21:30	♅ ☍	♐	5 23:33
8 9:53	♂ □	♑	8 12:05
10 22:25	♅ △	♒	10 23:57
13 7:43	♅ □	♓	13 8:57
15 13:08	♅ ⚹	♈	15 14:05
17 11:53	☉ ☌	♉	17 15:59
19 15:46	♅ ☌	♊	19 16:19
20 5:19	♂ ⚹	♋	21 17:01
23 19:29	♅ ⚹	♌	23 19:42
24 22:22	☿ △	♍	26 1:06
27 11:13	♃ ⚹	♎	28 9:04
30 8:53	☿ ☍	♏	30 19:03

☽ Phases & Eclipses Dy Hr Mn	
3 11:39	○ 12♍54
3 11:35	• T 1.151
11 9:40	☾ 20♐49
19 1:25	● 28♓27
25 19:19	☽ 5♋09
2 2:13	○ 12♎21
10 4:53	☾ 20♑20
17 11:53	● 27♈29
24 2:33	☽ 3♌56

Astro Data

1 March 2026
Julian Day # 46081
SVP 4♓53'32"
GC 27♐12.3 ⚴ 11♓29.9
Eris 24♈49.5 ⚵ 21♑25.5
⚷ 24♈02.7 ⚶ 25♒00.0
☽ Mean ☊ 9♓02.7

1 April 2026
Julian Day # 46112
SVP 4♓53'29"
GC 27♐12.4 ⚴ 21♓50.7
Eris 25♈07.2 ⚵ 0♒43.0
⚷ 25♈42.4 ⚶ 10♓25.1
☽ Mean ☊ 7♓24.2

* Posiciones de los planetas diariamente al medianoche, en LONGITUD Greenwich Mean Time (UT) El período retrógrado de cada planeta está sombreado en gris.

2026 Efemérides Planetarias

LONGITUDE — Mayo 2026

Day	Sid.Time	☉	0 hr ☽	Noon ☽	True ☊	☿	♀	♂	⚳	♃	♄	♅	♆	♇
1 F	14 35 45	10♉38 36	2♏31 19	8♏36 48	7♓00.8	25♈58.3	8♊17.3	16♈22.4	18♉31.8	18♋54.9	9♈08.8	0♊16.4	3♈15.5	5♒30.1
2 Sa	14 39 42	11 36 50	14 40 29	20 42 31	6R49.7	27 51.1	9 29.9	17 08.3	18 56.2	19 03.3	9 15.5	0 19.8	3 17.4	5 30.3
3 Su	14 43 39	12 35 02	26 43 01	2♐42 08	6 37.6	29 45.7	10 42.4	17 54.2	19 20.7	19 11.8	9 22.2	0 23.1	3 19.3	5 30.4
4 M	14 47 35	13 33 12	8♐40 03	14 36 59	6 25.4	1♉42.0	11 54.9	18 40.1	19 45.2	19 20.5	9 28.9	0 26.5	3 21.1	5 30.5
5 Tu	14 51 32	14 31 21	20 33 11	26 28 57	6 14.2	3 40.1	13 07.4	19 25.9	20 09.7	19 29.3	9 35.5	0 29.9	3 23.0	5 30.5
6 W	14 55 28	15 29 28	2♑24 37	8♑20 35	6 04.8	5 39.8	14 19.8	20 11.7	20 34.2	19 38.1	9 42.1	0 33.3	3 24.8	5R30.6
7 Th	14 59 25	16 27 34	14 17 16	20 15 11	5 57.9	7 41.2	15 32.2	20 57.5	20 58.7	19 47.1	9 48.6	0 36.7	3 26.6	5 30.6
8 F	15 03 21	17 25 38	26 14 49	2♒16 45	5 53.5	9 44.2	16 44.5	21 43.2	21 23.2	19 56.3	9 55.1	0 40.1	3 28.3	5 30.6
9 Sa	15 07 18	18 23 41	8♒21 36	14 29 56	5D51.5	11 48.7	17 56.8	22 28.8	21 47.8	20 05.5	10 01.6	0 43.6	3 30.1	5 30.5
10 Su	15 11 15	19 21 42	20 42 26	26 59 42	5 51.1	13 54.6	19 09.0	23 14.5	22 12.4	20 14.8	10 08.0	0 47.0	3 31.8	5 30.4
11 M	15 15 11	20 19 42	3♓22 21	9♓50 58	5R51.3	16 01.9	20 21.2	24 00.0	22 36.9	20 24.2	10 14.3	0 50.5	3 33.5	5 30.3
12 Tu	15 19 08	21 17 41	16 26 03	23 08 02	5 50.9	18 10.3	21 33.3	24 45.6	23 01.5	20 33.8	10 20.6	0 53.9	3 35.2	5 30.2
13 W	15 23 04	22 15 38	29 57 14	6♈53 48	5 49.0	20 19.7	22 45.4	25 31.0	23 26.1	20 43.4	10 26.9	0 57.4	3 36.9	5 30.0
14 Th	15 27 01	23 13 34	13♈57 44	21 08 49	5 44.8	22 29.8	23 57.4	26 16.5	23 50.7	20 53.2	10 33.1	1 00.9	3 38.5	5 29.8
15 F	15 30 57	24 11 29	28 26 37	5♉50 28	5 37.9	24 40.6	25 09.3	27 01.9	24 15.3	21 03.0	10 39.2	1 04.4	3 40.1	5 29.6
16 Sa	15 34 54	25 09 23	13♉19 29	20 52 35	5 28.7	26 51.7	26 21.3	27 47.2	24 39.9	21 13.0	10 45.3	1 07.9	3 41.7	5 29.4
17 Su	15 38 50	26 07 15	28 28 30	6♊05 53	5 18.1	29 02.9	27 33.1	28 32.5	25 04.6	21 23.0	10 51.3	1 11.4	3 43.3	5 29.1
18 M	15 42 47	27 05 06	13♊43 18	21 19 22	5 07.3	1♊13.9	28 44.9	29 17.7	25 29.2	21 33.1	10 57.3	1 14.9	3 44.8	5 28.8
19 Tu	15 46 44	28 02 55	28 52 47	6♋22 22	4 57.6	3 24.4	29 56.7	0♉02.9	25 53.8	21 43.4	11 03.3	1 18.4	3 46.3	5 28.5
20 W	15 50 40	29 00 43	13♋47 08	21 06 20	4 50.0	5 34.1	1♋08.4	0 48.1	26 18.5	21 53.7	11 09.1	1 21.9	3 47.8	5 28.1
21 Th	15 54 37	29 58 29	28 19 23	5♌25 59	4 45.1	7 42.8	2 20.0	1 33.2	26 43.1	22 04.1	11 14.9	1 25.4	3 49.3	5 27.7
22 F	15 58 33	0♊56 13	12♌25 58	19 19 23	4 42.6	9 50.1	3 31.6	2 18.2	27 07.7	22 14.6	11 20.7	1 28.9	3 50.7	5 27.3
23 Sa	16 02 30	1 53 56	26 06 25	2♍47 21	4 41.8	11 55.9	4 43.1	3 03.2	27 32.4	22 25.2	11 26.4	1 32.4	3 52.1	5 26.9
24 Su	16 06 26	2 51 37	9♍22 34	15 52 30	4 41.8	14 00.0	5 54.6	3 48.1	27 57.0	22 35.9	11 32.0	1 35.9	3 53.5	5 26.4
25 M	16 10 23	3 49 17	22 17 37	28 38 24	4 41.2	16 02.0	7 05.9	4 33.0	28 21.6	22 46.6	11 37.6	1 39.4	3 54.9	5 26.0
26 Tu	16 14 19	4 46 55	4♎55 18	11♎08 47	4 38.9	18 01.9	8 17.2	5 17.8	28 46.2	22 57.4	11 43.1	1 42.9	3 56.2	5 25.4
27 W	16 18 16	5 44 31	17 19 16	23 27 10	4 34.2	19 59.5	9 28.5	6 02.5	29 10.9	23 08.3	11 48.5	1 46.4	3 57.5	5 24.9
28 Th	16 22 13	6 42 07	29 32 49	5♏36 32	4 26.6	21 54.6	10 39.7	6 47.3	29 35.5	23 19.3	11 53.9	1 49.9	3 58.8	5 24.3
29 F	16 26 09	7 39 40	11♏38 36	17 39 15	4 16.3	23 47.2	11 50.8	7 31.9	0♊00.1	23 30.4	11 59.2	1 53.4	4 00.0	5 23.8
30 Sa	16 30 06	8 37 13	23 38 42	29 37 09	4 03.9	25 37.2	13 01.8	8 16.5	0 24.7	23 41.5	12 04.4	1 56.9	4 01.3	5 23.2
31 Su	16 34 02	9 34 45	5♐34 46	11♐31 43	3 50.2	27 24.5	14 12.8	9 01.1	0 49.4	23 52.8	12 09.6	2 00.4	4 02.5	5 22.5

LONGITUDE — Junio 2026

Day	Sid.Time	☉	0 hr ☽	Noon ☽	True ☊	☿	♀	♂	⚳	♃	♄	♅	♆	♇
1 M	16 37 59	10♊32 15	17♐28 09	23♐24 16	3♓36.4	29♊09.0	15♋23.7	9♉45.6	1♊14.0	24♋04.0	12♈14.7	2♊03.8	4♈03.6	5♒21.9
2 Tu	16 41 55	11 29 45	29 20 14	5♑16 17	3R23.7	0♋50.7	16 34.5	10 30.0	1 38.6	24 15.4	12 19.7	2 07.3	4 04.8	5R21.2
3 W	16 45 52	12 27 13	11♑12 39	17 09 36	3 12.9	2 29.6	17 45.2	11 14.4	2 03.2	24 26.8	12 24.7	2 10.8	4 05.9	5 20.5
4 Th	16 49 48	13 24 41	23 07 28	29 06 37	3 04.7	4 05.7	18 55.9	11 58.7	2 27.8	24 38.3	12 29.6	2 14.2	4 07.0	5 19.8
5 F	16 53 45	14 22 08	5♒07 27	11♒10 25	2 59.3	5 38.9	20 06.5	12 43.0	2 52.4	24 49.9	12 34.4	2 17.7	4 08.0	5 19.0
6 Sa	16 57 42	15 19 34	17 15 59	23 24 43	2 56.5	7 09.1	21 17.0	13 27.2	3 16.9	25 01.5	12 39.1	2 21.1	4 09.0	5 18.2
7 Su	17 01 38	16 16 59	29 37 09	5♓53 51	2D55.6	8 36.4	22 27.5	14 11.4	3 41.5	25 13.2	12 43.8	2 24.6	4 10.0	5 17.5
8 M	17 05 35	17 14 24	12♓15 24	18 42 22	2R55.7	10 00.7	23 37.9	14 55.5	4 06.1	25 25.0	12 48.4	2 28.0	4 11.0	5 16.6
9 Tu	17 09 31	18 11 48	25 15 17	1♈54 39	2 55.6	11 22.1	24 48.1	15 39.5	4 30.6	25 36.8	12 52.9	2 31.4	4 11.9	5 15.8
10 W	17 13 28	19 09 11	8♈40 50	15 34 07	2 54.2	12 40.3	25 58.4	16 23.5	4 55.2	25 48.7	12 57.3	2 34.8	4 12.8	5 14.9
11 Th	17 17 24	20 06 34	22 34 40	29 42 27	2 50.8	13 55.5	27 08.5	17 07.5	5 19.7	26 00.6	13 01.7	2 38.2	4 13.7	5 14.1
12 F	17 21 21	21 03 57	6♉57 12	14♉18 29	2 45.0	15 07.6	28 18.6	17 51.4	5 44.2	26 12.6	13 06.0	2 41.6	4 14.5	5 13.2
13 Sa	17 25 17	22 01 19	21 45 35	29 17 36	2 36.9	16 16.5	29 28.5	18 35.2	6 08.7	26 24.6	13 10.2	2 44.9	4 15.3	5 12.2
14 Su	17 29 14	22 58 41	6♊53 25	14♊31 44	2 27.4	17 22.1	0♌38.4	19 19.0	6 33.2	26 36.8	13 14.3	2 48.3	4 16.1	5 11.3
15 M	17 33 11	23 56 02	22 11 09	29 50 13	2 17.6	18 24.4	1 48.3	20 02.7	6 57.7	26 48.9	13 18.3	2 51.6	4 16.8	5 10.3
16 Tu	17 37 07	24 53 23	7♋27 30	15♋01 41	2 08.7	19 23.2	2 58.0	20 46.3	7 22.2	27 01.1	13 22.3	2 54.9	4 17.6	5 09.4
17 W	17 41 04	25 50 42	22 31 34	29 56 10	2 01.7	20 18.6	4 07.6	21 29.9	7 46.7	27 13.4	13 26.2	2 58.2	4 18.2	5 08.4
18 Th	17 45 00	26 48 01	7♌14 40	14♌26 33	1 57.1	21 10.4	5 17.2	22 13.5	8 11.1	27 25.7	13 30.0	3 01.5	4 18.9	5 07.3
19 F	17 48 57	27 45 20	21 31 27	28 29 14	1D54.9	21 58.5	6 26.6	22 56.9	8 35.5	27 38.1	13 33.7	3 04.8	4 19.5	5 06.3
20 Sa	17 52 53	28 42 37	5♍19 58	12♍03 51	1 54.6	22 42.9	7 36.0	23 40.3	8 59.9	27 50.5	13 37.3	3 08.1	4 20.1	5 05.2
21 Su	17 56 50	29 39 54	18 41 11	25 12 24	1R55.1	23 23.3	8 45.2	24 23.6	9 24.3	28 03.0	13 40.8	3 11.3	4 20.6	5 04.2
22 M	18 00 47	0♋37 09	1♎37 58	7♎58 25	1 55.4	23 59.7	9 54.3	25 06.9	9 48.7	28 15.5	13 44.3	3 14.5	4 21.2	5 03.1
23 Tu	18 04 43	1 34 24	14 14 17	20 26 07	1 54.6	24 32.1	11 03.4	25 50.1	10 13.0	28 28.0	13 47.6	3 17.7	4 21.7	5 02.0
24 W	18 08 40	2 31 39	26 34 26	2♏39 47	1 51.8	25 00.2	12 12.3	26 33.3	10 37.3	28 40.6	13 50.9	3 20.9	4 22.1	5 00.8
25 Th	18 12 36	3 28 53	8♏42 38	14 43 26	1 46.7	25 23.9	13 21.1	27 16.3	11 01.6	28 53.2	13 54.1	3 24.0	4 22.5	4 59.7
26 F	18 16 33	4 26 06	20 42 37	26 40 33	1 39.4	25 43.3	14 29.8	27 59.3	11 25.9	29 05.9	13 57.1	3 27.1	4 22.9	4 58.6
27 Sa	18 20 29	5 23 19	2♐37 34	8♐34 00	1 30.4	25 58.2	15 38.4	28 42.3	11 50.1	29 18.5	14 00.1	3 30.3	4 23.3	4 57.4
28 Su	18 24 26	6 20 32	14 30 07	20 26 09	1 20.3	26 08.5	16 46.9	29 25.2	12 14.4	29 31.3	14 03.0	3 33.3	4 23.6	4 56.2
29 M	18 28 22	7 17 44	26 22 19	2♑18 51	1 10.0	26R14.2	17 55.2	0♊08.0	12 38.6	29 44.1	14 05.9	3 36.4	4 23.9	4 55.0
30 Tu	18 32 19	8 14 56	8♑15 55	14 13 44	1 00.6	26 15.3	19 03.4	0 50.8	13 02.7	29 56.9	14 08.6	3 39.4	4 24.2	4 53.8

Astro Data

	Dy Hr Mn
♇ R	6 15:36
☊ D	9 21:25
☊ R	11 4:35
☽ 0N	12 17:02
☽ 0S	25 6:37
☊ D	7 6:21
☊ R	8 10:11
☽ 0N	9 0:28
☊ D	19 17:59
☽ 0S	21 12:13
☊ R	21 21:47
☿ R	29 17:37

Planet Ingress

	Dy Hr Mn
☿ ♉	3 2:58
☿ ♊	17 10:28
♂ ♉	18 22:27
♀ ♋	19 1:06
☉ ♊	21 0:38
⚳ ♊	28 23:53
☿ ♋	1 11:57
♀ ♌	13 10:48
☉ ♋	21 8:26
♂ ♊	28 19:30
♃ ♌	30 5:53

Last Aspect / ☽ Ingress (Mayo)

Last Aspect Dy Hr Mn		☽ Ingress Dy Hr Mn
2 8:49	♃ △	♐ 3 6:35
4 21:35	♂ △	♑ 5 19:07
7 14:20	♂ □	♒ 8 7:29
10 5:10	♂ ✶	♓ 10 17:41
12 10:05	♀ □	♈ 13 0:05
14 21:34	♂ ☌	♉ 15 2:32
17 1:03	☿ ☌	♊ 17 2:24
17 19:37	♄ ✶	♋ 19 1:47
20 13:28	♃ ☌	♌ 21 2:49
21 22:07	♄ △	♍ 23 6:58
25 0:55	♃ ✶	♎ 25 14:35
27 11:33	♃ □	♏ 28 0:54
30 0:06	♃ △	♐ 30 12:46

Last Aspect / ☽ Ingress (Junio)

Last Aspect Dy Hr Mn		☽ Ingress Dy Hr Mn
31 13:22	♄ △	♑ 2 1:20
4 3:05	♃ ☍	♒ 4 13:47
5 19:52	☉ △	♓ 7 0:44
9 0:40	♃ △	♈ 9 8:35
11 8:23	♀ □	♉ 11 12:29
13 7:31	♃ ✶	♊ 13 13:07
15 2:55	☉ ☌	♋ 15 12:15
17 7:42	♃ ☌	♌ 17 12:06
19 11:32	☉ ✶	♍ 19 14:38
21 17:34	♃ ✶	♎ 21 20:56
24 4:12	♃ □	♏ 24 6:44
26 17:11	♃ △	♐ 26 18:42
28 5:06	♀ △	♑ 29 7:20

☽ Phases & Eclipses

Dy Hr Mn	
1 17:24	○ 11♏21
9 21:12	☾ 19♒15
16 20:02	● 25♉58
23 11:12	☽ 2♍21
31 8:46	○ 9♐56
8 10:02	☾ 17♓38
15 2:55	● 24♊03
21 21:57	☽ 0♎32
29 23:58	○ 8♑15

Astro Data

1 May 2026
Julian Day # 46142
SVP 4♓53'26"
GC 27♐12.4 ⚴ 1♈29.7
Eris 25♈26.8 ⚵ 7♒33.5
⚷ 27♈29.9 ⚶ 24♓26.4
☽ Mean ☊ 5♓48.9

1 June 2026
Julian Day # 46173
SVP 4♓53'20"
GC 27♐12.5 ⚴ 10♈33.1
Eris 25♈44.5 ⚵ 10♒55.8
⚷ 29♈11.4 ⚶ 7♈31.8
☽ Mean ☊ 4♓10.4

* Posiciones de los planetas diariamente al medianoche, en LONGITUD Greenwich Mean Time (UT) El período retrógrado de cada planeta está sombreado en gris.

2026 Efemérides Planetarias

Julio 2026

LONGITUDE

Day	Sid.Time	☉	0 hr ☽	Noon ☽	True ☊	☿	♀	♂	⚳	♃	♄	♅	♆	♇
1 W	18 36 16	9♋12 08	20♑12 29	26♑12 22	0♓52.7	26♋11.8	20♌11.5	1♊33.5	13♊26.9	0♌09.7	14♈11.2	3♊42.5	4♈24.4	4♒52.6
2 Th	18 40 12	10 09 19	2♒13 39	8♒16 33	0R46.8	26R03.7	21 19.5	2 16.1	13 51.0	0 22.6	14 13.7	3 45.4	4 24.6	4R51.3
3 F	18 44 09	11 06 31	14 21 21	20 28 22	0 43.3	25 51.1	22 27.3	2 58.7	14 15.1	0 35.5	14 16.2	3 48.4	4 24.8	4 50.1
4 Sa	18 48 05	12 03 43	26 37 56	2♓50 24	0D41.8	25 34.3	23 35.0	3 41.2	14 39.2	0 48.4	14 18.5	3 51.3	4 24.9	4 48.8
5 Su	18 52 02	13 00 54	9♓06 12	15 25 43	0 42.0	25 13.4	24 42.6	4 23.6	15 03.2	1 01.3	14 20.8	3 54.2	4 25.0	4 47.5
6 M	18 55 58	13 58 06	21 49 25	28 17 41	0 43.2	24 48.7	25 50.1	5 06.0	15 27.2	1 14.3	14 22.9	3 57.1	4 25.0	4 46.3
7 Tu	18 59 55	14 55 19	4♈50 58	11♈29 39	0R44.3	24 20.4	26 57.4	5 48.3	15 51.2	1 27.3	14 25.0	4 00.0	4R25.1	4 45.0
8 W	19 03 51	15 52 31	18 14 04	25 04 29	0 44.7	23 49.1	28 04.5	6 30.6	16 15.2	1 40.4	14 26.9	4 02.8	4 25.1	4 43.7
9 Th	19 07 48	16 49 44	2♉01 03	9♉03 50	0 43.6	23 15.2	29 11.5	7 12.8	16 39.1	1 53.4	14 28.8	4 05.6	4 25.0	4 42.3
10 F	19 11 45	17 46 58	16 12 42	23 27 24	0 40.9	22 39.2	0♍18.4	7 54.9	17 03.0	2 06.5	14 30.5	4 08.4	4 25.0	4 41.0
11 Sa	19 15 41	18 44 12	0♊47 26	8♊12 11	0 36.5	22 01.6	1 25.1	8 37.0	17 26.9	2 19.6	14 32.2	4 11.1	4 24.9	4 39.7
12 Su	19 19 38	19 41 26	15 40 49	23 12 19	0 31.0	21 23.2	2 31.7	9 19.0	17 50.7	2 32.7	14 33.8	4 13.8	4 24.8	4 38.3
13 M	19 23 34	20 38 41	0♋45 35	8♋19 24	0 25.2	20 44.5	3 38.1	10 00.9	18 14.5	2 45.9	14 35.2	4 16.5	4 24.6	4 37.0
14 Tu	19 27 31	21 35 56	15 52 32	23 23 44	0 19.8	20 06.2	4 44.4	10 42.8	18 38.2	2 59.0	14 36.6	4 19.1	4 24.4	4 35.6
15 W	19 31 27	22 33 12	0♌51 51	8♌15 52	0 15.7	19 28.9	5 50.5	11 24.6	19 02.0	3 12.2	14 37.9	4 21.7	4 24.2	4 34.3
16 Th	19 35 24	23 30 27	15 34 51	22 48 07	0 13.2	18 53.4	6 56.4	12 06.3	19 25.6	3 25.4	14 39.0	4 24.3	4 23.9	4 32.9
17 F	19 39 20	24 27 43	29 55 08	6♍55 32	0D12.4	18 20.3	8 02.2	12 47.9	19 49.3	3 38.6	14 40.1	4 26.9	4 23.6	4 31.5
18 Sa	19 43 17	25 24 59	13♍49 12	20 36 05	0 13.0	17 50.1	9 07.8	13 29.5	20 12.8	3 51.9	14 41.0	4 29.4	4 23.3	4 30.1
19 Su	19 47 14	26 22 15	27 16 22	3♎50 18	0 14.4	17 23.5	10 13.1	14 11.0	20 36.4	4 05.1	14 41.9	4 31.8	4 22.9	4 28.8
20 M	19 51 10	27 19 32	10♎18 14	16 40 38	0 15.9	17 00.9	11 18.3	14 52.5	20 59.9	4 18.3	14 42.6	4 34.3	4 22.6	4 27.4
21 Tu	19 55 07	28 16 48	22 57 57	29 10 45	0R16.8	16 42.8	12 23.3	15 33.8	21 23.3	4 31.6	14 43.3	4 36.7	4 22.1	4 26.0
22 W	19 59 03	29 14 05	5♏19 34	11♏24 58	0 16.8	16 29.6	13 28.1	16 15.1	21 46.8	4 44.9	14 43.8	4 39.0	4 21.7	4 24.6
23 Th	20 03 00	0♌11 22	17 27 31	23 27 44	0 15.4	16D21.6	14 32.7	16 56.3	22 10.1	4 58.1	14 44.2	4 41.4	4 21.2	4 23.2
24 F	20 06 56	1 08 40	29 26 09	5♐23 17	0 12.8	16 19.0	15 37.1	17 37.5	22 33.4	5 11.4	14 44.6	4 43.7	4 20.7	4 21.8
25 Sa	20 10 53	2 05 57	11♐19 36	17 15 31	0 09.1	16 22.1	16 41.2	18 18.5	22 56.7	5 24.7	14 44.8	4 45.9	4 20.2	4 20.4
26 Su	20 14 49	3 03 16	23 11 27	29 07 46	0 04.8	16 31.1	17 45.1	18 59.5	23 19.9	5 38.0	14R45.0	4 48.1	4 19.6	4 19.0
27 M	20 18 46	4 00 34	5♑04 49	11♑02 53	0 00.3	16 46.0	18 48.8	19 40.5	23 43.1	5 51.3	14 45.0	4 50.3	4 19.0	4 17.6
28 Tu	20 22 43	4 57 54	17 02 14	23 03 08	29♒56.2	17 06.9	19 52.3	20 21.3	24 06.2	6 04.6	14 44.9	4 52.4	4 18.4	4 16.2
29 W	20 26 39	5 55 14	29 05 48	5♒10 25	29 52.9	17 33.9	20 55.5	21 02.1	24 29.3	6 17.8	14 44.8	4 54.5	4 17.7	4 14.7
30 Th	20 30 36	6 52 34	11♒17 12	17 26 17	29 50.6	18 06.9	21 58.4	21 42.9	24 52.3	6 31.1	14 44.5	4 56.6	4 17.0	4 13.3
31 F	20 34 32	7 49 56	23 37 54	29 52 10	29D49.5	18 46.1	23 01.1	22 23.5	25 15.3	6 44.4	14 44.1	4 58.6	4 16.3	4 11.9

Agosto 2026

LONGITUDE

Day	Sid.Time	☉	0 hr ☽	Noon ☽	True ☊	☿	♀	♂	⚳	♃	♄	♅	♆	♇
1 Sa	20 38 29	8♌47 18	6♓09 17	12♓29 26	29♒49.5	19♋31.2	24♍03.5	23♊04.1	25♊38.2	6♌57.7	14♈43.6	5♊00.6	4♈15.5	4♒10.5
2 Su	20 42 25	9 44 41	18 52 48	25 19 33	29 50.3	20 22.3	25 05.7	23 44.6	26 01.0	7 11.0	14R43.0	5 02.5	4R14.8	4R09.1
3 M	20 46 22	10 42 05	1♈49 55	8♈24 04	29 51.6	21 19.2	26 07.5	24 25.0	26 23.8	7 24.2	14 42.4	5 04.4	4 14.0	4 07.7
4 Tu	20 50 18	11 39 30	15 02 12	21 44 27	29 53.0	22 21.9	27 09.1	25 05.4	26 46.5	7 37.5	14 41.6	5 06.3	4 13.1	4 06.3
5 W	20 54 15	12 36 57	28 31 00	5♉21 56	29 54.0	23 30.2	28 10.4	25 45.7	27 09.2	7 50.8	14 40.7	5 08.1	4 12.3	4 05.0
6 Th	20 58 12	13 34 24	12♉17 17	19 17 03	29R54.4	24 44.0	29 11.4	26 25.9	27 31.8	8 04.0	14 39.7	5 09.8	4 11.4	4 03.6
7 F	21 02 08	14 31 54	26 21 07	3♊29 16	29 54.2	26 03.0	0♎12.0	27 06.2	27 54.4	8 17.3	14 38.6	5 11.5	4 10.5	4 02.2
8 Sa	21 06 05	15 29 24	10♊41 13	17 56 32	29 53.2	27 27.2	1 12.4	27 46.1	28 16.9	8 30.5	14 37.4	5 13.2	4 09.5	4 00.8
9 Su	21 10 01	16 26 56	25 14 42	2♋35 03	29 51.8	28 56.2	2 12.4	28 26.1	28 39.3	8 43.8	14 36.2	5 14.9	4 08.6	3 59.4
10 M	21 13 58	17 24 29	9♋56 53	17 19 22	29 50.3	0♌29.8	3 12.1	29 06.0	29 01.7	8 57.0	14 34.8	5 16.4	4 07.6	3 58.1
11 Tu	21 17 54	18 22 04	24 41 38	2♌02 48	29 49.0	2 07.6	4 11.5	29 45.9	29 23.9	9 10.2	14 33.3	5 18.0	4 06.6	3 56.7
12 W	21 21 51	19 19 39	9♌22 00	16 38 23	29 48.0	3 49.5	5 10.4	0♋25.6	29 46.2	9 23.4	14 31.7	5 19.5	4 05.5	3 55.4
13 Th	21 25 48	20 17 16	23 51 09	0♍59 39	29D47.5	5 34.9	6 09.1	1 05.3	0♋08.3	9 36.5	14 30.0	5 20.9	4 04.4	3 54.0
14 F	21 29 44	21 14 54	8♍03 16	15 01 35	29 47.6	7 23.6	7 07.3	1 44.9	0 30.4	9 49.7	14 28.3	5 22.3	4 03.3	3 52.7
15 Sa	21 33 41	22 12 33	21 54 15	28 41 05	29 48.0	9 15.2	8 05.1	2 24.4	0 52.4	10 02.8	14 26.4	5 23.7	4 02.2	3 51.4
16 Su	21 37 37	23 10 13	5♎22 02	11♎57 08	29 48.6	11 09.2	9 02.5	3 03.9	1 14.3	10 15.9	14 24.4	5 25.0	4 01.1	3 50.1
17 M	21 41 34	24 07 54	18 26 34	24 50 35	29 49.2	13 05.2	9 59.5	3 43.2	1 36.1	10 29.0	14 22.3	5 26.3	3 59.9	3 48.8
18 Tu	21 45 30	25 05 36	1♏09 32	7♏23 50	29 49.7	15 03.0	10 56.0	4 22.5	1 57.8	10 42.1	14 20.2	5 27.5	3 58.7	3 47.5
19 W	21 49 27	26 03 19	13 33 56	19 40 22	29 50.0	17 02.0	11 52.1	5 01.7	2 19.5	10 55.1	14 17.9	5 28.6	3 57.5	3 46.2
20 Th	21 53 23	27 01 03	25 43 39	1♐44 21	29R50.1	19 01.9	12 47.7	5 40.8	2 41.1	11 08.2	14 15.6	5 29.8	3 56.3	3 44.9
21 F	21 57 20	27 58 49	7♐43 03	13 40 19	29 50.0	21 02.4	13 42.8	6 19.8	3 02.6	11 21.2	14 13.2	5 30.8	3 55.0	3 43.7
22 Sa	22 01 16	28 56 35	19 36 41	25 32 44	29D49.9	23 03.2	14 37.4	6 58.8	3 24.0	11 34.1	14 10.6	5 31.9	3 53.8	3 42.4
23 Su	22 05 13	29 54 23	1♑29 00	7♑25 57	29 49.9	25 04.0	15 31.4	7 37.6	3 45.3	11 47.1	14 08.0	5 32.8	3 52.5	3 41.2
24 M	22 09 10	0♍52 12	13 24 06	19 23 52	29 50.0	27 04.6	16 24.9	8 16.4	4 06.6	12 00.0	14 05.3	5 33.8	3 51.1	3 40.0
25 Tu	22 13 06	1 50 02	25 25 40	1♒29 51	29 50.2	29 04.7	17 17.8	8 55.1	4 27.7	12 12.8	14 02.6	5 34.6	3 49.8	3 38.8
26 W	22 17 03	2 47 54	7♒36 45	13 46 38	29 50.4	1♍04.2	18 10.2	9 33.7	4 48.8	12 25.7	13 59.7	5 35.5	3 48.5	3 37.6
27 Th	22 20 59	3 45 46	19 59 43	26 16 11	29R50.6	3 03.0	19 01.9	10 12.2	5 09.7	12 38.5	13 56.8	5 36.2	3 47.1	3 36.4
28 F	22 24 56	4 43 40	2♓36 11	8♓59 47	29 50.7	5 00.9	19 52.9	10 50.7	5 30.6	12 51.3	13 53.7	5 37.0	3 45.7	3 35.2
29 Sa	22 28 52	5 41 36	15 27 02	21 57 56	29 50.5	6 57.8	20 43.3	11 29.0	5 51.3	13 04.0	13 50.6	5 37.6	3 44.3	3 34.1
30 Su	22 32 49	6 39 33	28 32 27	5♈10 30	29 49.9	8 53.6	21 33.0	12 07.3	6 12.0	13 16.7	13 47.4	5 38.3	3 42.9	3 32.9
31 M	22 36 45	7 37 32	11♈52 01	18 36 52	29 49.1	10 48.4	22 22.0	12 45.5	6 32.5	13 29.3	13 44.2	5 38.8	3 41.4	3 31.8

Astro Data

	Dy Hr Mn
☊ D	4 7:52
☽ 0N	6 6:03
♆ R	7 10:56
☊ R	7 19:38
♅✶♆	15 20:33
☊ D	17 0:30
♅△♇	18 4:47
☽ 0S	18 19:49
♃△♆	20 7:24
♃☍♇	20 14:47
☊ R	21 10:58
♃✶♅	21 11:12
☿ D	23 22:59
♆✶♇	25 5:50
♄ R	26 19:57

Planet Ingress

	Dy Hr Mn
♀ ♍	9 17:23
☉ ♌	22 19:14
☊ ♒R	27 1:43
♀ ♎	6 19:14
☿ ♌	9 16:29
♂ ♋	11 8:32
⚳ ♋	12 14:59
☉ ♍	23 2:20
☿ ♍	25 11:05

Last Aspect / ☽ Ingress

Last Aspect Dy Hr Mn		☽ Ingress Dy Hr Mn
1 11:52 ☿ ☍	♒	1 19:34
3 17:29 ☿ ☍	♓	4 6:31
6 5:22 ☿ △	♈	6 15:08
8 18:43 ♀ △	♉	8 20:32
10 10:14 ☿ ✶	♊	10 22:43
11 22:13 ♄ ✶	♋	12 22:48
14 9:45 ☉ ☌	♌	14 22:36
15 22:28 ♄ △	♍	17 0:08
18 22:14 ☉ ✶	♎	19 4:58
21 11:07 ☉ □	♏	21 13:36
22 21:50 ☿ △	♐	24 1:08
25 14:59 ♂ ☍	♑	26 13:45
28 6:12 ♀ △	♒	29 1:47
30 21:28 ♂ △	♓	31 12:15

Last Aspect / ☽ Ingress

Last Aspect Dy Hr Mn		☽ Ingress Dy Hr Mn
2 12:34 ♀ ☍	♈	2 20:38
4 18:53 ♂ ✶	♉	5 2:37
6 23:26 ☿ ✶	♊	7 6:09
9 5:28 ♂ ☌	♋	9 7:47
10 7:31 ♄ □	♌	11 8:39
12 17:38 ☉ ☌	♍	13 10:19
13 19:25 ♅ □	♎	15 14:21
17 11:32 ☉ ✶	♏	17 21:47
20 2:47 ☉ □	♐	20 8:31
22 20:32 ☉ △	♑	22 21:00
24 6:31 ♀ □	♒	25 9:03
26 22:01 ♀ △	♓	27 19:05
28 16:15 ♂ △	♈	30 2:39

☽ Phases & Eclipses

Dy Hr Mn	
7 19:30	☾ 15♈42
14 9:45	● 21♋59
21 11:07	☽ 28♎43
29 14:37	○ 6♒30
6 2:23	☾ 13♉40
12 17:38	● 20♌02
12 17:47:04	● T 02'18"
20 2:47	☽ 27♏08
28 4:20	○ 4♓54
28 4:14	• P 0.930

Astro Data

1 July 2026
Julian Day # 46203
SVP 4♓53'14"
GC 27♐12.6 ⚵ 17♈41.4
Eris 25♈55.3 ⚶ 9♒04.0R
⚷ 0♉22.0 ⚴ 18♈07.9
☽ Mean ☊ 2♓35.1

1 August 2026
Julian Day # 46234
SVP 4♓53'09"
GC 27♐12.6 ⚵ 22♈07.5
Eris 25♈57.3R ⚶ 2♒27.3R
⚷ 0♉51.8 ⚴ 25♈39.4
☽ Mean ☊ 0♓56.6

* Posiciones de los planetas diariamente al medianoche, en LONGITUD Greenwich Mean Time (UT) El período retrógrado de cada planeta está sombreado en gris.

2026 Efemérides Planetarias

LONGITUDE — Septiembre 2026

Day	Sid.Time	☉	0 hr ☽	Noon ☽	True ☊	☿	♀	♂	⚳	♃	♄	♅	♆	♇
1 Tu	22 40 42	8♍35 33	25♈24 53	2♉15 57	29♒48.1	12♍42.0	23♎10.3	13♋23.6	6♋53.0	13♌42.0	13♈40.8	5♊39.4	3♈40.0	3♒30.7
2 W	22 44 39	9 33 36	9♉09 51	16 06 26	29R47.0	14 34.4	23 57.8	14 01.6	7 13.3	13 54.6	13R37.4	5 39.8	3R38.5	3R29.6
3 Th	22 48 35	10 31 40	23 05 28	0♊06 47	29 46.2	16 25.6	24 44.5	14 39.5	7 33.6	14 07.1	13 33.9	5 40.3	3 37.0	3 28.6
4 F	22 52 32	11 29 47	7♊10 07	14 15 15	29D45.7	18 15.7	25 30.3	15 17.4	7 53.7	14 19.6	13 30.4	5 40.6	3 35.5	3 27.5
5 Sa	22 56 28	12 27 55	21 21 54	28 29 47	29 45.8	20 04.5	26 15.4	15 55.1	8 13.7	14 32.1	13 26.8	5 41.0	3 34.0	3 26.5
6 Su	23 00 25	13 26 06	5♋38 35	12♋47 58	29 46.5	21 52.1	26 59.5	16 32.8	8 33.6	14 44.5	13 23.1	5 41.2	3 32.5	3 25.5
7 M	23 04 21	14 24 19	19 57 32	27 06 52	29 47.5	23 38.5	27 42.8	17 10.4	8 53.4	14 56.8	13 19.3	5 41.5	3 30.9	3 24.5
8 Tu	23 08 18	15 22 33	4♌15 32	11♌23 04	29 48.6	25 23.7	28 25.0	17 47.8	9 13.0	15 09.2	13 15.5	5 41.6	3 29.4	3 23.5
9 W	23 12 14	16 20 50	18 28 59	25 32 47	29R49.5	27 07.7	29 06.3	18 25.2	9 32.6	15 21.4	13 11.6	5 41.7	3 27.8	3 22.6
10 Th	23 16 11	17 19 08	2♍33 59	9♍32 07	29 49.7	28 50.5	29 46.6	19 02.5	9 52.0	15 33.6	13 07.7	5R41.8	3 26.2	3 21.7
11 F	23 20 08	18 17 28	16 26 45	23 17 29	29 49.1	0♎32.2	0♏25.8	19 39.7	10 11.2	15 45.8	13 03.6	5 41.8	3 24.6	3 20.7
12 Sa	23 24 04	19 15 50	0♎04 01	6♎46 04	29 47.4	2 12.8	1 03.9	20 16.8	10 30.4	15 57.9	12 59.6	5 41.8	3 23.0	3 19.8
13 Su	23 28 01	20 14 14	13 23 26	19 56 04	29 44.9	3 52.3	1 40.8	20 53.7	10 49.4	16 09.9	12 55.5	5 41.7	3 21.4	3 19.0
14 M	23 31 57	21 12 40	26 23 54	2♏47 03	29 41.7	5 30.6	2 16.5	21 30.6	11 08.3	16 21.9	12 51.3	5 41.6	3 19.8	3 18.1
15 Tu	23 35 54	22 11 07	9♏05 40	15 19 59	29 38.3	7 07.9	2 50.9	22 07.4	11 27.0	16 33.8	12 47.1	5 41.4	3 18.2	3 17.3
16 W	23 39 50	23 09 36	21 30 19	27 37 03	29 35.1	8 44.1	3 24.0	22 44.1	11 45.6	16 45.7	12 42.8	5 41.1	3 16.6	3 16.5
17 Th	23 43 47	24 08 06	3♐40 37	9♐41 32	29 32.6	10 19.2	3 55.8	23 20.6	12 04.0	16 57.5	12 38.5	5 40.8	3 14.9	3 15.7
18 F	23 47 43	25 06 38	15 40 18	21 37 30	29D31.1	11 53.3	4 26.1	23 57.1	12 22.3	17 09.3	12 34.1	5 40.5	3 13.3	3 15.0
19 Sa	23 51 40	26 05 12	27 33 43	3♑29 33	29 30.7	13 26.3	4 54.9	24 33.5	12 40.4	17 20.9	12 29.7	5 40.1	3 11.6	3 14.2
20 Su	23 55 37	27 03 48	9♑25 37	15 22 32	29 31.3	14 58.3	5 22.2	25 09.7	12 58.4	17 32.6	12 25.3	5 39.7	3 10.0	3 13.5
21 M	23 59 33	28 02 25	21 20 54	27 21 17	29 32.8	16 29.3	5 47.9	25 45.9	13 16.2	17 44.1	12 20.8	5 39.2	3 08.3	3 12.8
22 Tu	0 03 30	29 01 04	3♒24 15	9♒30 20	29 34.5	17 59.3	6 11.9	26 21.9	13 33.9	17 55.6	12 16.3	5 38.6	3 06.7	3 12.2
23 W	0 07 26	29 59 44	15 39 59	21 53 39	29 36.1	19 28.2	6 34.3	26 57.8	13 51.4	18 07.0	12 11.8	5 38.0	3 05.0	3 11.5
24 Th	0 11 23	0♎58 27	28 11 39	4♓34 18	29R36.8	20 56.0	6 54.8	27 33.7	14 08.7	18 18.3	12 07.3	5 37.4	3 03.4	3 10.9
25 F	0 15 19	1 57 11	11♓01 47	17 34 11	29 36.2	22 22.8	7 13.4	28 09.4	14 25.9	18 29.6	12 02.7	5 36.7	3 01.7	3 10.3
26 Sa	0 19 16	2 55 57	24 11 33	0♈53 45	29 34.1	23 48.6	7 30.2	28 45.0	14 42.9	18 40.7	11 58.0	5 36.0	3 00.0	3 09.8
27 Su	0 23 12	3 54 44	7♈40 37	14 31 50	29 30.4	25 13.3	7 45.0	29 20.5	14 59.7	18 51.8	11 53.4	5 35.2	2 58.4	3 09.2
28 M	0 27 09	4 53 34	21 27 04	28 25 49	29 25.4	26 36.9	7 57.8	29 55.8	15 16.4	19 02.9	11 48.8	5 34.3	2 56.7	3 08.7
29 Tu	0 31 06	5 52 26	5♉27 36	12♉31 51	29 19.7	27 59.3	8 08.5	0♌31.1	15 32.9	19 13.8	11 44.1	5 33.5	2 55.0	3 08.2
30 W	0 35 02	6 51 20	19 38 00	26 45 28	29 14.0	29 20.6	8 17.0	1 06.2	15 49.1	19 24.7	11 39.4	5 32.5	2 53.4	3 07.8

LONGITUDE — Octubre 2026

Day	Sid.Time	☉	0 hr ☽	Noon ☽	True ☊	☿	♀	♂	⚳	♃	♄	♅	♆	♇
1 Th	0 38 59	7♎50 17	3♊53 43	11♊02 13	29♒09.2	0♏40.7	8♏23.4	1♌41.3	16♋05.2	19♌35.5	11♈34.7	5♊31.6	2♈51.7	3♒07.4
2 F	0 42 55	8 49 16	18 10 31	25 18 12	29R05.7	1 59.5	8 27.5	2 16.2	16 21.2	19 46.2	11R30.0	5R30.5	2R50.1	3R06.9
3 Sa	0 46 52	9 48 17	2♋24 57	9♋30 29	29D04.0	3 17.1	8R29.4	2 51.0	16 36.9	19 56.8	11 25.3	5 29.5	2 48.4	3 06.6
4 Su	0 50 48	10 47 20	16 34 33	23 37 00	29 03.9	4 33.3	8 28.9	3 25.6	16 52.4	20 07.3	11 20.6	5 28.4	2 46.8	3 06.2
5 M	0 54 45	11 46 26	0♌37 42	7♌36 31	29 04.9	5 48.0	8 26.1	4 00.2	17 07.7	20 17.8	11 15.9	5 27.2	2 45.1	3 05.9
6 Tu	0 58 41	12 45 34	14 33 22	21 28 09	29 06.2	7 01.2	8 20.9	4 34.6	17 22.8	20 28.1	11 11.1	5 26.0	2 43.5	3 05.6
7 W	1 02 38	13 44 44	28 20 46	5♍11 04	29R06.9	8 12.7	8 13.4	5 08.9	17 37.7	20 38.4	11 06.4	5 24.7	2 41.9	3 05.3
8 Th	1 06 35	14 43 56	11♍58 57	18 44 14	29 06.1	9 22.5	8 03.4	5 43.0	17 52.3	20 48.5	11 01.7	5 23.4	2 40.2	3 05.1
9 F	1 10 31	15 43 11	25 26 47	2♎06 23	29 03.3	10 30.5	7 51.1	6 17.1	18 06.8	20 58.6	10 57.0	5 22.1	2 38.6	3 04.9
10 Sa	1 14 28	16 42 28	8♎42 52	15 16 05	28 58.1	11 36.3	7 36.4	6 50.9	18 21.0	21 08.6	10 52.3	5 20.7	2 37.0	3 04.7
11 Su	1 18 24	17 41 47	21 45 51	28 12 05	28 50.8	12 40.0	7 19.4	7 24.7	18 35.0	21 18.4	10 47.6	5 19.3	2 35.4	3 04.5
12 M	1 22 21	18 41 08	4♏34 41	10♏53 37	28 42.0	13 41.3	7 00.0	7 58.3	18 48.8	21 28.2	10 43.0	5 17.8	2 33.8	3 04.4
13 Tu	1 26 17	19 40 30	17 08 56	23 20 44	28 32.4	14 40.0	6 38.5	8 31.7	19 02.3	21 37.9	10 38.3	5 16.3	2 32.2	3 04.3
14 W	1 30 14	20 39 55	29 29 10	5♐34 28	28 23.1	15 35.8	6 14.8	9 05.0	19 15.6	21 47.4	10 33.7	5 14.7	2 30.7	3 04.2
15 Th	1 34 10	21 39 22	11♐36 56	17 36 55	28 14.9	16 28.5	5 49.0	9 38.2	19 28.6	21 56.9	10 29.1	5 13.1	2 29.1	3 04.1
16 F	1 38 07	22 38 51	23 34 52	29 31 15	28 08.5	17 17.7	5 21.4	10 11.2	19 41.4	22 06.2	10 24.6	5 11.5	2 27.6	3D04.1
17 Sa	1 42 04	23 38 21	5♑26 37	11♑21 31	28 04.4	18 03.2	4 51.9	10 44.1	19 53.9	22 15.4	10 20.0	5 09.8	2 26.0	3 04.1
18 Su	1 46 00	24 37 53	17 16 34	23 12 24	28D02.4	18 44.4	4 20.8	11 16.8	20 06.2	22 24.5	10 15.5	5 08.1	2 24.5	3 04.2
19 M	1 49 57	25 37 27	29 09 41	5♒09 06	28 02.1	19 21.1	3 48.2	11 49.3	20 18.2	22 33.5	10 11.1	5 06.4	2 23.0	3 04.2
20 Tu	1 53 53	26 37 03	11♒11 18	17 16 56	28 02.8	19 52.8	3 14.4	12 21.7	20 29.9	22 42.4	10 06.6	5 04.6	2 21.5	3 04.3
21 W	1 57 50	27 36 40	23 26 38	29 41 00	28R03.6	20 18.8	2 39.5	12 53.9	20 41.4	22 51.2	10 02.2	5 02.8	2 20.1	3 04.5
22 Th	2 01 46	28 36 19	6♓00 33	12♓25 45	28 03.4	20 38.9	2 03.8	13 26.0	20 52.6	22 59.8	9 57.9	5 00.9	2 18.6	3 04.6
23 F	2 05 43	29 36 00	18 56 58	25 34 27	28 01.3	20 52.2	1 27.5	13 57.9	21 03.5	23 08.4	9 53.6	4 59.0	2 17.2	3 04.8
24 Sa	2 09 39	0♏35 42	2♈18 18	9♈08 31	27 56.8	20R58.4	0 50.8	14 29.6	21 14.1	23 16.8	9 49.3	4 57.1	2 15.7	3 05.0
25 Su	2 13 36	1 35 26	16 04 52	23 07 00	27 49.8	20 56.8	0 14.0	15 01.2	21 24.4	23 25.0	9 45.1	4 55.1	2 14.3	3 05.2
26 M	2 17 32	2 35 13	0♉14 25	7♉26 25	27 40.7	20 46.9	29♎37.4	15 32.6	21 34.5	23 33.2	9 40.9	4 53.1	2 12.9	3 05.5
27 Tu	2 21 29	3 35 01	14 42 12	22 00 50	27 30.3	20 28.2	29 01.2	16 03.8	21 44.2	23 41.2	9 36.8	4 51.1	2 11.6	3 05.8
28 W	2 25 26	4 34 51	29 21 22	6♊42 48	27 19.9	20 00.5	28 25.7	16 34.9	21 53.7	23 49.1	9 32.8	4 49.1	2 10.2	3 06.1
29 Th	2 29 22	5 34 44	14♊04 09	21 24 30	27 10.5	19 23.5	27 51.1	17 05.8	22 02.8	23 56.9	9 28.8	4 47.0	2 08.9	3 06.5
30 F	2 33 19	6 34 38	28 43 03	5♋59 07	27 03.3	18 37.4	27 17.6	17 36.5	22 11.6	24 04.5	9 24.9	4 44.9	2 07.6	3 06.9
31 Sa	2 37 15	7 34 35	13♋12 09	20 21 43	26 58.6	17 42.5	26 45.5	18 07.0	22 20.1	24 12.0	9 21.0	4 42.7	2 06.3	3 07.3

Astro Data	Dy Hr Mn
☊ D	4 7:44
☊ R	9 19:16
♅ R	10 18:28
☿0S	11 13:24
☽0S	11 14:46
♆⚹♇	16 1:48
♆0S	16 2:36
☊ D	18 20:31
♃⚼♆	22 20:25
☉0S	23 0:06
☊ R	24 2:39
☽0N	26 1:12
♀ R	3 7:17
☊ D	3 13:32
☊ R	7 1:19

Planet Ingress	Dy Hr Mn
♀ ♏	10 8:08
☿ ♎	10 16:22
☉ ♎	23 0:06
♂ ♌	28 2:50
☿ ♏	30 11:46
☉ ♏	23 9:39
♀ ♎R	25 9:11

Last Aspect Dy Hr Mn		☽ Ingress	Dy Hr Mn
31 19:48	♀ ☍	♉	1 8:02
2 10:48	☿ △	♊	3 11:48
5 8:41	♀ △	♋	5 14:32
7 13:41	♀ □	♌	7 16:51
9 18:59	♀ ⚹	♍	9 19:36
11 5:53	♂ ⚹	♎	11 23:53
13 14:28	♂ □	♏	14 6:45
16 3:31	☉ ⚹	♐	16 16:42
18 20:45	☉ □	♑	19 4:56
21 14:33	☉ △	♒	21 17:16
23 8:19	☿ △	♓	24 3:25
26 8:33	♂ △	♈	26 10:24
28 9:52	☿ ☍	♉	28 14:41
29 23:37	♃ □	♊	30 17:27

Last Aspect Dy Hr Mn		☽ Ingress	Dy Hr Mn
2 2:43	♃ ⚹	♋	2 19:55
3 15:10	♄ □	♌	4 22:55
6 10:23	♃ ☌	♍	7 2:54
7 18:58	☿ ⚹	♎	9 8:12
10 23:08	♃ ⚹	♏	11 15:22
13 8:47	♃ □	♐	14 1:01
15 21:57	☉ ⚹	♑	16 12:58
18 16:14	☉ □	♒	19 1:41
21 8:43	☉ △	♓	21 12:36
23 3:32	☿ △	♈	23 19:55
25 23:01	♀ ☍	♉	25 23:36
27 14:52	♃ □	♊	28 1:03
29 21:45	♀ △	♋	30 2:07

☽ Phases & Eclipses Dy Hr Mn	
4 7:52	☾ 11♊49
11 3:28	● 18♍26
18 20:45	☽ 25♐57
26 16:50	○ 3♈37
3 13:26	☾ 10♋21
10 15:51	● 17♎22
18 16:14	☽ 25♑18
26 4:13	○ 2♉46

Astro Data

1 September 2026
Julian Day # 46265
SVP 4♓53'05"
GC 27♐12.7 ⚵ 21♈39.2R
Eris 25♈49.5R ⚴ 26♑33.6R
⚷ 0♉31.1R ⚶ 27♈39.5R
☽ Mean ☊ 29♒18.1

1 October 2026
Julian Day # 46295
SVP 4♓53'02"
GC 27♐12.8 ⚵ 15♈25.0R
Eris 25♈34.8R ⚴ 26♑19.3
⚷ 29♈29.4R ⚶ 23♈02.9R
☽ Mean ☊ 27♒42.8

* Posiciones de los planetas diariamente al medianoche, en LONGITUD Greenwich Mean Time (UT) El período retrógrado de cada planeta está sombreado en gris.

2026 Efemérides Planetarias

Noviembre 2026

LONGITUDE

Day	Sid.Time	☉	0 hr ☽	Noon ☽	True ☊	☿	♀	♂	⚳	♃	♄	♅	♆	♇
1 Su	2 41 12	8♏34 34	27♋27 34	4♌29 31	26♒56.5	16♏39.7	26♎14.8	18♌37.3	22♋28.3	24♌19.4	9♈17.2	4♊40.6	2♈05.0	3♒07.7
2 M	2 45 08	9 34 35	11♌27 34	18 21 44	26D 56.0	15R 30.2	25R 46.0	19 07.4	22 36.1	24 26.6	9R 13.4	4R 38.4	2R 03.8	3 08.2
3 Tu	2 49 05	10 34 38	25 12 08	1♍58 54	26R 56.2	14 15.7	25 18.9	19 37.3	22 43.7	24 33.7	9 09.8	4 36.2	2 02.6	3 08.7
4 W	2 53 02	11 34 44	8♍42 13	15 22 15	26 55.8	12 58.0	24 53.9	20 07.0	22 50.8	24 40.6	9 06.2	4 33.9	2 01.4	3 09.2
5 Th	2 56 58	12 34 51	21 59 11	28 33 09	26 53.5	11 39.7	24 31.1	20 36.6	22 57.7	24 47.4	9 02.6	4 31.6	2 00.2	3 09.8
6 F	3 00 55	13 35 00	5♎04 15	11♎32 36	26 48.5	10 23.0	24 10.4	21 05.9	23 04.1	24 54.1	8 59.2	4 29.3	1 59.0	3 10.3
7 Sa	3 04 51	14 35 12	17 58 15	24 21 14	26 40.4	9 10.5	23 52.1	21 34.9	23 10.2	25 00.6	8 55.8	4 27.0	1 57.9	3 10.9
8 Su	3 08 48	15 35 25	0♏41 33	6♏59 12	26 29.4	8 04.6	23 36.2	22 03.8	23 16.0	25 06.9	8 52.5	4 24.7	1 56.8	3 11.6
9 M	3 12 44	16 35 40	13 14 11	19 26 31	26 16.3	7 07.0	23 22.6	22 32.4	23 21.4	25 13.1	8 49.2	4 22.3	1 55.7	3 12.2
10 Tu	3 16 41	17 35 57	25 36 12	1♐43 17	26 02.0	6 19.4	23 11.6	23 00.8	23 26.4	25 19.1	8 46.1	4 20.0	1 54.7	3 12.9
11 W	3 20 37	18 36 16	7♐47 53	13 50 06	25 47.8	5 42.8	23 02.9	23 29.0	23 31.1	25 25.0	8 43.0	4 17.6	1 53.6	3 13.6
12 Th	3 24 34	19 36 37	19 50 07	25 48 11	25 35.0	5 17.8	22 56.8	23 56.9	23 35.3	25 30.7	8 40.1	4 15.2	1 52.6	3 14.4
13 F	3 28 31	20 36 59	1♑44 36	7♑39 43	25 24.4	5D 04.5	22 53.1	24 24.6	23 39.2	25 36.3	8 37.2	4 12.8	1 51.7	3 15.2
14 Sa	3 32 27	21 37 22	13 33 56	19 27 44	25 16.6	5 02.6	22D 51.8	24 52.1	23 42.7	25 41.7	8 34.4	4 10.3	1 50.7	3 16.0
15 Su	3 36 24	22 37 47	25 21 39	1♒16 14	25 11.8	5 11.7	22 53.0	25 19.3	23 45.9	25 46.9	8 31.6	4 07.9	1 49.8	3 16.8
16 M	3 40 20	23 38 13	7♒12 06	13 09 54	25 09.5	5 31.1	22 56.5	25 46.2	23 48.6	25 52.0	8 29.0	4 05.4	1 48.9	3 17.7
17 Tu	3 44 17	24 38 41	19 10 20	25 14 03	25 08.8	5 59.9	23 02.4	26 12.9	23 50.9	25 56.9	8 26.5	4 02.9	1 48.1	3 18.5
18 W	3 48 13	25 39 10	1♓21 47	7♓34 13	25 08.8	6 37.2	23 10.5	26 39.3	23 52.8	26 01.7	8 24.1	4 00.5	1 47.2	3 19.4
19 Th	3 52 10	26 39 40	13 51 59	20 15 43	25 08.1	7 22.2	23 20.9	27 05.4	23 54.4	26 06.2	8 21.7	3 58.0	1 46.4	3 20.4
20 F	3 56 06	27 40 12	26 45 57	3♈23 07	25 05.7	8 14.0	23 33.5	27 31.3	23 55.5	26 10.6	8 19.5	3 55.5	1 45.7	3 21.3
21 Sa	4 00 03	28 40 44	10♈07 33	16 59 24	25 00.9	9 11.7	23 48.2	27 56.8	23 56.2	26 14.8	8 17.3	3 53.0	1 44.9	3 22.3
22 Su	4 03 59	29 41 18	23 58 39	1♉05 06	24 53.3	10 14.6	24 05.0	28 22.1	23R 56.5	26 18.9	8 15.3	3 50.5	1 44.2	3 23.3
23 M	4 07 56	0♐41 53	8♉18 17	15 37 34	24 43.3	11 22.0	24 23.9	28 47.1	23 56.4	26 22.8	8 13.3	3 47.9	1 43.5	3 24.4
24 Tu	4 11 53	1 42 30	23 02 05	0♊30 47	24 31.7	12 33.3	24 44.6	29 11.8	23 55.9	26 26.5	8 11.4	3 45.4	1 42.9	3 25.4
25 W	4 15 49	2 43 08	8♊02 29	15 35 52	24 19.9	13 47.9	25 07.3	29 36.3	23 55.0	26 30.0	8 09.7	3 42.9	1 42.3	3 26.5
26 Th	4 19 46	3 43 48	23 09 39	0♋42 31	24 09.3	15 05.4	25 31.8	0♍00.4	23 53.6	26 33.3	8 08.0	3 40.4	1 41.7	3 27.6
27 F	4 23 42	4 44 29	8♋13 17	15 40 52	24 00.8	16 25.3	25 58.1	0 24.2	23 51.9	26 36.5	8 06.5	3 37.9	1 41.1	3 28.7
28 Sa	4 27 39	5 45 11	23 04 24	0♌23 10	23 55.1	17 47.3	26 26.2	0 47.6	23 49.7	26 39.5	8 05.0	3 35.4	1 40.6	3 29.9
29 Su	4 31 35	6 45 55	7♌36 39	14 44 34	23 52.3	19 11.0	26 55.8	1 10.8	23 47.1	26 42.3	8 03.7	3 32.8	1 40.1	3 31.1
30 M	4 35 32	7 46 41	21 46 45	28 43 14	23D 51.5	20 36.2	27 27.1	1 33.6	23 44.0	26 44.9	8 02.5	3 30.3	1 39.7	3 32.3

Diciembre 2026

LONGITUDE

Day	Sid.Time	☉	0 hr ☽	Noon ☽	True ☊	☿	♀	♂	⚳	♃	♄	♅	♆	♇
1 Tu	4 39 29	8♐47 27	5♍34 07	12♍19 40	23♒51.6	22♏02.6	27♎59.9	1♍56.0	23♋40.6	26♌47.3	8♈01.3	3♊27.8	1♈39.2	3♒33.5
2 W	4 43 25	9 48 16	19 00 08	25 35 53	23R 51.3	23 30.1	28 34.2	2 18.1	23R 36.7	26 49.6	8R 00.3	3R 25.3	1R 38.8	3 34.8
3 Th	4 47 22	10 49 06	2♎07 16	8♎34 38	23 49.4	24 58.5	29 09.9	2 39.9	23 32.4	26 51.6	7 59.4	3 22.8	1 38.5	3 36.0
4 F	4 51 18	11 49 57	14 58 20	21 18 42	23 45.0	26 27.6	29 47.0	3 01.2	23 27.6	26 53.5	7 58.5	3 20.3	1 38.2	3 37.3
5 Sa	4 55 15	12 50 50	27 36 01	3♏50 33	23 37.8	27 57.4	0♏25.4	3 22.2	23 22.5	26 55.1	7 57.8	3 17.8	1 37.9	3 38.6
6 Su	4 59 11	13 51 44	10♏02 33	16 12 11	23 27.7	29 27.6	1 05.0	3 42.8	23 16.9	26 56.6	7 57.2	3 15.4	1 37.6	3 40.0
7 M	5 03 08	14 52 39	22 19 38	28 25 03	23 15.6	0♐58.3	1 45.8	4 03.0	23 10.9	26 57.9	7 56.7	3 12.9	1 37.4	3 41.3
8 Tu	5 07 04	15 53 36	4♐28 34	10♐30 17	23 02.3	2 29.4	2 27.8	4 22.8	23 04.5	26 59.0	7 56.4	3 10.5	1 37.2	3 42.7
9 W	5 11 01	16 54 33	16 30 21	22 28 53	22 49.0	4 00.8	3 11.0	4 42.2	22 57.7	26 59.7	7 56.1	3 08.0	1 37.0	3 44.1
10 Th	5 14 58	17 55 32	28 26 03	4♑22 01	22 37.0	5 32.5	3 55.1	5 01.2	22 50.5	27 00.6	7D 55.9	3 05.6	1 36.9	3 45.5
11 F	5 18 54	18 56 31	10♑17 00	16 11 14	22 27.0	7 04.3	4 40.4	5 19.7	22 42.9	27 01.1	7 55.9	3 03.2	1 36.8	3 47.0
12 Sa	5 22 51	19 57 31	22 05 02	27 58 44	22 19.7	8 36.4	5 26.5	5 37.8	22 34.9	27 01.4	7 55.9	3 00.8	1D 36.8	3 48.4
13 Su	5 26 47	20 58 32	3♒52 43	9♒47 25	22 15.2	10 08.7	6 13.7	5 55.4	22 26.5	27R 01.5	7 56.1	2 58.4	1 36.8	3 49.9
14 M	5 30 44	21 59 33	15 43 19	21 40 57	22D 13.2	11 41.1	7 01.7	6 12.6	22 17.8	27 01.4	7 56.4	2 56.1	1 36.8	3 51.4
15 Tu	5 34 40	23 00 35	27 40 53	3♓43 44	22 13.1	13 13.7	7 50.7	6 29.3	22 08.7	27 01.1	7 56.7	2 53.8	1 36.8	3 52.9
16 W	5 38 37	24 01 38	9♓50 08	16 00 42	22 13.9	14 46.4	8 40.4	6 45.5	21 59.2	27 00.6	7 57.2	2 51.4	1 36.9	3 54.5
17 Th	5 42 33	25 02 40	22 16 06	28 36 58	22R 14.6	16 19.2	9 31.0	7 01.3	21 49.3	26 59.9	7 57.9	2 49.2	1 37.1	3 56.0
18 F	5 46 30	26 03 44	5♈03 53	11♈37 24	22 14.2	17 52.2	10 22.3	7 16.5	21 39.2	26 59.1	7 58.6	2 46.9	1 37.2	3 57.6
19 Sa	5 50 27	27 04 47	18 17 59	25 05 57	22 11.9	19 25.3	11 14.5	7 31.3	21 28.6	26 58.0	7 59.4	2 44.6	1 37.4	3 59.2
20 Su	5 54 23	28 05 51	2♉01 30	9♉04 40	22 07.5	20 58.6	12 07.3	7 45.5	21 17.8	26 56.7	8 00.3	2 42.4	1 37.6	4 00.8
21 M	5 58 20	29 06 55	16 15 16	23 32 53	22 01.0	22 32.1	13 00.8	7 59.2	21 06.7	26 55.2	8 01.4	2 40.2	1 37.9	4 02.4
22 Tu	6 02 16	0♑08 00	0♊56 54	8♊26 28	21 53.0	24 05.7	13 55.0	8 12.4	20 55.2	26 53.6	8 02.5	2 38.1	1 38.2	4 04.0
23 W	6 06 13	1 09 05	16 00 30	23 37 46	21 44.7	25 39.5	14 49.9	8 25.0	20 43.5	26 51.7	8 03.8	2 35.9	1 38.5	4 05.7
24 Th	6 10 09	2 10 11	1♋16 54	8♋56 31	21 37.1	27 13.5	15 45.4	8 37.1	20 31.5	26 49.7	8 05.2	2 33.8	1 38.9	4 07.3
25 F	6 14 06	3 11 17	16 35 10	24 11 33	21 31.0	28 47.7	16 41.5	8 48.6	20 19.3	26 47.5	8 06.6	2 31.8	1 39.3	4 09.0
26 Sa	6 18 03	4 12 23	1♌44 25	9♌12 44	21 27.2	0♑22.1	17 38.1	8 59.5	20 06.8	26 45.1	8 08.2	2 29.7	1 39.7	4 10.7
27 Su	6 21 59	5 13 30	16 35 39	23 52 32	21D 25.6	1 56.7	18 35.4	9 09.9	19 54.1	26 42.4	8 09.9	2 27.7	1 40.2	4 12.4
28 M	6 25 56	6 14 37	1♍02 57	8♍06 40	21 25.8	3 31.6	19 33.2	9 19.6	19 41.1	26 39.6	8 11.7	2 25.7	1 40.7	4 14.1
29 Tu	6 29 52	7 15 44	15 03 39	21 53 58	21 27.1	5 06.8	20 31.5	9 28.7	19 28.0	26 36.6	8 13.6	2 23.8	1 41.3	4 15.8
30 W	6 33 49	8 16 53	28 37 51	5♎15 36	21R 28.3	6 42.2	21 30.3	9 37.2	19 14.6	26 33.5	8 15.6	2 21.9	1 41.8	4 17.6
31 Th	6 37 45	9 18 01	11♎47 38	18 14 21	21 28.7	8 18.0	22 29.6	9 45.1	19 01.1	26 30.1	8 17.7	2 20.0	1 42.4	4 19.3

Astro Data	Planet Ingress	Last Aspect	☽ Ingress	Last Aspect	☽ Ingress	☽ Phases & Eclipses	Astro Data
Dy Hr Mn	Dy Hr Mn	Dy Hr Mn	Dy Hr Mn	Dy Hr Mn	Dy Hr Mn	Dy Hr Mn	1 November 2026
☊ D 1 20:40	☉ ♐ 22 7:24	31 22:01 ♀ □	♌ 1 4:19	2 9:12 ☿ ⚹	♎ 2 20:05	1 20:30 ☾ 9♌26	Julian Day # 46326
☊ R 3 3:02	♂ ♍ 25 23:38	3 0:12 ♀ ⚹	♍ 3 8:29	4 22:42 ♃ ⚹	♏ 5 4:36	9 7:03 ● 16♏53	SVP 4♓52'58"
☽ 0S 5 4:44		4 6:59 ☿ ⚹	♎ 5 14:39	7 9:09 ♃ □	♐ 7 15:08	17 11:49 ☽ 25♒08	GC 27♐12.8 ⚳ 6♈49.6R
☿ D 13 15:55	♀ ♏ 4 8:14	7 13:21 ♃ ⚹	♏ 7 22:41	9 21:07 ♃ △	♑ 10 3:10	24 14:55 ○ 2♊20	Eris 25♈16.5R ⚵ 1♒53.0
♀ D 14 0:29	☿ ♐ 6 8:34	9 23:26 ♃ □	♐ 10 8:37	10 19:14 ♄ □	♒ 12 16:07		⚷ 28♈04.5R ⚶ 15♈30.0R
☽ 0N 19 19:30	☉ ♑ 21 20:51	12 11:30 ♃ △	♑ 12 20:28	14 22:41 ♃ ☍	♓ 15 4:37	1 6:10 ☾ 9♍03	☽ Mean ☊ 26♒04.3
⚳ R 22 5:59	☿ ♑ 25 18:24	14 18:57 ♀ □	♒ 15 9:25	17 5:44 ☉ □	♈ 17 14:36	9 0:53 ● 16♐57	
♅△♇ 29 11:22		17 14:27 ♂ ☍	♓ 17 21:21	19 16:41 ☉ △	♉ 19 20:31	17 5:44 ☽ 25♓17	1 December 2026
☊ D 30 3:34		20 1:47 ☉ △	♈ 20 5:53	21 17:27 ♃ □	♊ 21 22:28	24 1:29 ○ 2♋14	Julian Day # 46356
☊ R 1 6:19		22 7:40 ♂ △	♉ 22 10:11	23 17:02 ♃ ⚹	♋ 23 22:00	30 19:01 ☾ 9♎05	SVP 4♓52'53"
☽ 0S 2 9:16	☽ 0N17 2:54	24 10:10 ♂ □	♊ 24 11:11	25 0:11 ♀ △	♌ 25 21:13		GC 27♐12.9 ⚳ 3♈17.6R
♄ D 10 23:32	☊ R17 5:35	26 5:25 ♃ ⚹	♋ 26 10:52	27 16:40 ♃ ☌	♍ 27 22:14		Eris 25♈00.9R ⚵ 11♒16.6
♆ D 12 22:19	☊ D27 7:56	28 5:41 ♀ □	♌ 28 11:22	29 10:19 ♀ ⚹	♎ 30 2:28		⚷ 26♈52.3R ⚶ 12♈42.0
♃ R 13 0:58	☽ 0S29 15:04	30 10:12 ♀ ⚹	♍ 30 14:14				☽ Mean ☊ 24♒29.0
☊ D 14 13:04	☊ R30 19:10						

* Posiciones de los planetas diariamente al medianoche, en LONGITUD Greenwich Mean Time (UT) El período retrógrado de cada planeta está sombreado en gris.

2025 Efemérides Asteroides

2026	Ceres ⚳	Pallas ⚴	Juno ⚵	Vesta ⚶
JAN 1	7♈04.2	22♒35.4	0♑51.7	24♑17.1
11	9 22.7	25 35.5	4 27.7	29 32.8
21	12 01.8	28 42.4	8 02.5	4♒48.1
31	14 58.3	1♓54.6	11 34.8	10 02.1
FEB 10	18 09.3	5 10.7	15 03.5	15 14.2
20	21 32.5	8 29.6	18 27.4	20 23.9
MAR 2	25 05.8	11 50.0	21 44.9	25 30.5
12	28 47.2	15 11.0	24 54.6	0♓33.3
22	2♉35.4	18 31.6	27 54.7	5 31.8
APR 1	6 29.1	21 50.7	0♒43.1	10 25.1
11	10 27.0	25 07.5	3 17.5	15 12.5
21	14 28.2	28 20.9	5 35.4	19 53.3
MAY 1	18 31.8	1♈29.7	7 33.4	24 26.4
11	22 37.0	4 32.9	9 08.5	28 50.8
21	26 43.1	7 29.2	10 16.6	3♈05.3
31	0♊49.4	10 16.9	10 53.9	7 08.3
JUN 10	4 55.2	12 54.3	10R57.0	10 58.1
20	9 00.0	15 19.3	10 23.3	14 32.7
30	13 02.8	17 29.3	9 12.9	17 49.3
JUL 10	17 03.0	19 21.5	7 29.0	20 45.2
20	20 59.9	20 52.4	5 19.2	23 16.4
30	24 52.3	21 57.8	2 56.1	25 18.8
AUG 9	28 39.3	22 33.5	0 34.7	26 47.8
19	2♋19.5	22R34.9	28♑30.1	27 38.2
29	5 51.3	21 58.0	26 55.0	27R45.9
SEP 8	9 13.1	20 40.9	25 57.2	27 08.3
18	12 22.3	18 44.3	25D40.3	25 45.7
28	15 16.4	16 14.6	26 04.4	23 44.8
OCT 8	17 52.4	13 23.6	27 07.0	21 18.1
18	20 06.2	10 28.0	28 44.7	18 43.1
28	21 53.6	7 46.5	0♒53.6	16 20.0
NOV 7	23 10.2	5 35.0	3 29.8	14 25.4
17	23 50.9	4 04.9	6 30.0	13 10.7
27	23R51.8	3 21.6	9 51.1	12 41.2
DEC 7	23 10.9	3D25.3	13 30.2	12D56.2
17	21 49.2	4 13.7	17 25.4	13 52.7
27	19 54.0	5 42.5	21 34.4	15 25.8
JAN 6	17♋37.2	7♈46.9	25♒55.6	17♈30.2
JAN 1	05S21.5	03S55.6	13S31.7	22S38.9
21	02 17.7	03 35.5	13 12.7	20 54.5
FEB 10	00N59.0	02 46.3	12 25.7	18 32.5
MAR 2	04 19.9	01 36.7	11 13.9	15 43.0
22	07 37.5	00 15.8	09 42.7	12 37.2
APR 11	10 45.5	01N07.6	07 59.6	09 26.2
MAY 1	13 38.3	02 24.2	06 14.6	06 20.7
21	16 11.3	03 23.9	04 41.4	03 30.9
JUN 10	18 20.6	03 55.4	03 37.9	01 06.9
30	20 03.9	03 45.4	03 25.5	00N41.5
JUL 20	21 20.5	02 37.8	04 20.3	01 44.7
AUG 9	22 12.0	00 15.2	06 17.5	01 53.5
29	22 42.8	03S35.3	08 45.4	01 02.6
SEP 18	23 00.4	08 44.0	11 05.8	00S41.1
OCT 8	23 16.7	14 15.9	12 53.1	02 44.4
28	23 47.2	18 42.5	13 56.2	04 11.1
NOV 17	24 48.8	21 04.3	14 11.4	04 19.5
DEC 7	26 31.7	21 23.0	13 38.8	03 08.3
27	28N42.7	20S12.2	12S20.8	00S58.7

2026	Psyche	Eros	Lilith	Toro
JAN 1	11R35.0	1♉18.8	10♓21.9	8♏17.6
11	10♊28.0	6 17.8	14 40.1	12 36.1
21	10 00.0	12 23.8	19 10.7	16 31.8
31	10D11.9	19 25.1	23 51.8	20 01.3
FEB 10	11 01.0	27 09.7	28 41.7	23 00.6
20	12 23.5	5♊29.1	3♈39.3	25 24.2
MAR 2	14 15.0	14 15.8	8 43.1	27 04.9
12	16 30.7	23 21.1	13 52.1	27 54.7
22	19 06.8	2♋38.6	19 05.5	27R43.8
APR 1	21 59.8	12 01.8	24 22.3	26 23.8
11	25 06.4	21 23.5	29 41.6	23 50.3
21	28 24.3	0♌38.8	5♉02.9	20 07.9
MAY 1	1♋51.2	9 43.5	10 25.4	15 36.5
11	5 25.3	18 33.8	15 48.6	10 49.9
21	9 05.0	27 08.0	21 11.8	6 26.2
31	12 49.1	5♍25.4	26 34.3	2 56.8
JUN 10	16 36.4	13 25.4	1♊55.6	0 36.9
20	20 26.1	21 09.0	7 15.2	29♎28.8
30	24 17.2	28 37.3	12 32.2	29D27.0
JUL 10	28 08.8	5♎51.2	17 46.2	0♏22.1
20	2♌00.4	12 52.5	22 56.3	2 05.6
30	5 51.1	19 42.5	28 01.6	4 29.6
AUG 9	9 40.3	26 22.3	3♋01.2	7 27.6
19	13 27.2	2♏53.7	7 54.1	10 55.2
29	17 11.0	9 17.7	12 38.9	14 48.6
SEP 8	20 50.7	15 35.2	17 14.2	19 05.4
18	24 25.5	21 47.5	21 38.1	23 44.0
28	27 54.1	27 55.4	25 48.3	28 43.6
OCT 8	1♍15.4	3♐59.5	29 42.6	4♐03.9
18	4 27.6	10 00.8	3♌17.5	9 45.5
28	7 29.0	15 59.7	6 29.5	15 49.0
NOV 7	10 17.6	21 56.7	9 14.2	22 16.2
17	12 51.0	27 52.6	11 26.5	29 09.3
27	15 06.3	3♑47.3	13 01.1	6♑30.7
DEC 7	17 00.6	9 41.5	13 52.7	14 23.9
17	18 30.3	15 35.6	13R57.0	22 52.8
27	19 32.1	21 29.5	13 12.7	2♒01.4
JAN 6	20♍02.6	27♑23.8	11♌43.0	11♒53.8
JAN 1	17N53.0	31N41.3	03S14.0	22S07.6
21	18 11.3	27 13.4	00 17.7	25 39.5
FEB 10	18 52.2	22 55.8	03N04.6	28 36.6
MAR 2	19 45.3	18 14.2	06 42.5	31 00.1
22	20 37.8	13 07.7	10 25.1	32 40.5
APR 11	21 18.5	07 53.1	14 00.9	32 58.3
MAY 1	21 39.4	02 44.7	17 18.6	30 46.5
21	21 35.2	02S11.2	20 07.2	26 15.4
JUN 10	21 03.9	06 52.1	22 16.9	21 41.9
30	20 05.4	11 15.2	23 40.2	18 47.7
JUL 20	18 42.0	15 16.2	24 12.9	17 39.4
AUG 9	16 57.4	18 49.8	23 54.9	17 47.9
29	14 56.6	21 49.5	22 50.5	18 41.7
SEP 18	12 45.6	24 08.2	21 08.3	19 54.1
OCT 8	10 31.8	25 38.9	19 00.1	21 00.6
28	08 23.3	26 15.5	16 41.1	21 36.5
NOV 17	06 29.9	25 54.1	14 28.8	21 14.1
DEC 7	05 02.8	24 33.4	12 43.4	19 22.7
27	04N14.7	22S15.2	11N44.0	15S31.3

2026	Saffo	Amor	Pandora	Icarus
JAN 1	21R48.8	9♒32.9	23♎03.5	22♑55.2
11	19♊55.2	14 47.5	25 03.5	27 17.3
21	18 49.6	19 54.1	26 40.6	1♒43.0
31	18D35.3	24 52.9	27 51.2	6 12.7
FEB 10	19 09.1	29 44.2	28 32.1	10 47.4
20	20 25.4	4♓28.3	28R40.2	15 28.5
MAR 2	22 17.8	9 05.2	28 13.8	20 17.3
12	24 39.8	13 34.8	27 13.2	25 16.1
22	27 26.0	17 57.1	25 41.5	0♓28.0
APR 1	0♋31.9	22 11.6	23 45.8	5 56.8
11	3 53.2	26 18.2	21 36.5	11 48.4
21	7 27.1	0♈16.4	19 26.0	18 11.1
MAY 1	11 11.1	4 05.3	17 27.1	25 16.0
11	15 02.7	7 44.3	15 50.3	3♈20.3
21	19 00.7	11 12.4	14 42.8	12 47.7
31	23 03.5	14 28.2	14 08.4	24 10.5
JUN 10	27 10.0	17 30.3	14D07.5	8♉07.9
20	1♌19.3	20 16.6	14 38.7	25 13.3
30	5 30.5	22 44.7	15 39.4	15♊47.1
JUL 10	9 43.0	24 51.9	17 06.3	10♋17.8
20	13 56.3	26 34.6	18 56.4	10♌23.0
30	18 09.6	27 48.7	21 06.6	6♍04.0
AUG 9	22 22.6	28 30.1	23 34.2	28 31.3
19	26 34.7	28R33.8	26 16.9	17♎03.3
29	0♍45.3	27 56.2	29 12.4	1♏30.7
SEP 8	4 53.9	26 35.3	2♏19.1	12 47.9
18	8 59.9	24 32.0	5 35.4	21 54.2
28	13 02.4	21 53.3	8 59.7	29 32.9
OCT 8	17 00.8	18 51.6	12 31.0	6♐12.6
18	20 54.1	15 44.1	16 08.2	12 12.4
28	24 40.9	12 49.9	19 50.1	17 44.1
NOV 7	28 20.3	10 24.9	23 35.8	22 56.1
17	1♎50.5	8 39.8	27 24.5	27 54.0
27	5 09.5	7 39.6	1♐15.0	2♑41.4
DEC 7	8 15.3	7D23.9	5 06.5	7 21.2
17	11 05.2	7 50.0	8 58.2	11 55.5
27	13 35.9	8 53.4	12 48.8	16 25.4
JAN 6	15♎44.2	10♈28.9	16♐37.4	20♑52.1
JAN 1	11N23.2	13S52.5	08S21.1	29S35.6
21	11 33.2	11 41.4	10 01.3	28 17.4
FEB 10	12 25.3	09 07.1	11 06.7	26 32.4
MAR 2	13 32.6	06 20.2	11 31.2	24 21.8
22	14 33.4	03 30.0	11 11.3	21 44.5
APR 11	15 13.2	00 44.5	10 15.7	18 34.0
MAY 1	15 23.9	01N48.7	09 10.0	14 31.9
21	15 01.6	04 02.7	08 26.6	08 52.0
JUN 10	14 05.5	05 50.2	08 25.0	00N03.4
30	12 37.3	07 03.4	09 07.9	13 50.1
JUL 20	10 40.5	07 33.1	10 28.6	22 48.8
AUG 9	08 19.4	07 08.5	12 17.5	05 29.5
29	05 39.2	05 39.1	14 25.6	10S44.1
SEP 18	02 45.5	03 03.9	16 44.1	19 38.8
OCT 8	00S15.5	00S10.4	19 05.4	24 27.1
28	03 17.4	03 04.9	21 22.4	27 07.6
NOV 17	06 13.1	04 45.6	23 28.9	28 31.4
DEC 7	08 54.8	04 59.8	25 19.3	29 01.4
27	11S13.4	04S03.7	26S49.8	28S50.2

2026	Diana	Hidalgo	Urania	Chiron ⚷
JAN 1	22♑55.8	15♐26.5	5♓04.6	22R36.0
11	26 32.9	16 39.4	9 59.3	22D37.9
21	0♒10.5	17 47.1	15 02.9	22♈45.4
31	3 47.4	18 48.3	20 14.0	22 58.4
FEB 10	7 22.6	19 41.4	25 31.0	23 16.3
20	10 55.3	20 25.3	0♈53.0	23 38.9
MAR 2	14 24.2	20 58.4	6 19.0	24 05.5
12	17 48.2	21 19.7	11 48.0	24 35.4
22	21 06.1	21 28.3	17 19.3	25 07.9
APR 1	24 16.6	21R23.3	22 52.1	25 42.4
11	27 18.3	21 04.8	28 25.7	26 18.0
21	0♓09.5	20 32.7	3♉59.6	26 54.1
MAY 1	2 48.3	19 48.1	9 33.1	27 29.9
11	5 12.6	18 52.5	15 05.7	28 04.7
21	7 19.9	17 48.2	20 37.1	28 37.8
31	9 07.5	16 38.0	26 06.5	29 08.4
JUN 10	10 32.3	15 25.2	1♊33.5	29 36.1
20	11 31.0	14 13.3	6 57.7	0♉00.2
30	12 00.3	13 05.7	12 18.3	0 20.2
JUL 10	11R57.6	12 05.5	17 34.9	0 35.6
20	11 20.9	11 15.1	22 46.9	0 46.1
30	10 10.7	10 36.6	27 53.4	0 51.4
AUG 9	8 30.5	10 11.0	2♋53.6	0R51.3
19	6 27.0	9 59.1	7 46.5	0 45.9
29	4 11.4	10D00.7	12 30.7	0 35.3
SEP 8	1 56.4	10 15.5	17 05.2	0 19.9
18	29♒55.0	10 42.7	21 27.8	0 00.2
28	28 18.5	11 21.5	25 36.5	29♈36.9
OCT 8	27 14.1	12 10.5	29 29.0	29 11.0
18	26 45.4	13 08.8	3♌01.8	28 43.5
28	26D53.1	14 14.8	6 11.2	28 15.5
NOV 7	27 35.3	15 27.4	8 53.0	27 48.2
17	28 49.2	16 45.2	11 01.6	27 22.8
27	0♓31.4	18 06.8	12 31.5	27 00.3
DEC 7	2 38.4	19 30.9	13 17.2	26 41.7
17	5 06.9	20 56.1	13R13.6	26 27.7
27	7 54.0	22 21.0	12 19.5	26 19.0
JAN 6	10♓56.9	23♐44.1	10♌38.2	26♈15.9
JAN 1	25S26.9	54S51.3	08S24.5	09N15.5
21	23 43.1	55 54.1	04 38.1	09 17.2
FEB 10	21 43.7	57 07.5	00 30.9	09 26.9
MAR 2	19 32.7	58 29.0	03N47.4	09 43.4
22	17 15.6	59 53.6	08 06.0	10 04.8
APR 11	14 59.0	61 13.2	12 13.9	10 29.0
MAY 1	12 49.8	62 16.5	16 00.5	10 53.7
21	10 56.4	62 51.7	19 15.4	11 16.7
JUN 10	09 27.8	62 51.1	21 50.0	11 36.3
30	08 33.5	62 16.3	23 37.7	11 50.7
JUL 20	08 21.3	61 17.7	24 35.2	11 58.7
AUG 9	08 50.5	60 09.3	24 43.4	11 59.4
29	09 45.4	59 04.1	24 07.4	11 52.6
SEP 18	10 36.4	58 10.7	22 56.7	11 39.0
OCT 8	10 57.5	57 33.5	21 24.5	11 20.3
28	10 37.9	57 14.0	19 47.5	10 59.1
NOV 17	09 38.1	57 11.6	18 25.2	10 38.8
DEC 7	08 01.9	57 25.4	17 38.3	10 22.4
27	05S53.6	57S54.3	17N41.6	10N12.8

Posiciones de asteroides cada diez días en LONGITUD a las 00:00 GMT

Enero

Domingo	Lunes	Martes	Miércoles	Jueves	Viernes	Sábado
				1	2 ♋	3
4 ♌	5	6 ♍	7	8 ♎	9	10
11 ♏	12	13 ♐	14	15	16 ♑	17
18 ♒	19	20 ♓	21	22	23 ♈	24
25 ♉	26	27 ♊	28	29 ♋	30	31 ♌

Febrero

Domingo	Lunes	Martes	Miércoles	Jueves	Viernes	Sábado
1	2 ♍	3	4	5 ♎	6	7 ♏
8	9 ♐	10	11	12 ♑	13	14 ♒
15	16	17 ♓	18	19 ♈	20	21 ♉
22	23 ♊	24	25 ♋	26	27	28 ♌

Marzo

Domingo	Lunes	Martes	Miércoles	Jueves	Viernes	Sábado
1	2 ♍	3	4 ♎	5	6 ♏	7
8	9 ♐	10	11 ♑	12	13	14 ♒
15	16 ♓	17	18 ♈	19	20 ♉	21
22	23 ♊	24	25 ♋	26	27 ♌	28
29 ♍	30	31 ♎				

Abril

Domingo	Lunes	Martes	Miércoles	Jueves	Viernes	Sábado
			1	2	3 ♏	4
5 ♐	6	7	8 ♑	9	10 ♒	11
12	13 ♓	14	15 ♈	16	17 ♉	18
19 ♊	20	21 ♋	22	23 ♌	24	25 ♍
26	27	28 ♎	29	30 ♏		

Mayo

Domingo	Lunes	Martes	Miércoles	Jueves	Viernes	Sábado
					1	2 ♐
3	4	5 ♑	6	7	8 ♒	9
10 ♓	11	12 ♈	13	14 ♉	15	16 ♊
17	18 ♋	19	20 ♌	21	22 ♍	23
24 / 31	25 ♎	26	27 ♏	28	29	30 ♐

Domingo	Lunes	Martes	Miércoles	Jueves	Viernes	Sábado
	1 ♑	2	3	4 ♒	5	6 ♓
7	8	9 ♈	10	11 ♉	12	13 ♊
14	15 ♋	16	17 ♌	18	19 ♍	20
21 ♎	22	23 ♏	24	25	26 ♐	27
28	29 ♑	30				

Junio

Julio

Domingo	Lunes	Martes	Miércoles	Jueves	Viernes	Sábado
			1 ♒	2	3 ♓	4
5	6 ♈	7	8 ♉	9	10 ♊	11
12 ♋	13	14 ♌	15	16 ♍	17	18 ♎
19	20	21 ♏	22	23 ♐	24	25
26 ♑	27	28 ♒	29	30	31 ♓	

Agosto

Domingo	Lunes	Martes	Miércoles	Jueves	Viernes	Sábado
						1
2 ♈	3	4 ♉	5	6 ♊	7	8
9 ♋	10	11 ♌	12	13 ♍	14	15 ♎
16	17 ♏	18	19	20 ♐	21	22 ♑
23 / 30	24 / 31	25 ♒	26	27 ♓	28	29 ♈

Septiembre

Domingo	Lunes	Martes	Miércoles	Jueves	Viernes	Sábado
		1 ♉	2	3 ♊	4	5 ♋
6	7 ♌	8	9 ♍	10	11 ♎	12
13 ♏	14	15	16 ♐	17	18 ♑	19
20	21 ♒	22	23 ♓	24	25	26 ♈
27	28 ♉	29	30 ♊			

Octubre

Domingo	Lunes	Martes	Miércoles	Jueves	Viernes	Sábado
				1	2 ♋	3
4 ♌	5	6 ♍	7	8	9 ♎	10
11 ♏	12	13 ♐	14	15	16 ♑	17
18 ♒	19	20	21 ♓	22	23 ♈	24
25 ♉	26	27 ♊	28	29 ♋	30	31 ♌

Domingo	Lunes	Martes	Miércoles	Jueves	Viernes	Sábado
1	2	3 ♍	4	5 ♎	6	7 ♏
8	9	10 ♐	11	12 ♑	13	14
15 ♒	16	17 ♓	18	19 ♈	20	21
22 ♉	23	24 ♊	25	26 ♋	27	28 ♌
29	30 ♍					

Noviembre

Diciembre

Domingo	Lunes	Martes	Miércoles	Jueves	Viernes	Sábado
		1	2 ♎	3	4 ♏	5
6	7 ♐	8	9 ♑	10	11	12 ♒
13	14 ♓	15	16	17 ♈	18	19 ♉
20	21 ♊	22	23 ♋	24	25 ♌	26
27 ♍	28	29 ♎	30	31		

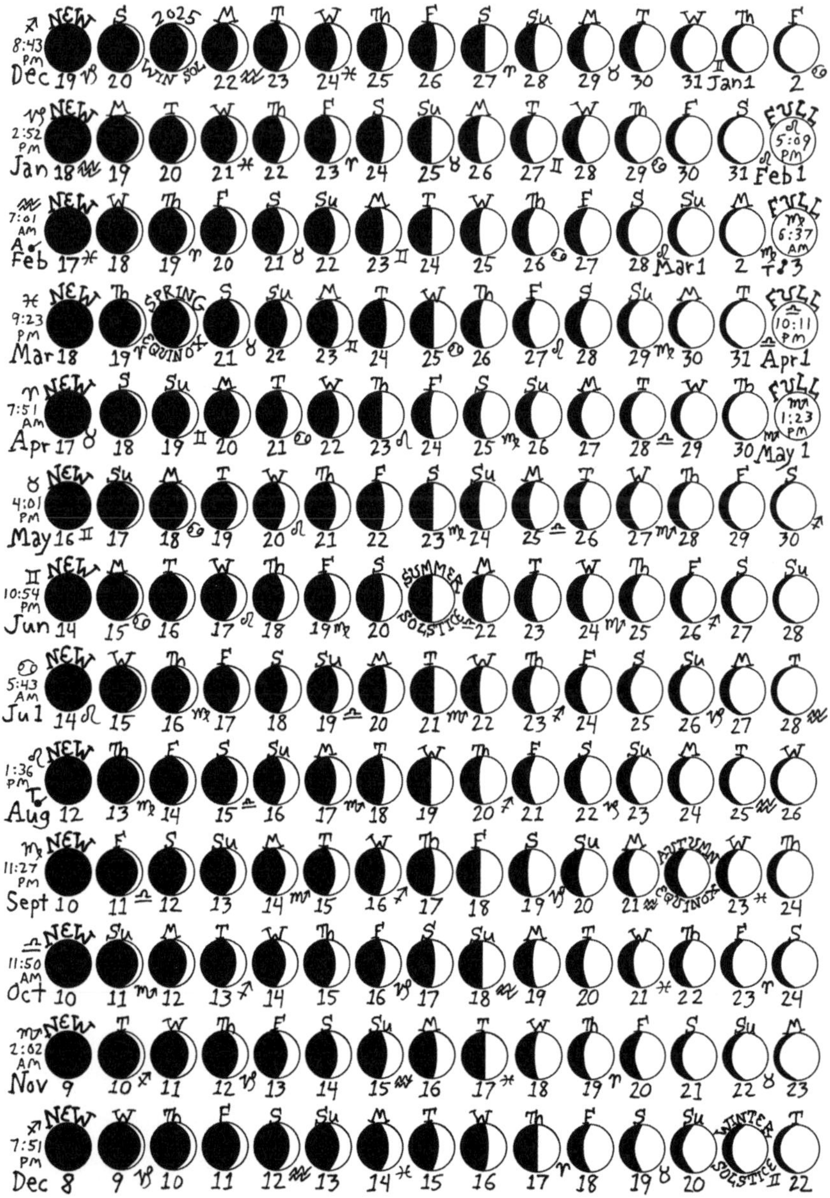

Clave de eclipse:

- = Solar - = Lunar **T** =Total **A** =Anular **P** =Parcial

Los eclipses lunares son visibles en noches claras cercanas a la Luna llena

Attn: Todos los horarios en esta página están en hora estándar del este (-5 del GMT)

Añadir una hora durante el horario de verano.

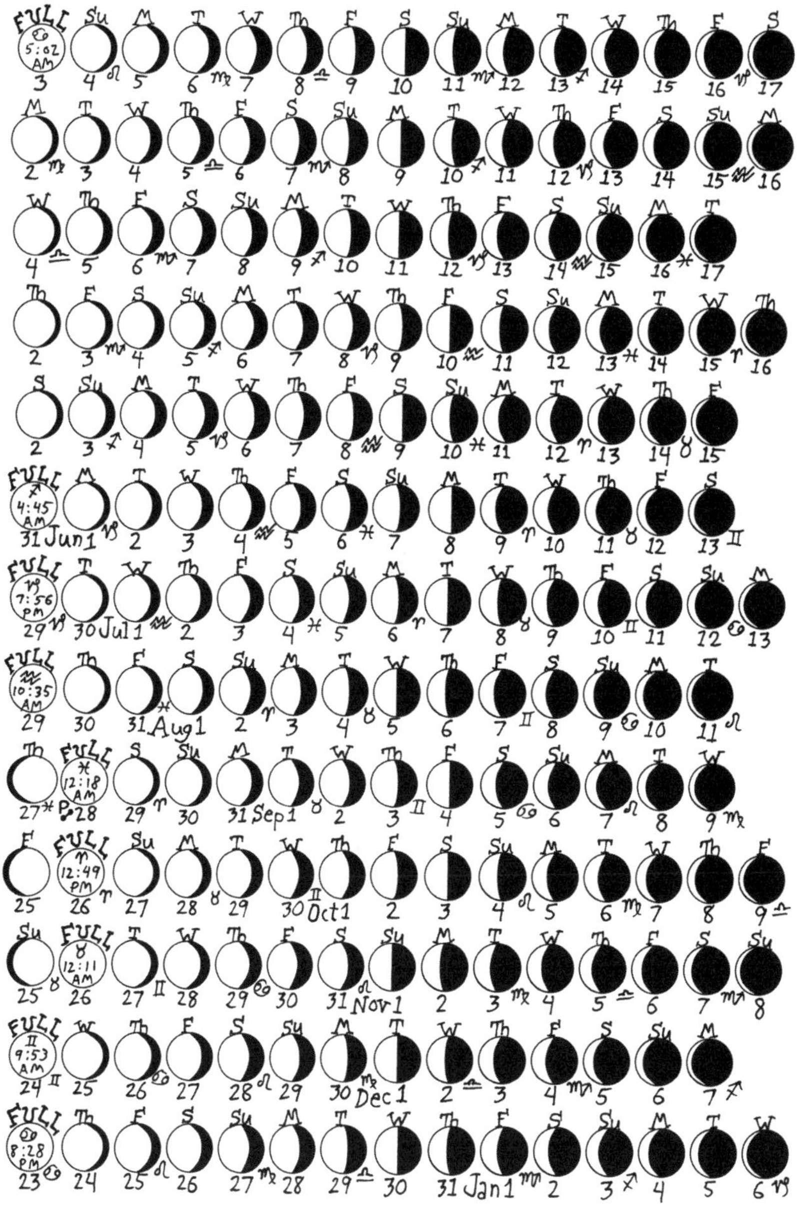

2026 Fases Lunares

Este formato está disponible en: **SnakeAndSnake.com**

Snake and Snake Productions
3037 Dixon Rd, Duhram, NC 27707 USA

Días feriados convencionales 2026

Enero 1	Dia de año nuevo*
Enero 19	Día de Martin Luther King Jr.
Febrero 14	El día del amor y la amistad*
Febrero 16	Día del Presidente (EE UU)
Febrero 17	Año nuevo chino
Febrero 18	Miércoles de ceniza
Feb. 18–Marzo 19	Ramadan
Marzo 8	Día internacional de la mujer*
Marzo 12	Año nuevo mexika*
Marzo 17	Día de San Patricio*
Marzo 29	Domingo de ramos
Abril 2–9	Pascua judía
Abril 3	Viernes santo
Abril 5	Semana santa
Abril 22	Día de la Tierra*
Mayo 5	Cinco de Mayo*
Mayo 10	Día de la madre (EE UU)
Mayo 25	Día conmemorativo (EE UU)
Junio 19	Juneteenth*
Junio 21	Día del padre (EE UU)
Julio 4	Día de la independencia (EE UU)*
Septiembre 7	Día del trabajador (EE UU)
Septiembre 12–13	Rosh Hashanah
Septiembre 21	Yom Kippur
Octubre 12	Día de los pueblos indígenas
Octubre 31	Día de las brujas*
Noviembre 1	Día de todos los santos*
Noviembre 2	Día de muertos*
Noviembre 8–12	Festival de Diwali
Noviembre 11	Día de los veteranos*
Noviembre 26	Día de acción de gracias
Diciembre 5–12	Chanukah/Hanukkah
Diciembre 25	Día de navidad*
Diciembre 26	Día de San Esteban/Día de boxéo*
Dic. 26–Enero 1	Kwanzaa*
	* La misma fecha cada año

LAS ZONAS HORARIAS DEL MUNDO

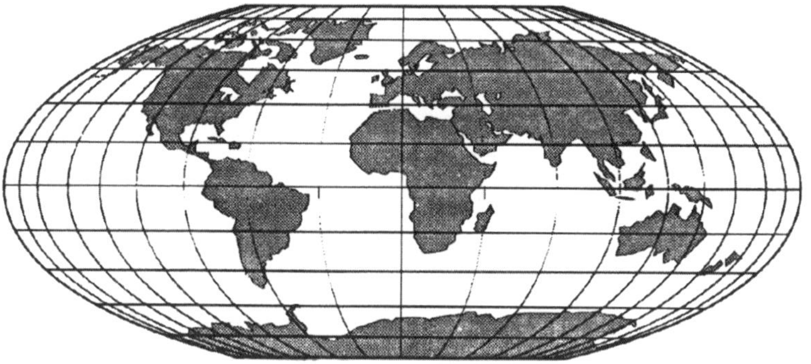

ID LW	NT BT	CA HT	YST	PST	MST	CST	EST	AST	BST	AT	WAT	GMT	CET	EET	BT	USSR Z3	USSR Z4	USSR Z5	SST	CCT	JST	GST	USSR Z10	ID LE
-12	-11	-10	-9	-8	-7	-6	-5	-4	-3	-2	-1	0	+1	+2	+3	+4	+5	+6	+7	+8	+9	+10	+11	+12
-4	-3	-2	-1	0	+1	+2	+3	+4	+5	+6	+7	+8	+9	+10	+11	+12	+13	+14	+15	+16	+17	+18	+19	+20

Zonas Estandard de Tiempo de Oeste a Este calculadas con el PST como el Punto Cero

IDLW:	International Date Line West	-4
NT/BT:	Nome Time/Bering Time	-3
CA/HT:	Central Alaska & Hawaiian Time	-2
YST:	Yukon Standard Time	-1
PST:	Pacific Standard Time	0
MST:	Mountain Standard Time	+1
CST:	Central Standard Time	+2
EST:	Eastern Standard Time	+3
AST:	Atlantic Standard Time	+4
NFT:	Newfoundland Time	+4 1/2
BST:	Brazil Standard Time	+5
AT:	Azores Time	+6
WAT:	West African Time	+7
GMT:	Greenwich Mean Time	+8
WET:	Western European Time (England)	+8
CET:	Central European Time	+9
EET:	Eastern European Time	+10

BT:	Bagdhad Time	+11
IT:	Iran Time	+11 1/2
USSR	Zone 3	+12
USSR	Zone 4	+13
IST:	Indian Standard Time	+13 1/2
USSR	Zone 5	+14
NST:	North Sumatra Time	+14 1/2
SST:	South Sumatra Time & USSR Zone 6	+15
JT:	Java Time	+15 1/2
CCT:	China Coast Time	+16
MT:	Moluccas Time	+16 1/2
JST:	Japanese Standard Time	+17
SAST:	South Australian Standard Time	+17 1/2
GST:	Guam Standard Time	+18
USSR	Zone 10	+19
IDLE:	International Date Line East	+20

CÓMO CALCULAR LAS ZONAS HORARIAS PARA TU ÁREA:

SUMA si estás al este de la hora estándar del Pacífico (PST, Pacific Standard Time), RESTA si estás al oeste de ésta en este mapa (ver la columna de la derecha del mapa).

Todas las horas de este calendario han sido calculadas para la costa Oeste de Norte América, donde se hace We'Moon. La hora estándar del Pacifico (zona 8 de la PDT) es el punto cero de este calendario, excepto durante la época de ahorro de tiempo durante el día (8 de marzo a 1 de noviembre de 2026, en la cual se dan las horas para la zona 7 de la PDT). Si en tu zona no se cambia la hora, añade una hora a nuestra corrección estándar durante ese periodo. Al final de cada página encontrarás también las horas EST/EDT (hora estándar del este o época de ahorro de tiempo) y GMT (siguiendo el meridiano de Greenwich). Para el resto de zonas horarias, calcula a partir de este mapa y anótalas en el interior de la tapa para tenerlas a mano.

2027

ENERO

D	L	M	M	J	V	S
					1	2
3	4	5	6	7	8	9
10	11	12	13	14	15	16
17	18	19	20	21	22	23
24	25	26	27	28	29	30
31						

FEBRERO

D	L	M	M	J	V	S
	1	2	3	4	5	6
7	8	9	10	11	12	13
14	15	16	17	18	19	20
21	22	23	24	25	26	27
28						

MARZO

D	L	M	M	J	V	S
	1	2	3	4	5	6
7	8	9	10	11	12	13
14	15	16	17	18	19	20
21	22	23	24	25	26	27
28	29	30	31			

ABRIL

D	L	M	M	J	V	S
				1	2	3
4	5	6	7	8	9	10
11	12	13	14	15	16	17
18	19	20	21	22	23	24
25	26	27	28	29	30	

MAYO

D	L	M	M	J	V	S
						1
2	3	4	5	6	7	8
9	10	11	12	13	14	15
16	17	18	19	20	21	22
23	24	25	26	27	28	29
30	31					

JUNIO

D	L	M	M	J	V	S
		1	2	3	4	5
6	7	8	9	10	11	12
13	14	15	16	17	18	19
20	21	22	23	24	25	26
27	28	29	30			

After the Storm
(Después de la tormenta)
© Amy Allen—
Mandalamy Arts 2023

JULIO

S	M	T	W	T	F	S
				1	2	3
4	5	6	7	8	9	10
11	12	13	14	15	16	17
18	19	20	21	22	23	24
25	26	27	28	29	30	31

AGOSTO

D	L	M	M	J	V	S
1	2	3	4	5	6	7
8	9	10	11	12	13	14
15	16	17	18	19	20	21
22	23	24	25	26	27	28
29	30	31				

SEPTIEMBRE

D	L	M	M	J	V	S
			1	2	3	4
5	6	7	8	9	10	11
12	13	14	15	16	17	18
19	20	21	22	23	24	25
26	27	28	29	30		

OCTUBRE

D	L	M	M	J	V	S
					1	2
3	4	5	6	7	8	9
10	11	12	13	14	15	16
17	18	19	20	21	22	23
24	25	26	27	28	29	30
31						

NOVIEMBRE

D	L	M	M	J	V	S
	1	2	3	4	5	6
7	8	9	10	11	12	13
14	15	16	17	18	19	20
21	22	23	24	25	26	27
28	29	30				

DICIEMBRE

D	L	M	M	J	V	S
			1	2	3	4
5	6	7	8	9	10	11
12	13	14	15	16	17	18
19	20	21	22	23	24	25
26	27	28	29	30	31	

● = LUNA NUEVA, PST/PDT

○ = LUNA LLENA, PST/PD

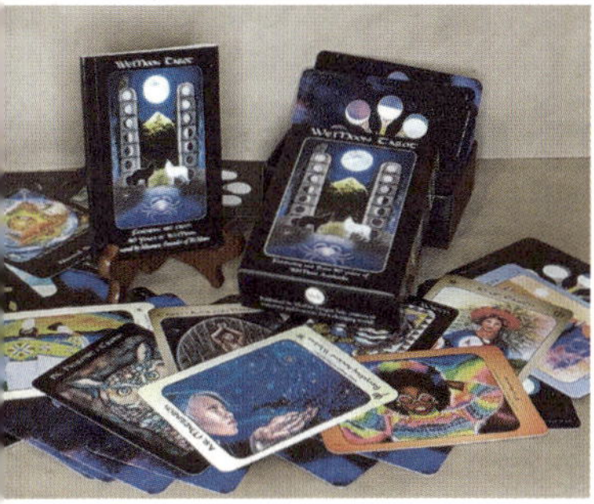

We'Moon Tarot!

Cuarenta años de arte We'Moon destilados en una baraja única de hermosas cartas We'Moon Tarot de mujeres de todo el mundo. Un conjunto de 78 tarjetas en caja con un folleto de 130 páginas, diseñado por la fundadora de We'Moon, Musawa. 3½x5, $45

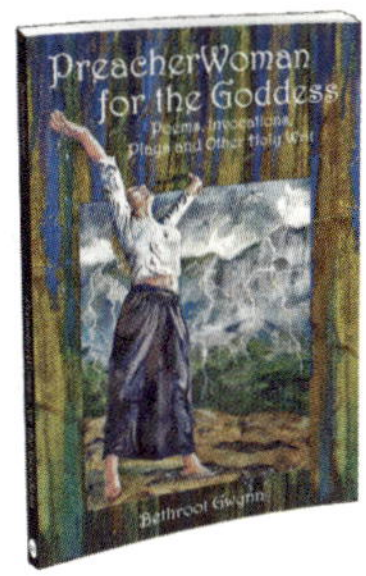

PreacherWoman for the Goddess:
Poems, Invocations, Plays and Other Holy Writ

Un festín de palabras con alma que nos plantea algunos misterios relacionados con la vida y la muerte con una amplia variedad de metáforas, sorpresas y pasión terrenal. Poeta, dramaturga y editora de la agenda We'Moon desde hace mucho, Bethroot Gwynn. Libro de bolsillo, 120 páginas, 6x9, $16

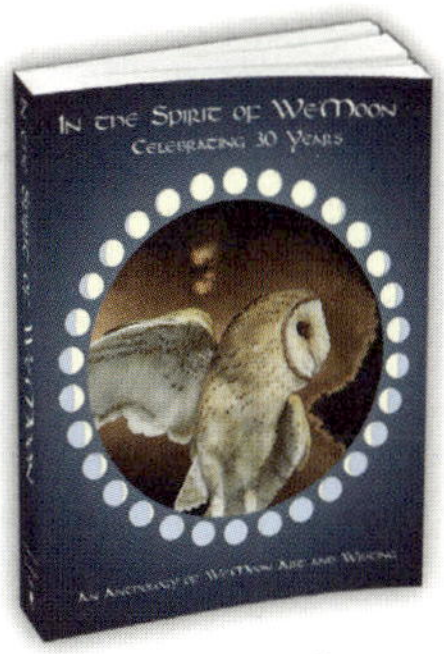

In the Spirit of We'Moon
Celebrating 30 Years: An Anthology of We'Moon Art and Writing

Esta antología única presenta tres décadas de dibujos y textos de las We'Moon publicadas desde 1981 hasta 2011. Libro de bolsillo, 256 páginas, 8x10, $26.95

The Last Wild Witch

Un eco-cuento para niñs y otros espíritus libres.

por Starhawk, ilustraciones de Lindy Kehoe

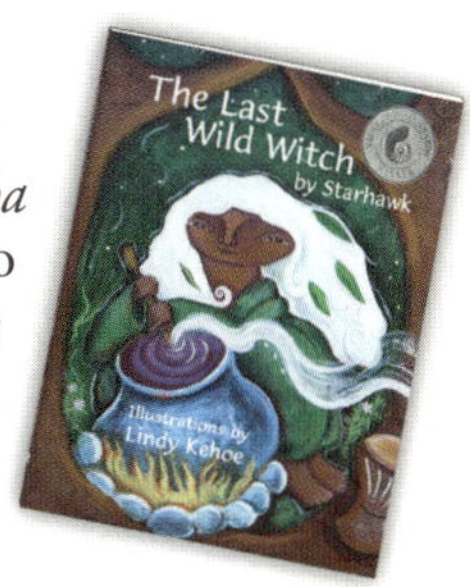

*En el mismo centro del último bosque mágico habitaba la última bruja salvaje...*Esta historia cuenta cómo las niñas del pueblo perfecto dejaron que lo salvaje entrara un poco en su interior, encontraron la alegría y el valor y salvaron de la destrucción a la última bruja salvaje y al último bosque mágico. El primer libro para niñas de Starhawk, escritora visionaria y activista ecologista, con las mágicas ilustraciones de la pintora Lindy Kehoe, *The Last Wild Witch* es un cuento para nuestra época. Libro de bolsillo, 34 páginas, 8x10, $9.95

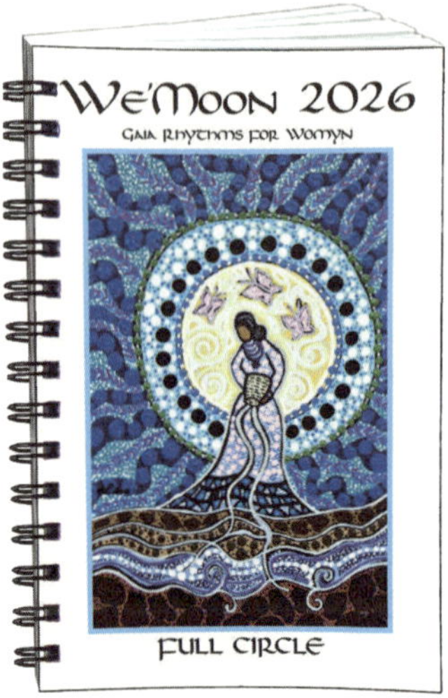

We'Moon 2026:
Full Circle

• **La Agenda** icónica feminista, un renombrad calendario lunar astrológico, un manu inspirado por la tierra y sus ritmos naturales, una colección visionaria de obras creativas d mujeres. Formato de semana a semana. Opció de 3 encuadernaciones: espiral, encuadernad resistente de tapa blanda o sin encuaderna En español, e inglés! 240 páginas, 8x5¼, $24.95

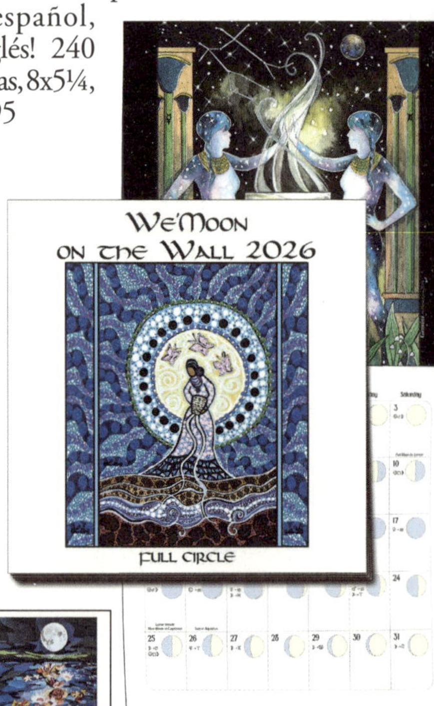

• **Póster de portada** con "*Grandmother Water*", de la artista Leah Marie Dorion, que ofrece protección para nuestras aguas sagradas. 11x17, $12.95

• **We'Moon on the Wall**
Un bello calendario de pared en color presentando las inspiradoras obras y escritos de *We'Moon 2026*. Con información astrológica clave, artículos interpretativos y signos. 12x12, $19.95

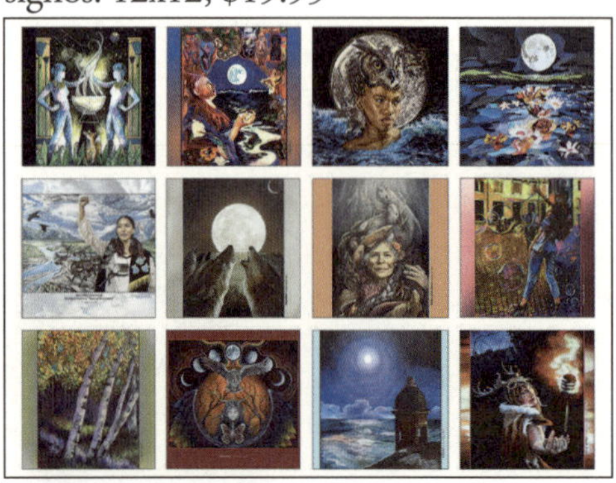

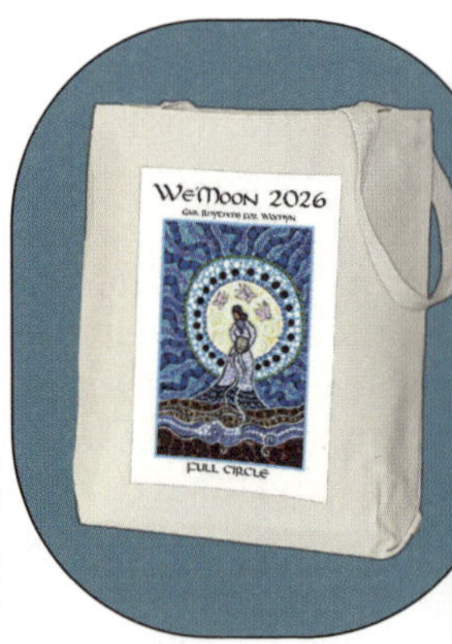

• **Bolsas de mano** 100% algodón orgánico, orgullosamente mostrando la portada de *We'Moon 2026*. Perfecto para guardar sus cosas con estilo. Ch: 13x14x3", $13.95 & Gr: 18x13x6", $15.95

• Tarjetas de felicitación Una selección de seis hermosas tarjetas presentando el arte de *We'Moon 2025*, con escritos de cada artista en la parte de atrás. Maravilloso para enviarlo en cualquier ocasión: días sagrados, cumpleaños, aniversarios, condolencia o simplemente para decir hola. Vacíos por dentro, 5x7, $15.95 por paquete de 6.

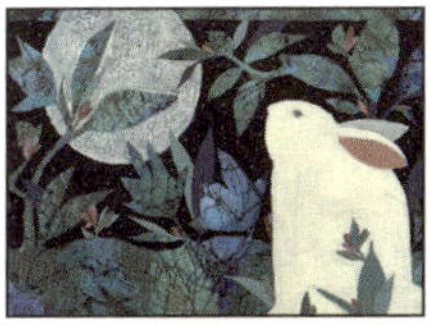

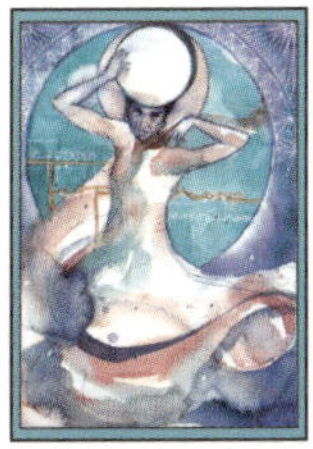

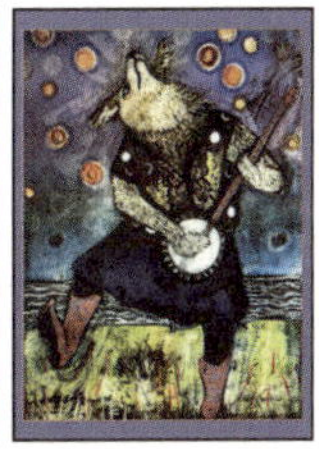

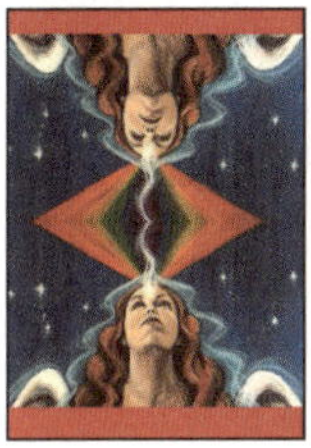

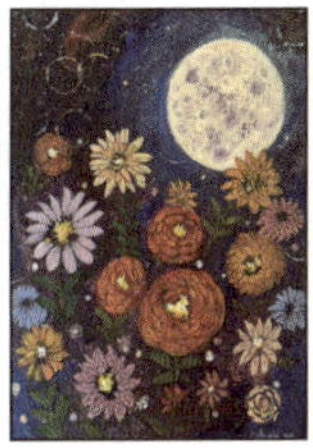

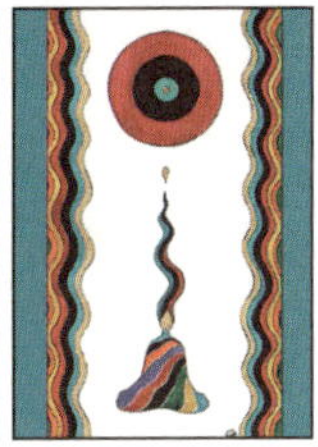

Consulte la página 233 para obtener detalles sobre estos libros:

- *The We'Moon Tarot* por el fundador de We'Moon, Musawa.
- *The Last Wild Witch* por Starhawk, ilustraciones de Lindy Kehoe.
- *In the Spirit of We'Moon ~ Celebrating 30 Years: An Anthology of We'Moon Art and Writing*
- *PreacherWoman for the Goddess: Poems, Invocations, Plays and Other Holy Writ* por la editora especial de We'Moon Bethroot Gwynn.

HAGA SU PEDIDO AHORA ¡¡MIENTRAS DUREN!!

Aprovecha nuestros

descuentos especiales:

• *¡Envíos GRATIS en USA a partir de $75!*

• Usa el código promocional: **26Full** para obtener un 10% de descuento en las compras de $100 o más!

Visite nuestro sitio web para obtener descuentos, ofertas y para inscribirse para recibir correos electrónicos:

www.wemoon.ws

Correo electrónico mothertongue@wemoon.ws

Llamadas gratis en EE UU 877-693-6666

Local y internacional 541-956-6052 al por mayor 503-288-3588

MANEJO Y ENVÍO

Los precios varían dependiendo de lo que ha pedido y donde vive.

Ver página web o llame para los detalles.

Para pagar con cheque o giro postal,

por favor comuníquese primero para la dirección y costos de envío

Todos los productos están impresos en color en papel reciclado con tinta con base de soya bajo en VOC.

¡Tus Colaboraciones Son Bienvenidas!

El plazo está abierto para

We'Moon 2028

¡Nuestra 47ª edición!

Plazo de presentación de contribuciones: primavera 2026

Fecha límite de entrega para arte y escritos: 1 agosto 2026

Nota: es demasiado tarde para contribuir en:

We'Moon 2027

¡We'Moon está formado por escritoras y artistas como tú! Nosotras queremos darte la bienvenida al trabajo creativo de mujeres de todas partes del mundo We'Moon se dedica a la inclusión de minorías y amplifica imágenes y voces de mujeres desde diversas perspectivas. Buscamos tener un espacio de bienvenida y celebración para todas las mujeres, y esperamos publicar *más* obras que representen a las mujeres negras, morenas, indígenas, asiáticas y de minorías *creadas por* mujeres que comparten esas experiencias de vida ¡Al nutrir un espacio para que todas las mujeres compartan sus talentos, logramos brindarle al mundo visión, sabiduría y bendiciones, lo cual es también una bendición para todas nosotras!

¡Te invitamos a colaborar con tu arte y escritos en la próxima edición!

Cómo hacerlo:

Primer paso: Visita Visit wemoon.ws/pages/submissions y descárgate *Call for Contributions* (Llamado a Contribuyentes) o envía tu solicitud con un sobre autodirigido y con sello (tamaño legal) a We'Moon Submissions, **PO Box 187, Wolf Creek, OR 97497.** (Si no estás en Estados Unidos, no es preciso enviar el sobre pagado). Este documento contiene información actualizada sobre el tema, instrucciones para enviar tu arte y escritos, así como las condiciones de pago. Los seleccionadores no cobran. El plazo de solicitud se abre en la primavera cada año.

Segundo paso: Llena el documento *Contributor's License* (Licencia de la Contribuyente), aportando toda la información solicitada, y envíala junto con tu arte/escrito y un sobre autodirigido y con sello antes de la fecha límite. *¡No se aceptan colaboraciones sin el documento de licencia firmado!*

Paso tercero: ¡Planea con tiempo! Para asegurarte que tu trabajo pueda ser seleccionado para ***We'Moon 2027,*** envía tu solicitud antes del 1 agosto del 2026.

¡Ayúdanos a elegir los trabajos que publicamos en estas páginas!
Regístrese en la red para recibir correos electrónicos sobre nuestros Círculos de Selección virtuales que celebramos cada verano.!

Notes

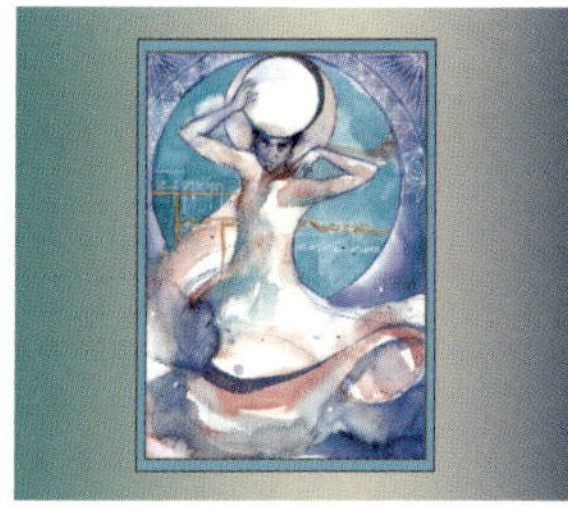

Musa Terpsichore
(Musa Terpsícore)
© Annika Gemlau
aSombrasDelSur 2021

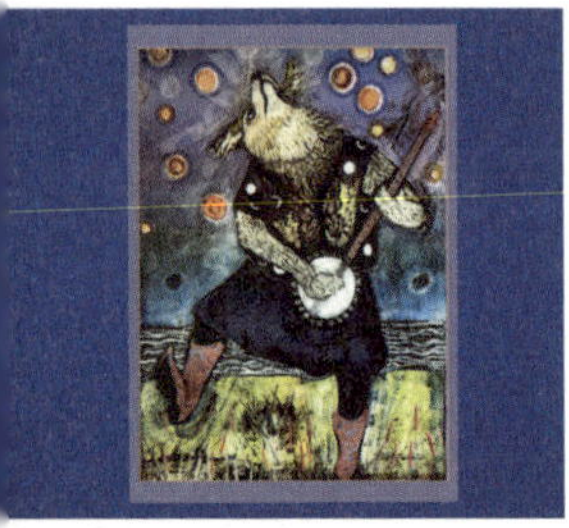

Moon Song and Dance
(Canción y danza
de la luna)
© Denise Kester 2024

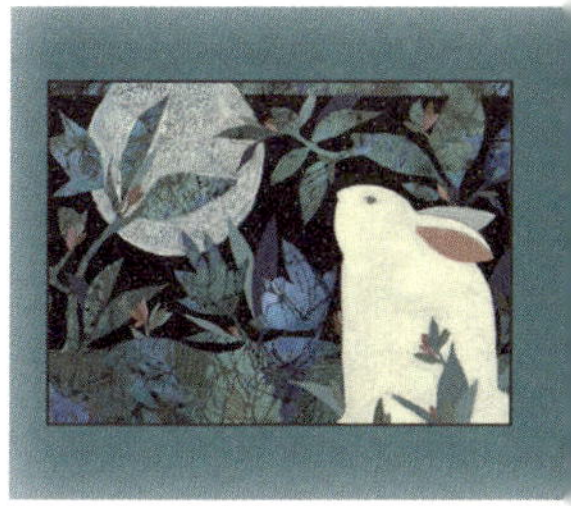

The Dreaming Moon
(La luna para soñar)
© Sue Davis 2022

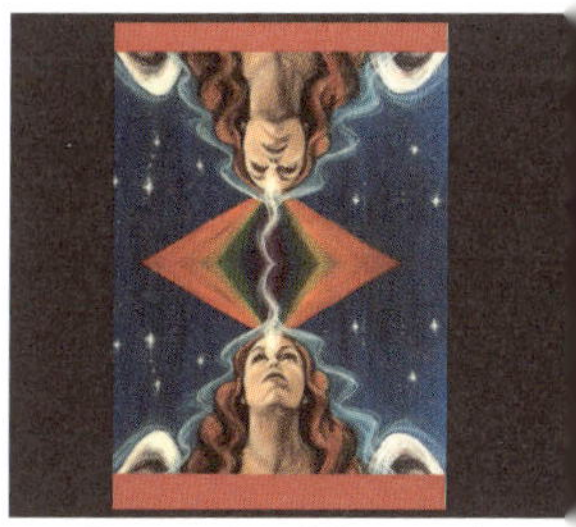

Connection *(Conexión)*
¤ Carrie Wachter-Martínez
2019

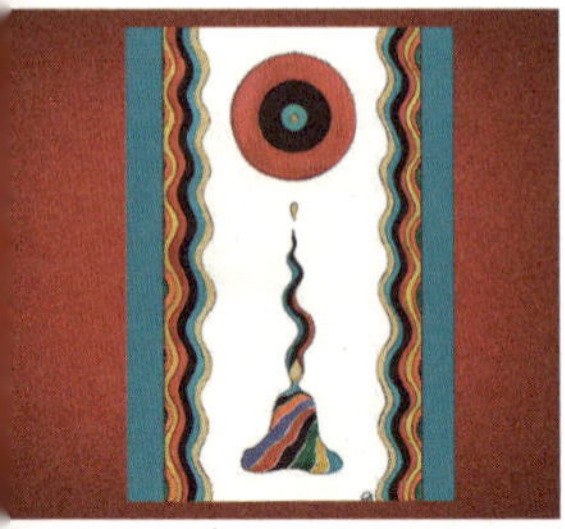

Aspiration
(Aspiración)
© Gaia Orion 2024

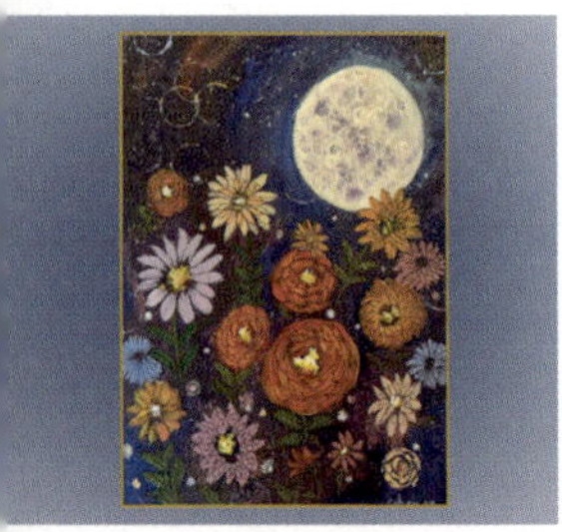

Flower Moon Blessings
(Bendiciones de la luna de flores)
© ScharCbear Freeman 2024